防撞护栏再利用技术

在高速公路扩建中的系统应用

主　编　敖道朝　李卫民　苏高裕

副主编　吴玉财　黄正昌　符秋生　黄向明

人民交通出版社股份有限公司
China Communications Press Co.,Ltd.

内容提要

本书共分6章，具体内容包括防撞护栏对交通安全的影响及扩建工程防撞护栏再利用需求、防撞护栏研发核心技术、桥梁混凝土护栏再利用关键技术、路基混凝土护栏优化再利用关键技术、波形梁护栏再利用关键技术、中分带开口处活动护栏再利用关键技术等内容。

本书可供从事高速公路防撞护栏设计、施工、优化改造的技术人员使用，也可作为高等院校相关专业师生参考用书。

图书在版编目(CIP)数据

防撞护栏再利用技术在高速公路扩建中的系统应用 / 敖道朝，李卫民，苏高裕主编. — 北京 ：人民交通出版社股份有限公司，2016.8

ISBN 978-7-114-13121-9

Ⅰ. ①防… Ⅱ. ①敖… ②李… ③苏… Ⅲ. ①高速公路—防护—栏杆—道路建设—研究 Ⅳ. ①U491.5

中国版本图书馆 CIP 数据核字(2016)第138546号

Fangzhuang Hulan Zailiyong Jishu zai Gaosu Gonglu Kuojian zhong de Xitong Yingyong

书　　名：防撞护栏再利用技术在高速公路扩建中的系统应用

著 作 者：敖道朝　李卫民　苏高裕

责任编辑：张江成

出版发行：人民交通出版社股份有限公司

地　　址：(100011)北京市朝阳区安定门外外馆斜街3号

网　　址：http://www.ccpress.com.cn

销售电话：(010)59757973

总 经 销：人民交通出版社股份有限公司发行部

经　　销：各地新华书店

印　　刷：北京中石油彩色印刷有限责任公司

开　　本：787×1092　1/16

印　　张：11.25

字　　数：205千

版　　次：2016年8月　第1版

印　　次：2016年8月　第1次印刷

书　　号：ISBN 978-7-114-13121-9

定　　价：39.00元

本书编委会

主　　编　敖道朝　李卫民　苏高裕

副 主 编　吴玉财　黄正昌　符秋生　黄向明

编写人员　鲍　钢　苏　敏　余长春　闫书明　钟纯耀

严　琪　敬　敏　张　丽　龚　帅　李　强

梁文献　易建群　滕玉禄　蒋鹏飞　陈敏锋

亢寒晶　曾袖文　胡家晖　杨福宇　叶　镇

梅　宁　刘剑雄　吴桂胜　罗爱道

前　言

近年来，我国高速公路建设发展迅速，高速公路总里程由1994年年底的500余公里增至2015年年底的12.5万公里，高速公路的建成和运营极大地方便了群众的出行，并带动了沿途各地的经济发展。但随着我国经济的快速增长和公路运输事业的蓬勃发展，高速公路交通量迅速增长，特别是大型重载车辆的增多，直接导致公路交通设施使用频率以及负荷的增加，不少先期建成路段由于设计标准较低、超大中修期服役等原因，已经无法适应目前大交通量的需求，高速公路需要进行改扩建。近年来，我国已将“加快早期建成的高速公路扩容改造，加大国省干线公路改建力度，提高路网技术等级，建设全国公路运输大通道”列为交通工作的主要任务之一。据不完全统计，在2004年以前修建的高速公路中，大约有3万公里已进入改扩建阶段。

防撞护栏作为高速公路安全运营的重要维护和保障设施，应与高速公路线形、设计速度、运行速度、交通量和车辆构成等因素相匹配。一旦防撞护栏的防护性能未得到及时相应的提升，将无法对高速公路运营车辆形成有效防护，极有可能造成严重交通事故，甚至恶性重特大事故，对人民财产和生命安全造成巨大威胁。与新建公路不同，扩建工程中若将原有护栏进行拆除重建，耗资巨大，且拆除的护栏废弃后导致大量工程浪费，严重违背“绿色交通”的工程理念。另外，在高速公路改扩建过程中需要设置大量临时护栏，因此，针对高速公路改扩建工程对原有公路护栏和临时护栏再利用问题，进行高速公路改扩建工程防撞护栏再利用关键技术系统研究，对于保障高速公路改扩建工程运营安全、提升高速公路交通安全水平、降低工程造价、推动“平安交通”“绿色交通”发展具有重要意义。

广清高速公路是珠江三角洲通往粤北地区的一条重要交通要道，全长约67km，是国道107线的其中一段，其前身是广花高速公路，1994年庆丰到花都新华段(24km)率先建成通车；1999年，新华到清远段建成通车，后改名为广清高速。广清高速公路全程限速110km/h，往南可与广州北环高速相通，北二环、西二环与之交叉，途径朝阳、江高、聚龙、神山、新华、海布，狮岭等出口。2009年，广清高速公路开启扩建工程，起点为清远横荷，终点为广州庆丰收费站；2016年，广清高速公路正式与许广高速公路合并，将原省级编号S110改为国家编号G4W2。广清高速公路改扩建工程是在原高速公路基础上，按双向八车道标准进行改造升级，项目从2009年底开工，路线全长

57.56km,设计速度100km/h,扩建后路基标准宽度为41m。施工期间为了不影响通行,在确保现有双向四车道正常通车的情况下,在道路两侧各新建两条车道,待两边扩建车道完工后即开放新路通行,再对现有车道进行改造升级。在改扩建工程中,不同路段对防撞护栏的安全防护性能提出了特殊要求,如何遵循"安全、环保、舒适、和谐"的理念,对防撞护栏进行结构再利用和优化设计改造,不仅将为广清高速公路改扩建工程的安全运营提供保障,同时也将为我国其他高速公路改扩建工程安全运营保障提供借鉴。在广清高速公路改扩建工程实施期间,广东省高速公路有限公司主持对广清高速公路扩建工程防撞护栏再利用关键技术进行系统研究。

本书在防撞护栏再利用技术在高速公路扩建中的系统应用研究成果基础上,综合国内外相关文献资料,立足我国国情进行编写。本书的编写丰富了我国高速公路改扩建工程安全防护体系,服务于防撞护栏研究、工程设计和施工技术人员,可作为高速公路改扩建工程防撞护栏设计、优化改造的参考。

本书分6章,较为系统地介绍了防撞护栏再利用技术在高速公路扩建中的系统应用。第1章简要介绍广清高速公路扩建工程不同路段对防撞护栏的特殊防护需求;第2章介绍了防撞护栏研发采用的三种核心技术;第3章介绍了桥梁混凝土护栏再利用关键技术研究,针对施工区的特殊防护需求,研究开发一种具有较高防撞等级的可拆装混凝土桥梁护栏,通过再利用研究使其通用于临时和永久护栏设置,兼顾改扩建工程的经济性和安全性;第4章介绍了路基混凝土护栏再利用关键技术研究,基于路基预制混凝土常用护栏结构,提出合理的施工组织设计,使其通用于路基施工区的临时防撞护栏设置和路基中分带永久护栏设置,从而达到安全、经济的综合效果;第5章介绍了路基事故多发段波形梁护栏加强再利用关键技术研究,根据道路线形、路侧危险程度、公路护栏设计或设置情况,确定波形梁护栏应加强路段,通过安全防护性能研究和结构再利用研究,在充分利用原有结构和旧护栏板的基础上,对危险路段波形梁护栏进行有效加强,使其达到相对安全、经济、环保的综合效果;第6章介绍了广清高速公路中央分隔带开口处的防撞活动护栏结构,并从防撞性能、结构再利用、拆装方便的角度,在对原护栏结构再利用基础上,对其进行优化设计改造,使其兼具安全防护、全面开启和快速开启功能,达到安全、经济、环保的综合效果。

由于作者水平有限,书中疏漏与不当之处在所难免,恳请广大读者不吝赐教。

作　者

2016年5月

目　　录

第1章 绪 论

1.1 防撞护栏对交通安全的影响

道路交通安全问题是一个世界性难题，也是一个将长期与人类共存，并将对人类社会可持续发展产生深远影响的社会问题。作为道路交通运输的重要组成部分，高速公路的建设和运营在我国虽仅有二十多年历史，但发展迅速，自 1988 年沪嘉高速公路的建成通车实现了中国大陆高速公路零的突破，到 2014 年年底中国高速公路通车总里程达到 11.2 万公里，超过美国居世界第一。随着高速公路的建设和发展，汽车保有量迅猛增加，随之而来的道路交通安全问题成了一个严重的社会问题。据《2014 年国民经济和社会发展统计公报》的数据统计，2014 年全国道路交通事故死亡人数为 34292.34 人，比 2013 年的死亡 31604.3 人增加了 2688.04 人，增长率为 8.5%；相比 2012 年的死亡 30222.5 人，增加了 4069.84 人，增长率为 13.46%；相比 2011 年的死亡 29618 人，增加了 4676.34 人，增长率为 15.78%。可见，我国交通事故死亡人数呈逐年小幅度上升趋势，而其中高速公路发生的交通事故所占比重最大，且事故死亡率高，对人民财产和生命安全造成巨大损失，形成不良社会影响，受到广泛关注。

防撞护栏作为一种重要的交通安全防护设施，能够通过自身变形或车辆爬高来吸收碰撞能量，从而改变车辆行驶方向，阻止车辆越出路外或进入对向车道，最大限度地减少对乘员的伤害。其防撞性能应与公路线形、设计速度、运行速度、交通量和车辆构成等因素相匹配，当护栏防撞性能低于高速公路安全运营需求时，将无法对运行车辆形成有效防护，此类事故时有发生，其中不乏重特大恶性事故（事故案例 1-1-1），造成车毁人亡的严重后果；而合理地设置防撞护栏，能够最大限度地降低事故发生率，减少事故严重度（事故案例 1-1-2）。

【事故案例 1-1-1】（图 1-1-1） 长春绕城高速公路哈尔滨方向 164 公里处，一卧铺客车左前胎突然爆胎，撞向中央分隔带护栏，穿越护栏后驶入对向车道，与半挂集装箱货车正面相撞后，两车起火发生燃烧，造成卧铺客车内 13 人当场死亡，半挂集装箱货车内 3 人当场死亡，伤者中 1 人在送往医院途中死亡。

【事故案例 1-1-2】（图 1-1-2） SAm 级单坡面混凝土护栏成功防护失控大货车的事故情况。大货车失控后，碰撞单坡面混凝土护栏，紧贴护栏行驶一段距离后安全停止，未造成人员伤亡。

图 1-1-1 车辆穿越中分带护栏事故

图 1-1-2 SAm 级单坡面混凝土护栏应用情况

可见，坚持“以人为本，安全至上”的指导思想，根据实际高速公路交通情况的要求，科学合理地设置防撞护栏，才能为高速公路运营车辆和司乘人员提供有效防护。

1.2 扩建工程防撞护栏再利用需求

随着我国经济的快速增长和公路运输事业的蓬勃发展，早期建设的一些高速公路主干道已经不能满足日益增长的交通流量和安全需求，面临着改建、扩建、提升路面等级等问题。众多的改扩建工程对高速公路安全运营的重要维护和保障设施——防撞护栏提出了特殊需求，不仅应具备足够的安全防护性能，还应对原护栏结构进行再利用，以达到提升道路安全运营水平、降低改扩建工程造价、减少工程浪费的目的，推动“平安交通”“绿色交通”发展。

高速公路护栏，根据其在公路中的纵向设置位置，可分为路基护栏和桥梁护栏；根据其在公路中的横向设置位置，可分为路侧护栏和中央分隔带护栏。其中设置在中央分隔带开口处用以分隔对象交通的可移动护栏，在抢险、救援等紧急情况下，能及时、方便地开启，使车辆紧急通过的护栏称为活动护栏。广清高速公路扩建工程中，最为常见的桥梁护栏为钢筋混凝土护栏，路基护栏主要为钢筋混凝土护栏和波形梁护栏，中分带开口处主要采用梁柱式波形梁活动护栏，为保障扩建工程的安全运营、降低扩建工程护栏造价、提高扩建工程的安全性和经济性，本书各章分别对四种常见护栏结构的安全防护性能和再利用关键技术进行阐述，主要内容如下：

（1）桥梁混凝土护栏再利用关键技术。在改扩建工程中，特别是扩建工程中往往采用“保通”组织方案进行施工，因此需要设置大量的临时桥梁护栏。临时护栏需要对施工区人员形成有效防护，如果其防护能力不足，则失控车辆有可能冲入施工区，造成施工人员的严重伤亡，因此临时护栏的防撞等级应与永久护栏相当。此外，若这些临时桥梁护栏得不到再利用，则会造成巨大浪费，不符合“资源节约和环境保护”的工程建设理念。因此，本书针对扩建工程桥梁路段的特殊防护和结构再利用需求，进行桥梁混凝土护栏再利用关键技术研究，提出一种可拆装桥梁混凝土护栏结构，为改扩建工程桥梁路段的安全运营提供保障。

（2）路基混凝土护栏再利用关键技术。与桥梁段相同，路基段临时防护设施同样需要对施工人员形成有效防护，同时考虑扩建工程中，需要设置临时护栏的路段较多，若这些临时护栏能够充分再利用，则会节省包括运输和存储的巨大成本，达到“资源节约与环境保护”的综合目标，因此路基段施工区临时护栏还宜具有再利用功能。基于路基段常用预制混凝土护栏结构进行研究，并进行合理的施工组织设计，使该护栏通用于路基施工区的临时防撞护栏设置与路基中分带永久护栏设置，从而达到安全、经济的综合效果。

（3）波形梁护栏再利用关键技术。广清高速公路路基段上存在一些事故相对集中的路段，这些路段在扩建后仍可能不利于行车安全，已设置的波形梁护栏无法对运营车辆进行有效防护，需在扩建工程中对波形梁护栏进行相应改造升级。通过对事故相对多发路段进行考察调研和深入分析，确定安全防护需要升级的路段，根据不同路段对安全防护的特殊需求，在对原有结构和旧护栏板进行充分再利用基础上，对防撞护栏进行优化和有效加强，使其达到相对安全、经济、环保的综合效果。

（4）中分带开口处活动护栏再利用关键技术。高速公路一般每隔 3 公里左右设置一处开口，要求中央分隔带开口处活动护栏不仅具有足够的防撞性能，还应具备全面开启和快速开启功能，以便车辆应急通行。目前我国在高速公路上设置的中央分隔带开口活动护栏普遍采用的插拔式护栏与填充式护栏，均不同程度存在防撞能力不足的缺陷，使高速公路存在严重的安全隐患。广清高速公路扩建工程中央分隔带开口处主要采用了两种结构形式的活动护栏——钢管预应力索活动护栏和梁柱式波形梁活动护栏，其中钢管预应力索活动护栏通过实车碰撞试验验证，其防撞等级为 Am 级（碰撞能量为 160kJ），运营效果良好；而梁柱式波形梁活动护栏防撞性能不佳，需针对中分带开口处的特殊防护需求，对现有梁柱式波形梁活动护栏进行改造升级，在对原有结构进行充分再利用基础上，使其兼具安全、全面开启和快速开启功能。

通过对桥梁混凝土护栏、路基混凝土护栏、路基波形梁护栏、中分带开口处活动护栏安全防护性能和再利用功能研究，形成防撞护栏再利用技术在高速公路扩建中的系统应用研究，研究成果应用于广清高速公路扩建工程，通过对原护栏结构的充分再利用，极大减少了扩建工程中护栏构件的废弃量，直接节省工程造价上亿元，达到了极高的经济效益和环保效益；通过改造及优化设计，提高了护栏安全防护性能，为高速公路扩建工程的安全运营提供有效防护，社会效益显著。

为保障高速公路扩建工程的安全运营，深入推进"平安交通""绿色交通"建设，维护社会和谐稳定，必须坚持"安全、环保、舒适、和谐"的理念，注重公路出行的安全性、方便性、舒适性、愉悦性，以"以人为本、安全至上"为指导思想，针对扩建工程中特殊的安全防护需求，在对原护栏结构进行充分再利用的基础上，对防撞护栏进行合理设计与优化升级改造，真正做到防患于未然。

第2章　防撞护栏研发核心技术

2.1　概　述

防撞护栏研发的核心技术为计算机仿真分析技术、单元试验和实车碰撞试验。基于有限元方法的计算机仿真分析技术发展迅速，可求解车辆碰撞护栏的复杂动力学物理过程，是进行护栏设计优化的有力工具，但其准确性和可靠性需要根据实车碰撞试验结果进行校核验证。单元试验包括材料试验和台车试验，材料试验获取的真实数据作为计算机仿真模型的材料仿真参数，保证了计算机仿真模型的可靠性；台车试验对护栏的防撞性能进行初步评价，为防撞护栏的结构优化设计和实车碰撞试验的成功实施奠定基础。实车碰撞试验具有客观可靠的优点，是进行护栏研究开发的重要技术手段，也是我国和世界发达国家进行护栏安全性能评价采用的唯一方法。

这三个核心技术贯穿于防撞护栏再利用技术系统研究过程当中，并成功应用于广清高速公路扩建工程，本章将对其进行详细介绍。

2.2　计算机仿真分析技术

车辆碰撞护栏过程仿真分析采用目前国际上在碰撞分析领域应用最广泛的有限元分析软件LS-DYNA。作为世界上最著名的通用显式动力分析程序，LS-DYNA能够模拟真实世界的各种复杂问题，特别适合求解各种二维、三维非线性结构的高速碰撞、爆炸和金属成型等非线性动力冲击问题，在工程应用领域被广泛认可。

随着计算机仿真分析方法在护栏开发领域应用的日趋成熟，国外发达国家尝试将该方法作为护栏安全性能评价的一种手段，并通过实践取得了宝贵经验。欧洲标准委员会(CEN)起草了“道路安全防护系统计算机模拟的术语、方法、标准”草案，规定“经过实车碰撞检测的道路安全设施，如果计算机模拟结果与实车碰撞试验结果各项指标一致，对于护栏的某些非关键因素改进无须再进行实车碰撞试验，可用计算机仿真分析方法评价这种改进后的安全设施的防护性能”。

欧盟于2006年完成了Robust(Road Barrier Upgrade of Standards)项目，在该项

目开展过程中，运用经过碰撞试验校正的仿真模型对大量护栏进行安全评价，为EN1317修订提供依据。香港特别行政区政府路政署在桥梁护栏及路旁围栏车辆碰撞研究—可行性研究中，应用经过碰撞试验校核的计算机仿真模型对多种护栏结构进行了安全评价，并将研究成果应用于实际工程中。

从发达国家的经验可以看出，车辆模型和护栏模型经过实车足尺碰撞试验验证且误差在允许范围之内是应用计算机仿真技术评价护栏安全性能的基础。

2.2.1 理论基础

1)大变形动态显式有限元方法

采用拉格朗日增量描述的显式动力有限元求解方程为：

$$\boldsymbol{M}\ddot{\boldsymbol{x}}(t)=\boldsymbol{P}(t)-\boldsymbol{F}(t)-\boldsymbol{C}\dot{\boldsymbol{x}}(t) \tag{2-2-1}$$

式中：$\boldsymbol{M}$——总体质量矩阵；

$\ddot{\boldsymbol{x}}(t)$、$\dot{\boldsymbol{x}}(t)$——整体节点加速度向量和速度向量；

$\boldsymbol{P}(t)$——整体载荷向量；

$\boldsymbol{F}(t)$——单元应力场的整体等效节点力向量；

$\boldsymbol{C}$——总体阻尼矩阵。

采用中心差分法对式(2-2-1)进行时间积分，其算法为：

$$\begin{cases}\ddot{\boldsymbol{x}}=\boldsymbol{M}^{-1}[\boldsymbol{P}(t_n)-\boldsymbol{F}(t_n)-\boldsymbol{C}\boldsymbol{x}(\dot{t}_{n-\frac{1}{2}})]\\ \dot{\boldsymbol{x}}(\dot{t}_{n-\frac{1}{2}})=\dfrac{1}{2}(\Delta t_{n-1}+\Delta t_n)\,\boldsymbol{x}(\ddot{t}_n)\\ \boldsymbol{x}(t_{n+1})=\boldsymbol{x}(t_n)+\Delta t_n\dot{\boldsymbol{x}}(t_{n+\frac{1}{2}})\end{cases} \tag{2-2-2}$$

$$\begin{cases}t_{n-\frac{1}{2}}=\dfrac{1}{2}(t_n+t_{n-1})\\ t_{n+\frac{1}{2}}=\dfrac{1}{2}(t_{n+1}+t_n)\end{cases} \tag{2-2-3}$$

$$\begin{cases}\Delta t_{n-1}=(t_n-t_{n-1})\\ \Delta t_n=(t_{n+1}-t_n)\end{cases} \tag{2-2-4}$$

式中：$\ddot{\boldsymbol{x}}(t_n)$、$\dot{\boldsymbol{x}}(t_{n+\frac{1}{2}})$、$\boldsymbol{x}(t_{n+1})$——$t_n$ 时刻的节点加速度向量、$t_{n+\frac{1}{2}}$时刻的节点速度向量和 t_{n+1}时刻的节点位移向量；

$\boldsymbol{P}(t_n)$、$\boldsymbol{F}(t_n)$——t_n 时刻的载荷与节点力向量。

显式中心差分法是条件稳定的，只有时间步长小于临界值 Δt_{cr}时，计算结果才稳定，即：

$$\Delta t\leqslant\Delta t_{cr}=\frac{2}{w_{max}}=\frac{L_s}{c} \tag{2-2-5}$$

$$c = \sqrt{\frac{E}{\rho(1-\upsilon^2)}} \tag{2-2-6}$$

$$L_s = \begin{cases} \dfrac{A_s}{\max(L_1, L_2, L_3, L_4)} (\text{四边形单元}) \\ \dfrac{A_s}{\max(L_1, L_2, L_3)} (\text{三角形单元}) \end{cases} \tag{2-2-7}$$

式中：　w_{max}——系统的最高固有振动频率；

L_s——单元的特征长度；

c——声速；

E——杨氏弹性模量；

ρ——材料密度；

υ——泊松比；

A_s——单元面积；

$L_i(i=1,2,3,4)$——单元边长。

2)材料非线性理论

车辆和波形梁护栏主要采用钢铁类弹塑性材料，在碰撞过程中材料易产生屈服或断裂，由于应力应变关系不再呈线性比例关系，因此发生材料非线性。

通过材料力学试验得到本构关系作为仿真模型参数，计算过程中，首先判断结构应力状态是否达到屈服，如果没有达到，则按线弹性材料本构关系处理，如果应力超过屈服强度，则按塑性或脆性变形本构关系计算应力—应变。

仿真分析中采用 V. Mises 屈服准则判断材料是否进入塑性：

$$F^0(\boldsymbol{\sigma}_{ij}, \boldsymbol{k}_0) = f(\boldsymbol{\sigma}_{ij}) - \boldsymbol{k}_0 = 0 \tag{2-2-8}$$

$$\begin{cases} f(\boldsymbol{\sigma}_{ij}) = \dfrac{1}{2}\boldsymbol{s}_{ij}\boldsymbol{s}_{ij} \\ \boldsymbol{k}_0 = \dfrac{1}{3}\boldsymbol{\sigma}_{s_0}^2 \\ \boldsymbol{s}_{ij} = \boldsymbol{\sigma}_{ij} - \boldsymbol{\sigma}_m \boldsymbol{\delta}_{ij} \\ \boldsymbol{\sigma}_m = \dfrac{1}{3}(\boldsymbol{\sigma}_{11} + \boldsymbol{\sigma}_{22} + \boldsymbol{\sigma}_{33}) \end{cases} \tag{2-2-9}$$

式中：$\boldsymbol{\sigma}_{ij}$——应力张量分量；

$\boldsymbol{k}_0$——给定的材料参数；

$F^0(\boldsymbol{\sigma}_{ij}, \boldsymbol{k}_0)$——初始屈服面；

$\boldsymbol{\sigma}_{s_0}$——材料的初始屈服应力；

$\boldsymbol{s}_{ij}$——偏斜应力张量分量；

$\boldsymbol{\sigma}_m$——平均正应力。

其中 s_{ij} 和等效应力 $\bar{\sigma}$ 有以下关系：

$$\frac{1}{2}s_{ij}s_{ij}=\frac{\bar{\sigma}^2}{3}=J_2 \tag{2-2-10}$$

式中：J_2——第二应力不变量，将式(2-2-10)代入式(2-2-8)，得到 $\bar{\sigma}=\sigma_{s0}$，可以得到当等效应力等于材料的初始屈服应力时，材料开始进入塑性变形。

3)边界非线性处理方法

碰撞发生时，物体之间会产生接触，导致接触界面速度瞬时不连续，产生边界非线性。接触会给离散方程时间积分带来困难，在有限元理论中，有惩罚函数、动态约束、分布参数三种接触处理方式。

惩罚函数法基本原理是：在每一个时间步开始前，首先检查各从节点是否穿越主面，如没有穿透则不做任何处理。如果穿透，则在该从节点与被穿透主面间引入界面接触力，其大小与穿透深度、主面刚度成正比。这种处理方法相当于在界面间放置法向弹簧，以限制从节点对主面的穿透。

动态约束法基本原理是：在每一时间步 Δt 修正构形之前，搜索所有未与主面接触的从节点，看是否在此 Δt 内穿透了主面。如果穿透，则缩小 Δt，使那些穿透主面的从节点正好到达主面。在计算下一个 Δt 之前，对所有已经与主面接触的从节点都施加约束条件，以保持从节点与主面接触而不贯穿。此外，检查和主面接触的从节点所属单元是否受到拉应力作用，如受到拉应力，则施加释放条件，使节点脱离主面。

分布参数法基本原理是：将每一个正在接触从单元的一半质量分配到被接触的主面面积上，同时根据每个正在接触从单元的内应力确定作用在接受质量分配的主面面积上的分布压力。在完成质量和压力分配后，修正主面加速度，然后对从节点的加速度和速度施加约束，以保证从节点在主面上滑动，不允许从节点穿透主面，从而避免反弹现象。

这三种方法中，惩罚函数方法原理简单，算法动量守恒，在显式有限元算法中得到了广泛应用。

2.2.2 仿真模型的建立

由于车身和波形梁护栏结构主要是薄壁金属构件，单元类型以擅长大变形的四边形单点积分壳单元为主。为获得良好单元，控制四边形单元翘屈度小于 15°，长宽比小于 4，最大角小于 135°，最小角大于 45°，三角形单元的数量控制在 5%以内，最小特征长度控制在 5mm 左右。通过试验获得车辆和护栏的材料属性，采用 Cowper-Symons 模型来考虑材料的应变率效应。

1)车辆模型

按实际车辆尺寸建立小客车、大客车及大货车三种仿真模型，车身各部分构件之间主要采用点焊连接，车门和车体通过铰接点单元连接。轮胎胎压通过试验测定，小型车轮胎胎压取 0.3MPa,大型车胎压取 0.8MPa。采用基于惩罚函数法的 Automatic_Single_Surface 接触类型解决边界非线性问题。

车辆模型坐标:车辆行驶方向为 x 坐标,宽度方向为 y 坐标,z 方向垂直于 xy 平面。

(1)小客车

根据我国小客车特点,建立车辆有限元模型(图 2-2-1)。

图 2-2-1 小客车模型

表 2-2-1 为小客车模型主要有限元参数。

小客车模型有限元参数 表 2-2-1

项目	数量(个)	项目	数量(个)
节点	41011	实体单元	340
壳单元	42185	梁单元	92

表 2-2-2 为小客车模型结构参数。

小客车模型结构参数 表 2-2-2

车辆参数		数值
车总质量		1.5t
前轮轮距		1.50m
后轮轮距		1.50m
车轴数量		1 驱动轴+1
车辆重心位置	距前轴距离	1.195m
	距对称轴距离	+0.01m
	距地面距离	0.511m

通过与小客车碰撞某高防护等级护栏试验结果对比,对小客车仿真参数准确性进行了验证:图 2-2-2 为小客车碰撞护栏仿真与试验对比图,可以看出车辆行驶轨迹、驶出角度、车辆变形、加速度线形的仿真结果与试验结果一致。

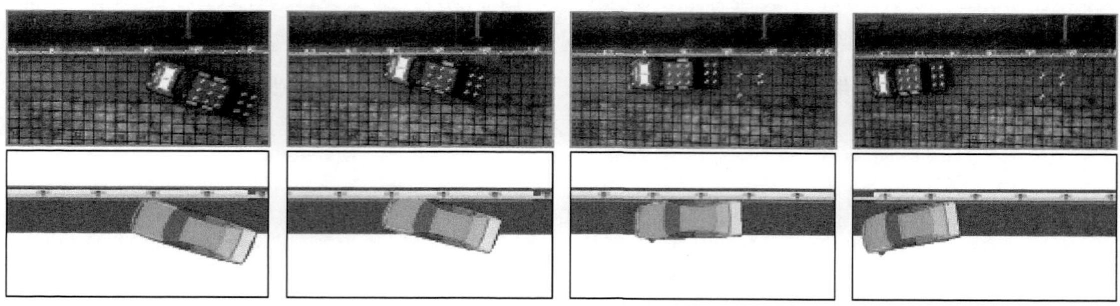

a) 车辆行驶轨迹

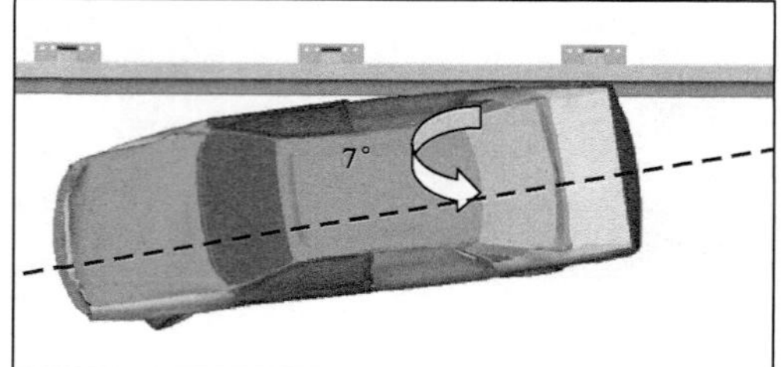

b) 驶出角度

c) 车辆变形

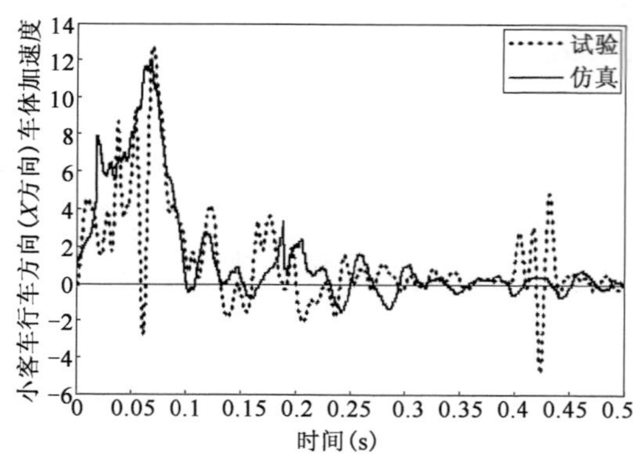

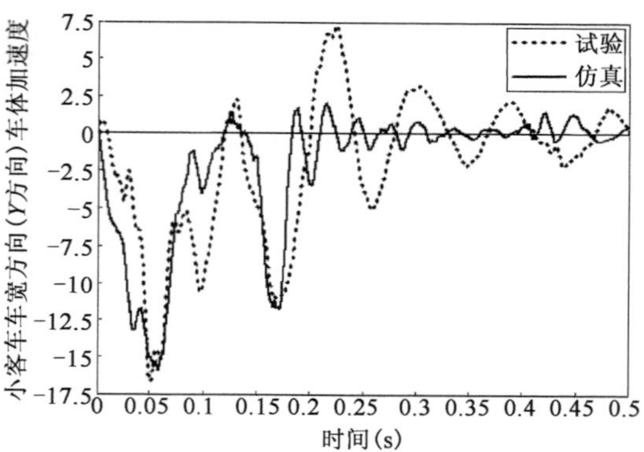

图 2-2-2

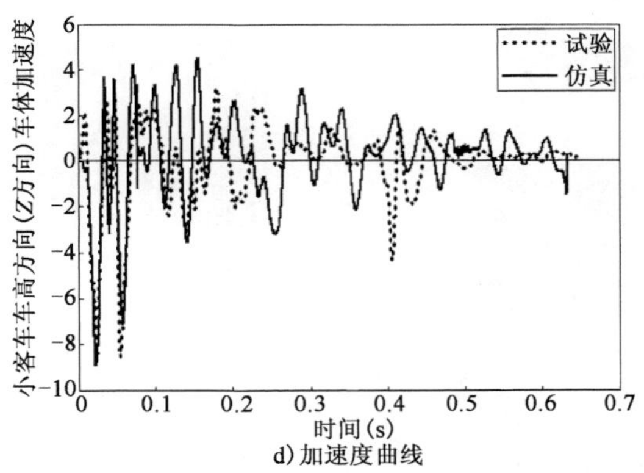

d)加速度曲线

图 2-2-2 小客车碰撞护栏仿真与试验对比图

表 2-2-3 为小客车碰撞护栏仿真与试验对比表，可以看出仿真和试验误差最大为 6.3%，在 10%以内，验证了仿真模型的准确性和可靠性。

小客车碰撞护栏仿真与试验对比 表 2-2-3

参数	评价指标		碰撞结果		
			试验	仿真	误差(%)
防撞性能	禁止车辆穿越、翻越、下穿护栏		符合	符合	—
	碎片不侵入驾驶室		符合	符合	—
驶出角度	小于 60%碰撞角度：≤12°		6.6°	7°	6.1
行驶姿态	不发生横转、掉头、翻车		符合	符合	—
动态变形	最大动态变形量≤500mm		0mm	0mm	0
加速度	三方向加速度最大值不大于 20g	行驶方向	12.7g	11.9g	6.3
		车宽方向	16.7g	16.1g	3.6

(2)大客车

表 2-2-4 为大客车模型主要有限元参数。

大客车模型主要有限元参数 表 2-2-4

项目	单元数量(个)
节点	75905
壳单元	73634
梁单元	2273
弹簧单元	8
其他	1134

根据试验所用的大客车，采用拆车方法建立大客车有限元模型，如图 2-2-3 所示。

a)试验车辆骨架

b)车辆骨架有限元模型

c)试验车辆

d)车辆有限元模型

图 2-2-3 大客车有限元模型建立过程

表 2-2-5 为大客车模型主要结构参数。

大客车模型主要结构参数 表 2-2-5

<table>
<tr><td rowspan="2">车　型</td><td colspan="3">参　数</td></tr>
<tr><td>质量(t)</td><td>重心高度(m)</td><td>尺寸参数
(长×宽×高)(m×m×m)</td></tr>
<tr><td>大客车</td><td>10.16</td><td>1.2～1.4</td><td>11.2×2.4×3.0</td></tr>
</table>

通过与广西单坡面混凝土护栏大客车碰撞试验结果对比,对仿真参数准确性进行验证:图 2-2-4 为大客车碰撞护栏仿真与试验对比图,可以看出车辆行驶轨迹和车辆变形仿真结果与试验结果一致,验证了仿真模型的准确性和可靠性。

(3)大货车

根据试验所用大货车结构尺寸建立的大货车有限元模型,如图 2-2-5 所示。

表 2-2-6 为大货车模型主要有限元参数。

表 2-2-7 为大货车模型主要结构参数。

通过与北京西六环高防护等级护栏大货车碰撞试验结果对比,对仿真参数准确性进行验证:图 2-2-6 为大货车碰撞护栏仿真与试验对比图,可以看出车辆行驶轨迹、驶出角度、车辆变形仿真结果与试验结果一致,验证了仿真模型的准确性和可靠性。

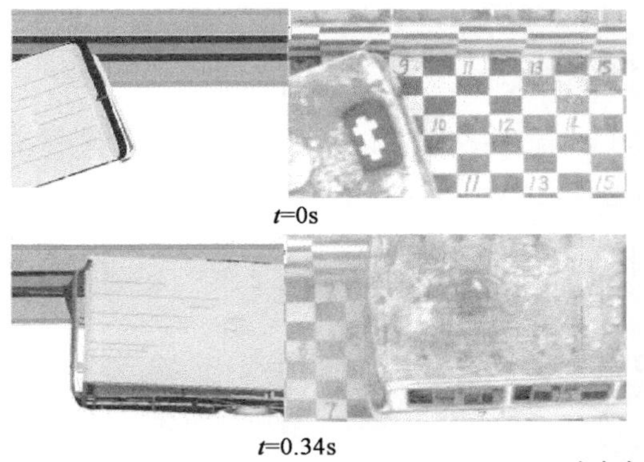

t=0s t=0.12s

t=0.34s t=0.4s

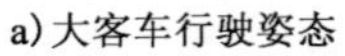

a)大客车行驶姿态

b)大客车碰撞变形

图 2-2-4 大客车碰撞单坡面混凝土护栏结果

a)大货车有限元模型

b)主流大货车

图 2-2-5 大货车模型

大货车模型主要有限元参数 表 2-2-6

项　　目	单元数量(个)	项　　目	单元数量(个)
节点	31149	弹簧单元	32
壳单元	28572	其他(rigid link 等)	1518
梁单元	60		

大货车模型主要结构参数 表 2-2-7

车　　型	参　　数		
	质量(t)	重心高度(m)	尺寸参数 (长×宽×高)(m×m×m)
大货车	10.17	1.41	8.3×2.5×2.9

2)护栏模型

按刚度特征,护栏分为柔性护栏、半刚性护栏、刚性护栏和组合式护栏。钢索是柔性护栏的主要受力构件,采用释放部分扭矩的梁单元模拟;半刚性护栏多由薄壁构件组成，采用四边形壳单元模拟；刚性护栏多为混凝土结构，采用六面体模拟；组合式护栏上部为半刚性护栏，下部为刚性护栏，可用四边形壳单元和六面体模拟。护栏材料属性通过试验（2.3.1 节材料试验）获得，通过 Cowper-Symons 模型考虑材料应变率效应。广清高速公路扩建工程中主要对桥梁混凝土护栏、路基混凝土护栏、路基波形梁护栏以及中分带开口活动护栏进行优化设计及再利用研究，本章着重介绍四种护栏（三种类型）仿真模型的准确性和可靠性。

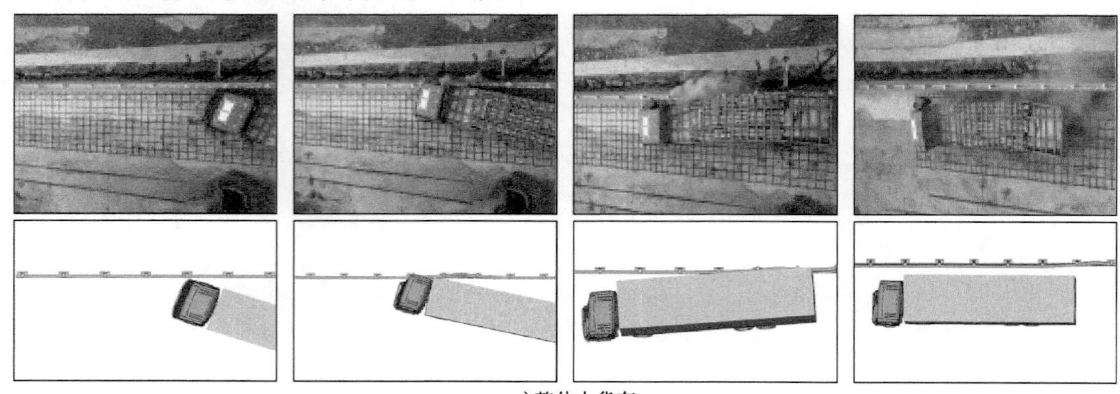

a）整体大货车

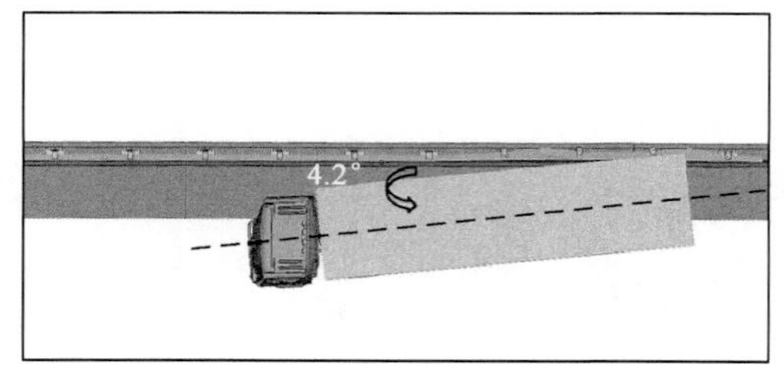

b）大货车驶出角度

c）大货车变形

图 2-2-6　大货车碰撞高防护等级护栏的结果对比

（1）基于钢筋混凝土护栏仿真模型验证

通过 14t 大客车以时速 80km/h 侧面 20°角碰撞混凝土护栏试验对钢筋混凝土护

栏仿真模型可靠性进行验证。

图 2-2-7 为台车、实车碰撞钢筋混凝土护栏的试验与计算机仿真分析结果对比图，可见混凝土裂纹仿真结果与试验结果一致；最大动态变形试验结果误差微小，验证了钢筋混凝土护栏模型的准确性和可靠性。

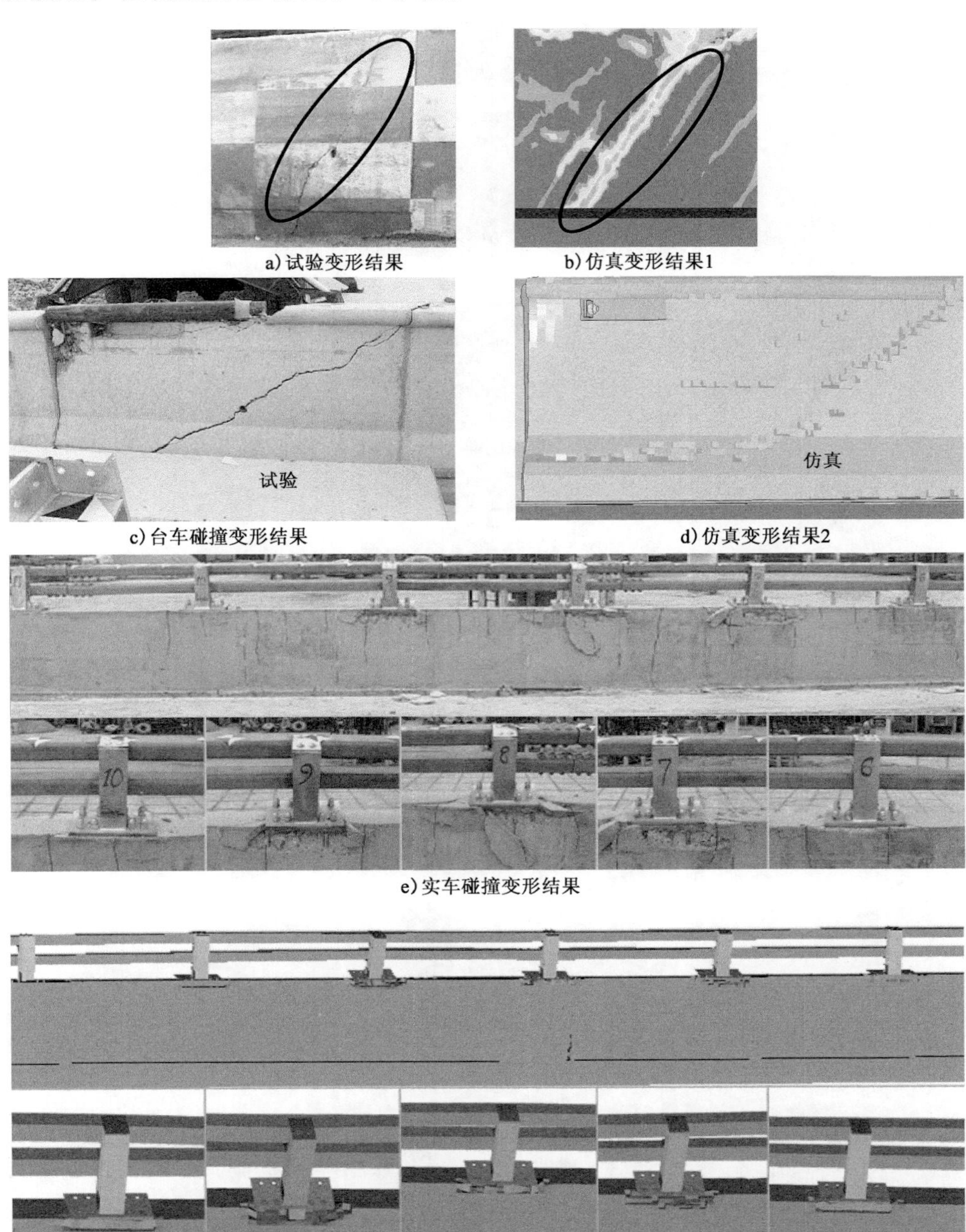

a)试验变形结果　b)仿真变形结果1

c)台车碰撞变形结果　d)仿真变形结果2

e)实车碰撞变形结果

f)仿真变形结果3

图 2-2-7　钢筋混凝土护栏结构破坏

综上所述，钢筋混凝土护栏仿真模型具有较高的准确性和可靠性，为采用该模型对桥梁和路基混凝土护栏结构优化及再利用研究奠定了基础。

(2)基于波形梁护栏碰撞的仿真模型验证

①双波形梁护栏碰撞的仿真模型验证。图 2-2-8 为三种车型分别碰撞双波形梁护栏的仿真与试验过程对比图，可以看出仿真与试验的三种车型行驶姿态基本相同，从车辆行驶姿态角度验证了仿真模型的准确性。

a)小客车

b)大客车

c)大货车

图 2-2-8 双波梁护栏碰撞过程仿真与试验对比

表 2-2-8 为双波梁护栏缓冲功能技术指标的仿真与试验结果对比,可以看出缓冲性能指标的仿真值与试验值基本一致,从缓冲性能指标验证了仿真模型的可靠性。

缓冲性能指标的仿真与试验结果对比表 表 2-2-8

缓冲技术指标	方　向	仿真结果	试验结果
乘员碰撞速度(OIV)	纵向	3.4m/s	3.8m/s
	横向	5.0m/s	4.3m/s
乘员碰撞后加速度(ORA)	纵向	$128m/s^2$	$112m/s^2$
	横向	$135m/s^2$	$155m/s^2$

图 2-2-9 为三种车型碰撞后双波梁护栏变形的仿真与试验结果对比图,可以看出护栏整体变形情况相似,从护栏变形角度验证了仿真模型的可靠性。

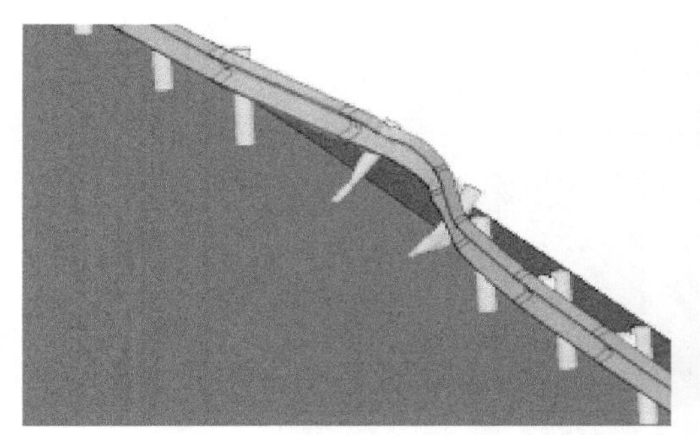

a)小客车

b)大客车

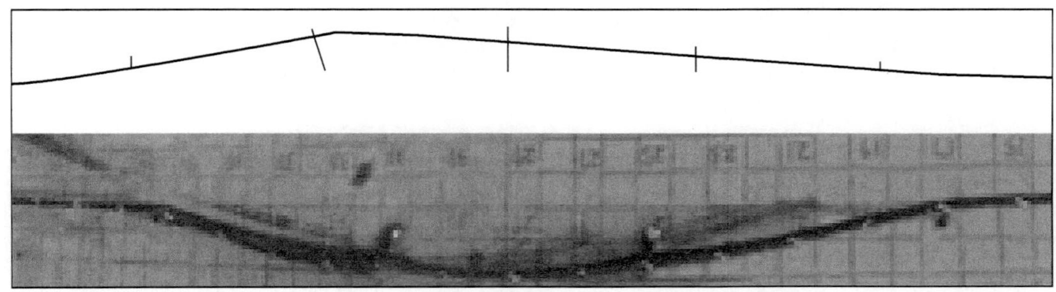

c)大货车

图 2-2-9 双波梁护栏变形的仿真与试验结果对比

根据双波梁护栏碰撞试验与仿真计算的结果对比，可知双波梁护栏仿真模型具有较高的可靠性。

②基于新型 3mm 三波护栏碰撞的仿真模型验证。新型 3mm 三波护栏进行小客车、大客车、大货车碰撞试验，根据试验碰撞条件，建立计算机仿真模型。

图 2-2-10 为三种车型碰撞过程的仿真与试验对比图，可以看出仿真与试验的三种车型行驶姿态基本相同，从车辆行驶姿态角度验证了仿真模型的准确性。

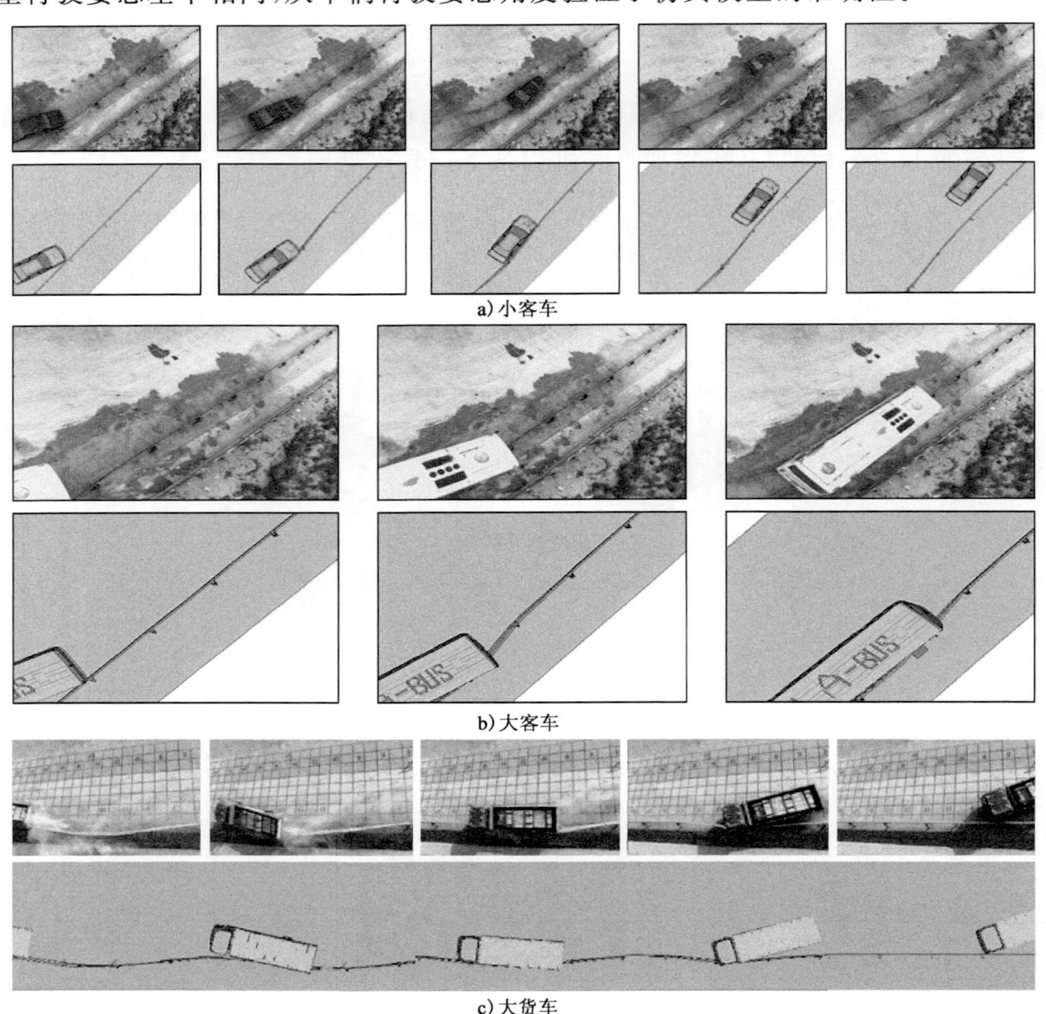

a) 小客车

b) 大客车

c) 大货车

图 2-2-10　新型 3mm 三波梁护栏碰撞过程仿真与试验对比

图 2-2-11 为三种车型碰撞后新型 3mm 三波梁护栏变形的仿真与试验结果对比图，可以看出护栏整体变形情况相似，从护栏变形角度验证了仿真模型的可靠性。

根据新型 3mm 三波护栏碰撞试验与仿真计算的结果对比，可知三波梁护栏仿真模型具有较高的可靠性。

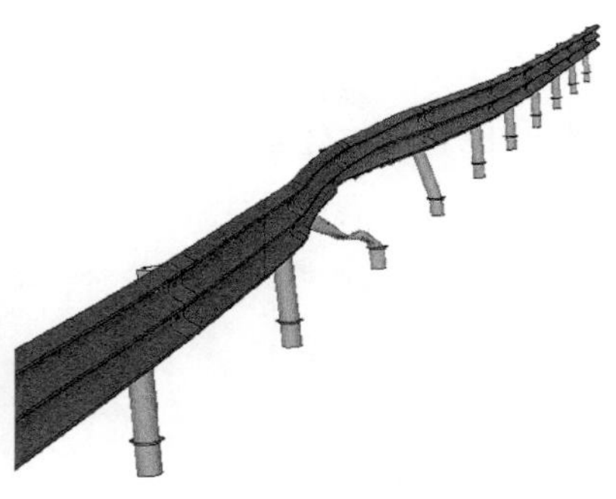

a）小客车碰撞后护栏变形图

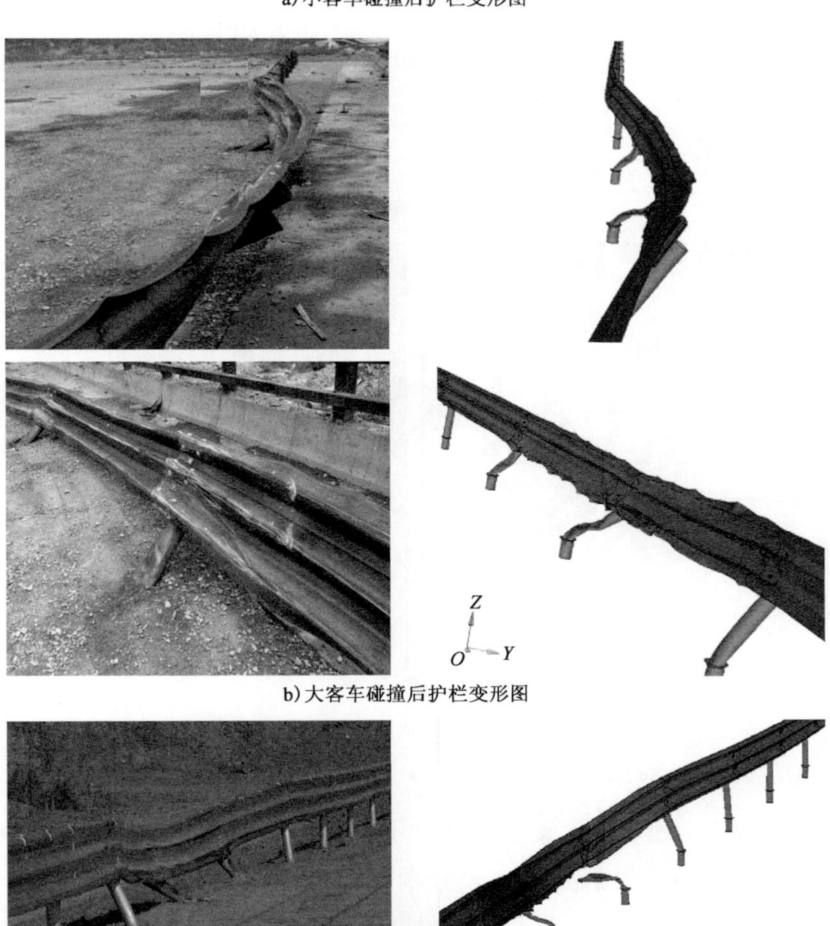

b）大客车碰撞后护栏变形图

c）大货车碰撞后护栏变形图

图 2-2-11 新型 3mm 三波梁护栏变形的仿真与试验结果对比

③基于双层双波护栏碰撞的仿真模型验证。双层双波护栏进行过小客车和大客

车碰撞试验，根据试验碰撞条件，建立计算机仿真模型。

图 2-2-12 为小客车和大客车碰撞护栏过程图，可见车辆碰撞双层波形梁护栏后逐渐转向并驶离护栏，护栏对车辆形成良好阻挡和导向作用，计算机仿真结果与试验结果基本一致。

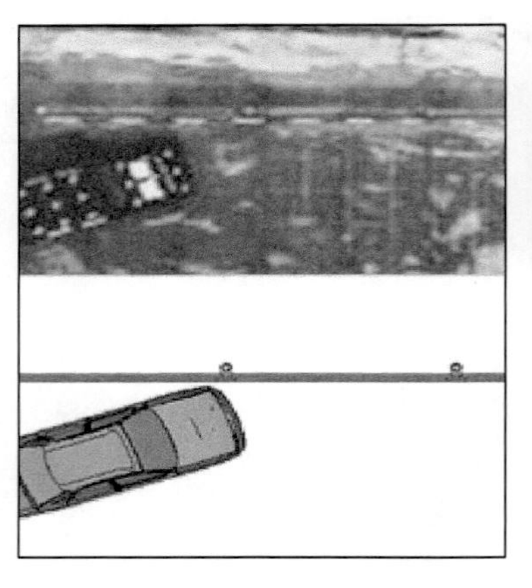

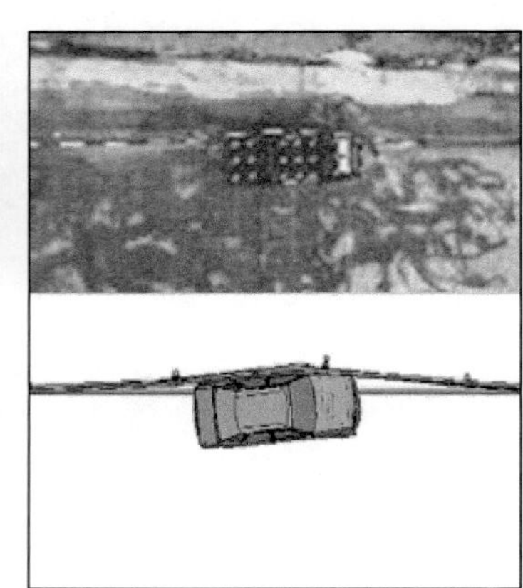

a）小客车碰撞过程

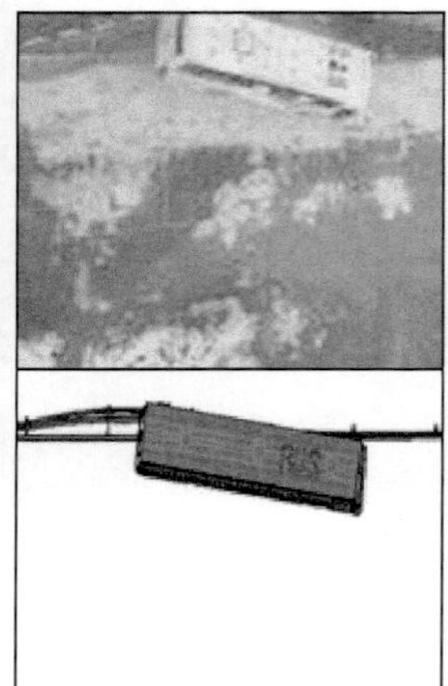

b）大客车碰撞过程

图 2-2-12　双层双波护栏碰撞过程试验和仿真对比

图 2-2-13 为双层双波护栏变形图，可见小客车碰撞后下层波形梁板变形较大，上层波形梁板变形较小，说明下层波形梁板对于小客车防护起主要作用；大客车碰撞后，上层波形梁板和下层波形梁板变形比较平顺，说明上下两层波形梁板协同对大客车进行有效防护；计算机仿真计算结果与试验结果基本一致。

在实车碰撞试验中，通过高速摄像检测分析，得到小客车和大客车碰撞双层波形梁护栏的最大动态变形量分别为 740mm 和 1469mm。图 2-2-14 为仿真模型输出的最大动态变形点位移时程曲线，从曲线可以看出，小客车和大客车碰撞双层波形梁护栏最大动态变形量仿真计算结果分别为 728mm 和 1420mm。小客车和大客车碰撞护栏最大动态变形量仿真值与试验值误差分别为 1.62%和 3.34%。

a)小客车碰撞护栏变形

b)大客车碰撞护栏变形

图 2-2-13 双层双波护栏变形的仿真与试验结果对比

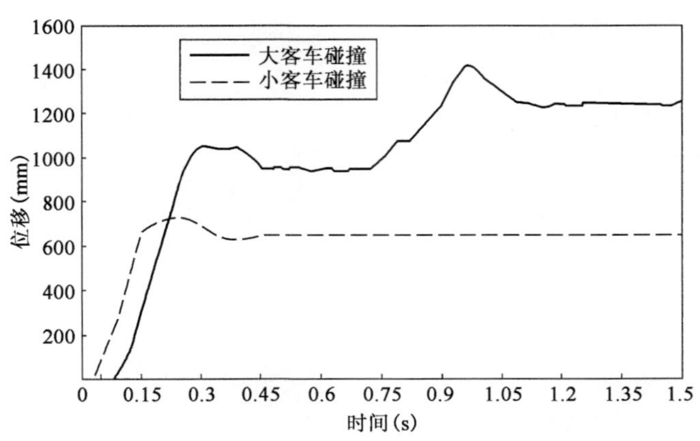

图 2-2-14 最大动态变形点位移时程曲线

通过碰撞过程分析、护栏变形分析，计算机仿真模型计算结果与试验结果相吻合，具有较高精度。

综上所述，通过与多种波形梁护栏碰撞试验数据对比，验证了波形梁护栏计算机仿真模型可靠性和准确性，为路基波形梁护栏及中分带开口梁柱式波形梁活动护栏的再利用研究奠定了坚实基础。

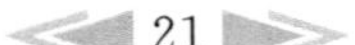

(3)基于钢管预应力索的仿真模型验证

通过大客车以15°角,60km/h的速度碰撞钢管预应力索活动护栏试验对钢管预应力索活动护栏仿真模型可靠性进行验证。图2-2-15～图2-2-20分别为车辆行驶姿态、护栏局部变形以及护栏残余变形的仿真结果与试验结果对比,护栏横向位移基本一致,护栏局部区域均有较严重破坏,护栏残余变形情况一致,验证了钢管预应力索活动护栏仿真模型的准确性和可靠性。

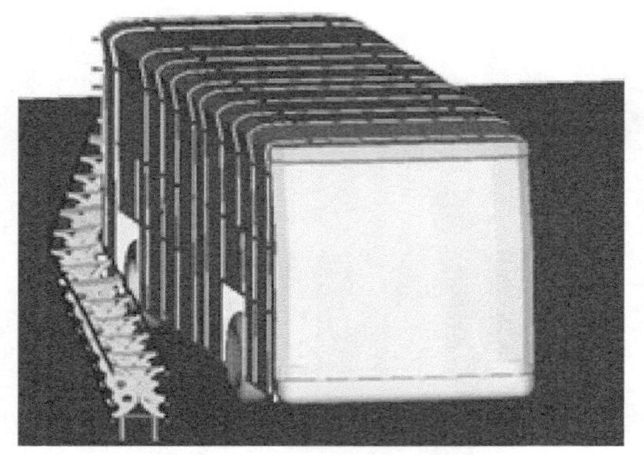

图 2-2-15　计算机仿真分析

图 2-2-16　实车碰撞试验

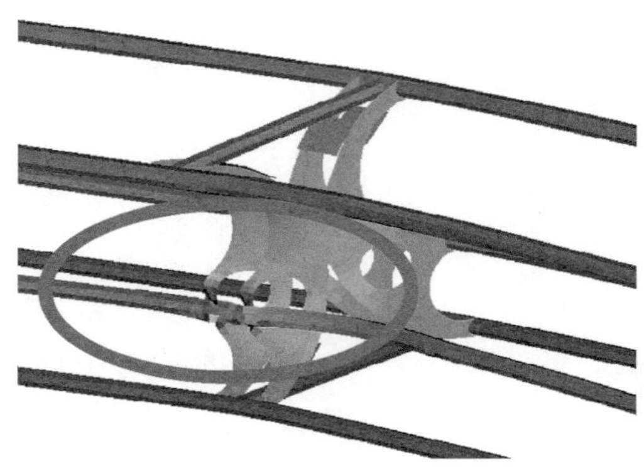

图 2-2-17　计算机仿真分析护栏局部变形

图 2-2-18　实车碰撞试验护栏局部变形

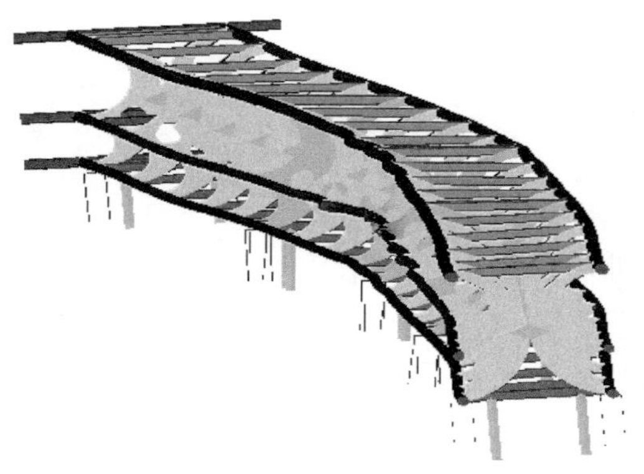

图 2-2-19　计算机仿真分析护栏残余变形

图 2-2-20　实车碰撞试验护栏残余变形

图 2-2-21 为护栏最大横向位移点的位移与时间的仿真曲线图，从曲线上可以看出护栏的最大横向位移为 915mm。根据实车碰撞试验检测报告可知，其最大的横向位移为 950mm，其误差仅为 3.68%，因此从护栏的横向位移来看，钢管预应力索活动护栏有限元仿真模型真实可靠。

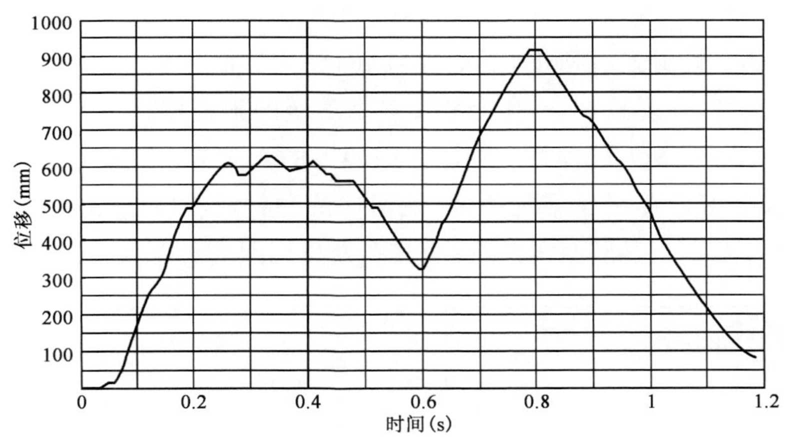

图 2-2-21 护栏最大横向位移点的位移与时间曲线

综上所述，通过与钢管预应力索活动护栏碰撞试验数据对比，验证了钢管预应力索活动护栏计算机仿真模型可靠性和准确性，为采用该仿真模型研发新型钢管预应力索活动护栏奠定了坚实基础。

2.3 单元试验

单元试验包括材料试验和台车试验。采用材料试验对防撞护栏的主要材料(钢材和混凝土)和护栏结构进行研究。根据材料特性选取适用于不同防护等级护栏的结构材料；通过多种防腐材料的性能对比，选取适用于不同路段防撞护栏的防腐材料；将材料试验获取的真实数据作为计算机仿真模型的材料仿真参数，保证了计算机仿真模型的可靠性；采用台车试验对护栏的防撞性能进行初步评价，为防撞护栏的结构优化设计和实车碰撞试验的成功实施奠定基础。

2.3.1 材料试验

1)钢材研究

护栏对事故车辆的作用主要体现在防护导向和变形缓冲吸能两个方面，其中护栏材料强度高对防护导向有利，护栏材料的延展性好对于变形缓冲吸能有利，因此护栏材料不但应具有一定强度，还要有良好的延展性能。

通过静力拉伸实验对常用护栏材料Q235、Q345、45号钢材的强度和延展性进行分析研究。试验检测结果为:Q235钢材的抗拉强度为440MPa,屈服强度为300MPa,伸长率为35.3%;Q345钢材的抗拉强度为508MPa,屈服强度为298MPa,伸长率为35.8%;45号钢材的抗拉强度为673MPa,屈服强度为383MPa,伸长率为24.6%。根据试验结果,可知45号钢材的强度最高,但延展性最差,碰撞过程中易断裂,不利于护栏缓冲吸能;Q235钢材强度适中,延展性较好,较为广泛应用于防撞护栏材料;Q345钢材的延展性最好,强度较高,宜作为较高防撞等级的护栏材料。

图2-3-1～图2-3-3为三种材料在静力载荷下的真实应力应变曲线,可见Q235和45号钢在屈服点附近存在屈服震荡区,说明这两种材料在发生屈服时力学性能较不稳定;Q345没有发生明显屈服震荡,说明其在发生屈服时力学性能较为稳定。

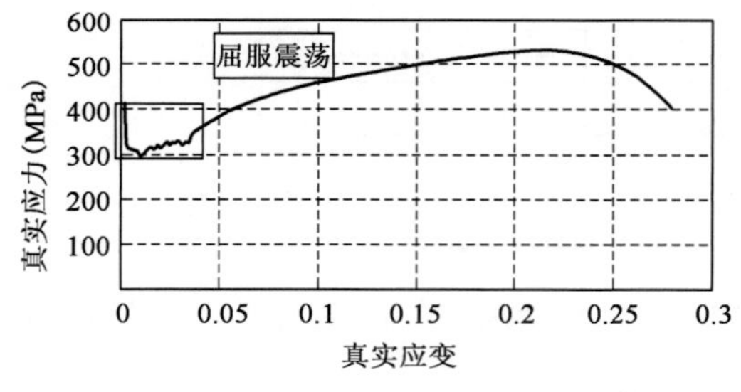

图2-3-1　Q235材料应力应变曲线

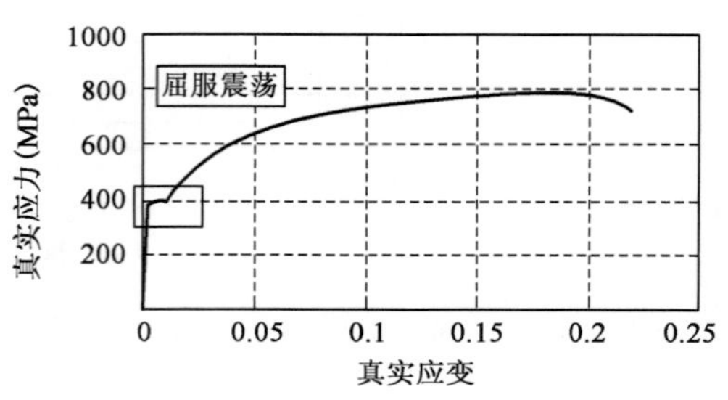

图2-3-2　45号钢材料应力应变曲线

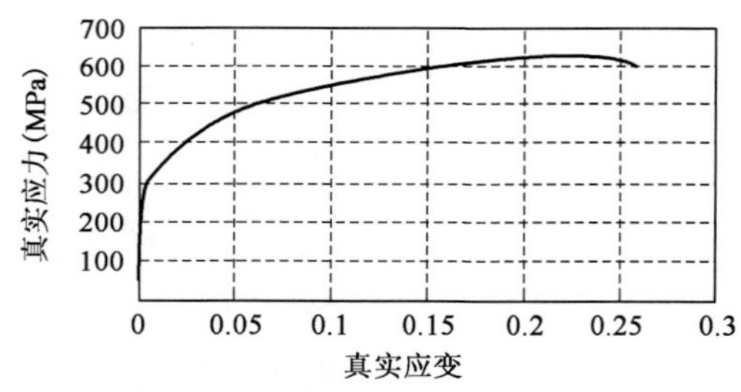

图2-3-3　Q345材料应力应变曲线

车辆碰撞护栏是动态冲击的物理过程,金属材料在冲击载荷作用下会发生硬化,影响耐撞性能。通过对Q235、Q345、45号钢材进行27次冲击试验,对护栏常用钢材进行耐冲击性能分析。图2-3-4～图2-3-6为三种材料在低速(约为12.5m/s)、中速(约为20m/s)、高速(约为28m/s)冲击载荷的应力应变曲线,可以看出,在冲击载荷下三种钢材屈服强度相对于静载荷均有所增加,产生冲击硬化,45号钢随着冲击速度的变化,硬化强度变化最为明显,冲击载荷下力学性能最不稳定,Q235硬化强度变化较不明显,冲击载荷下力学性能较为稳定;Q345钢材在高速冲击载荷下,硬化强度变化不明显,冲击载荷下力学性能最为稳定。

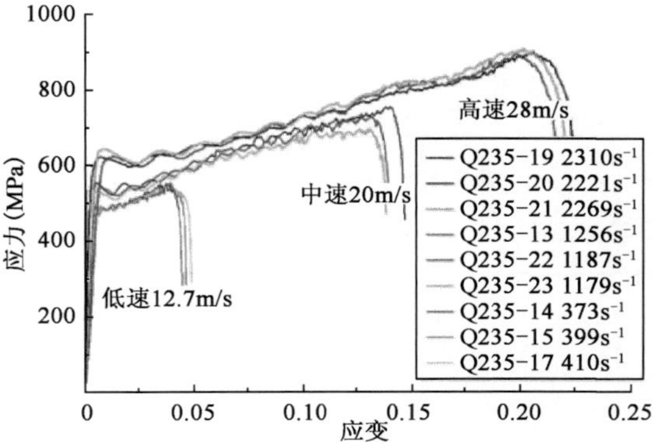

图 2-3-4 Q235 钢材冲击试验结果

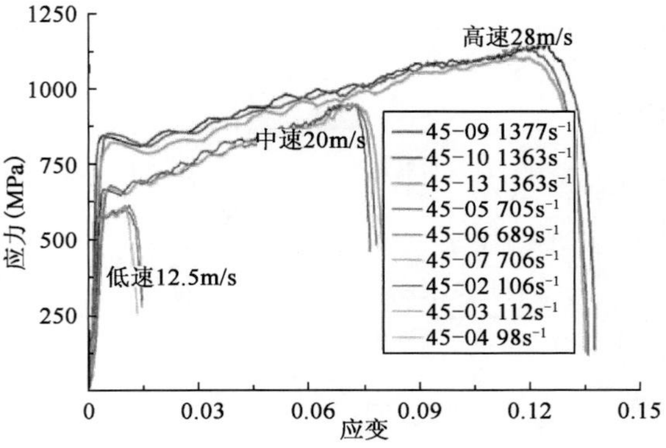

图 2-3-5 45 号钢冲击试验结果

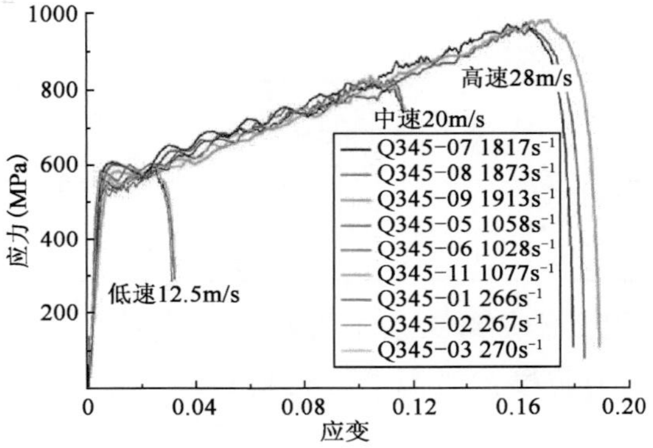

图 2-3-6 Q345 钢材冲击试验结果

2)混凝土材料研究

混凝土材料是组成护栏的重要材料之一,其弹性模量、抗压强度、抗拉强度、抗折强度对护栏防护性能有所影响。通过试验测定 C40、C30 混凝土的各项性能指标,同时对 C30 混凝土分别添加钢纤维、聚丙烯纤维、玻璃纤维后的性能进行研究。

表 2-3-1 为混凝土性能测试结果,未添加纤维的 C40 混凝土略优于 C30,但是造价相对较高。对于添加纤维的混凝土除添加玻璃纤维的 C30 混凝土抗拉强度略低于 C30 普通混凝土外,添加钢纤维、聚丙纤维后的 C30 混凝土抗拉、抗折性能有较大改善,但添加纤维后的混凝土造价相对高出 1.2～2.4 倍。

混凝土性能测试结果 表 2-3-1

试验项目 \ 龄期(d) \ 强度等级		C40		C30		C30		C30		C30	
		7	28	7	28	7	28	7	28	7	28
理论值	轴心抗压强度(MPa)	—	26.8	—	20.1	—	>20.1	—	>20.1	—	>20.1
	轴心抗拉强度(MPa)	—	2.4	—	2.01	—	>2.01	—	>2.01	—	>2.01
	弹性模量(MPa)	—	32500	—	30000	—	>30000	—	>30000	—	>30000

续上表

试验项目 \ 龄期(d) \ 强度等级		C40		C30		C30		C30		C30	
		7	28	7	28	7	28	7	28	7	28
试验值	添加纤维材料名称	—	无	—	无	—	钢纤维	—	聚丙烯纤维	—	玻璃纤维
	纤维材料用量(kg/m³)	—	0	—	0	—	40	—	0.9	—	0.9
	骨料粒径(mm)	25	25	25	25	25	25	25	25	25	25
	静力受压弹性模量(MPa)	35300	—	33200	—	35300	—	34600	—	34500	—
	抗压强度(MPa)	47.9	56.7	44.6	58.4	47.4	63.4	46.1	59.8	42.8	50.2
	轴心抗压强度(MPa)	37.9	51.9	32.8	42.2	36.5	41	34.8	37.9	35.9	43.1
	劈裂抗拉强度(MPa)	4.26	4.69	3.71	4.43	5.07	5.59	3.20	5.84	2.86	3.9
	抗折强度(MPa)	4.33	5.34	4.46	4.18	4.82	6.07	5.01	4.43	3.99	4.18
其他	表面平整度	好		好		好		好		好	
	表面色泽	好		好		好		好		好	
	耐久性	一般		一般		好		很好		很好	
	单位造价(元/m³)	345		335		815		362		389	

综合考虑高强度等级及添加纤维后的混凝土力学性能指标和经济指标，C30 型号混凝土性价比优越，宜作为防撞护栏混凝土材料。

3)防腐材料研究

应用于公路设施的钢材长期暴露，易发生腐蚀，影响景观和结构强度，需要进行防腐研究。钢材主要采用喷漆、涂塑、镀锌、镀铝等几种防腐技术，通过对比研究确定护栏钢材防腐工艺。

喷漆和涂塑工艺相对简单，但防腐年限短，适合在生命周期较短的设施上使用；镀锌、镀铝技术相对复杂，但防腐耐久性强，适合在如护栏类生命周期较长的设施上使用。镀锌和镀铝不但能保护钢材基体免受因接触外界介质而产生腐蚀，还能给钢制件洁白光亮外表，在延长钢件在户外使用寿命的同时，也增强了其景观效果。镀锌和镀铝对钢材表面的保护机理不同，在介质气氛下，镀锌工艺以牺牲阳极(锌)来达到保护阴极(钢材)免受电化学反应而腐蚀，即使部分锌层由于碰撞而脱落，该处的钢件仍能和锌层起到阳极保护，不会被腐蚀；镀铝工艺则是对钢基体起到包封保护作用，起不到牺牲阳极保护作用，如果铝镀层脱落，其附近的钢材会迅速腐蚀损坏。

防撞护栏作为一种安全防护设施，不可避免会在安装和使用中发生碰撞，致使保护层脱落，因此镀锌防腐工艺更适合在护栏主体上使用。

2.3.2 台车试验

台车试验是一种研究新型护栏防撞性能的探索性手段，在试验中采用近似刚性的

台车正面碰撞护栏结构段，通过对护栏变形破坏以及钢筋应变等测试数据对护栏的防撞性能做初步评价，优中选优，为护栏结构优化设计和实车碰撞试验的成功奠定基础。

1）台车

为保证车体刚度，台车主要采用型钢材料进行加工制作，主要包括鼻端、车体、轴和轮 4 部分，图 2-3-7 为制作完成的台车结构。

2）检测仪器

如图 2-3-8 所示，在防撞护栏基础钢筋以及连接螺栓中埋设应力应变片。

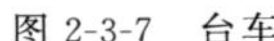
图 2-3-7　台车

图 2-3-8　台车试验中设置的应变片

如图 2-3-9 所示，在台车试验中布设 5 部摄像机，其中摄像机 1、2、4 分别从左侧、右侧、后方拍摄试验过程，摄像机 3 从侧后方拍摄护栏的变形损坏过程，摄像机 5 拍摄台车碰撞护栏过程。

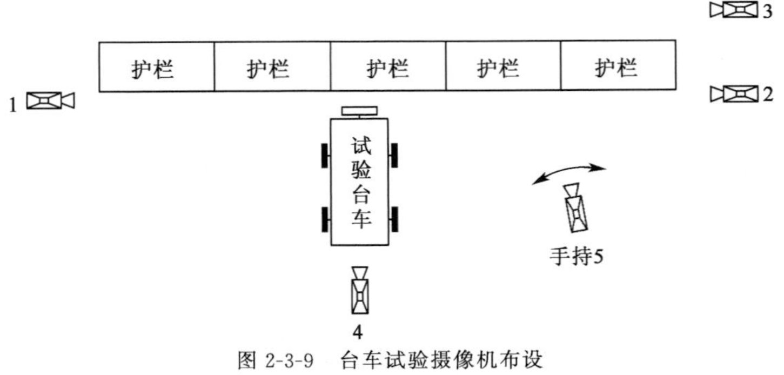

图 2-3-9　台车试验摄像机布设

2.4　实车足尺碰撞试验

实车足尺碰撞试验通过加速设备将满足一定质量、几何尺寸、重心位置等技术参数要求的试验车辆加速至规定的碰撞速度，以规定的碰撞角度与试验护栏碰撞，根据观测的车体重心处加速度、护栏损坏变形情况、车辆运行轨迹姿态等数据判断护栏安全性能指标是否满足要求。

实车足尺碰撞试验过程中有较大的危险性和不可预见性，必须在具备相应试验检测资质的专用碰撞试验场进行。试验场的试验系统主要由碰撞广场、车辆加速系统和试验检测系统三部分组成。

2.4.1 碰撞广场

碰撞广场为试验护栏的安装和试验数据的检测场地，场地应宽阔平坦，路面符合公路路面平整度和粗糙度要求，且场地内没有影响试验车辆运行的障碍物。图 2-4-1 为国内具有检测资质的实车足尺碰撞试验场的碰撞广场照片。

a) 电牵引加速度试验场

b) 坡道加速试验场

c) 落锤牵引加速试验场

图 2-4-1 碰撞广场照片

2.4.2 加速系统

为使试验车辆达到规定的碰撞速度，试验系统需要设置完善的车辆加速系统。目前世界各国所采用的试验车辆加速方法有：电动牵引法、车辆牵引法、火箭推进法、弹射法，自身驱动法及重力加速法等。我国采用的加速方法主要有电动牵引法和重力加速法，其中重力加速法又包括坡道加速法和落锤牵引法。图 2-4-2 为电动牵引加速、坡道加速和落锤加速系统照片。

a) 电动牵引加速

b) 坡道加速

c) 落锤加速

图 2-4-2 加速系统照片

2.4.3 检测系统

1) 车辆总质量、整备质量和重心位置

实车足尺碰撞试验经验表明，车辆总质量、整备质量和重心位置的参数不同，所测得的车辆重心处加速度、车辆运行轨迹以及护栏最大动态变形值等均有一定差别，因此车辆总质量、整备质量和重心位置需要准确测量和记录。

测量须根据《汽车质量(重量)参数测定方法》(GB/T 12674—1990)和《两轴道路车辆 重心位置的测量》(GB/T 12538—2003)的相关规定执行。图 2-4-3 为小型车和大型车总质量、整备质量和重心位置测试示例。

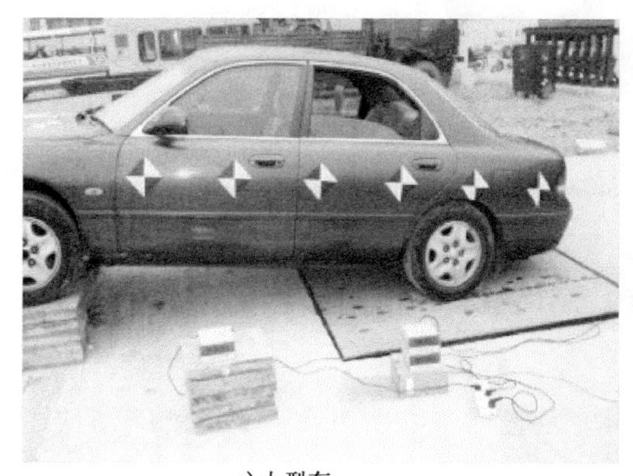

a)小型车

b)大型车

图 2-4-3 车辆总质量、整备质量和重心位置测试

2)车辆的运行状态

车辆的运行状态是评价护栏导向功能和阻挡功能的重要指标。试验过程中，主要通过高速摄像从不同角度记录护栏变形损坏以及车辆的运行状态。图 2-4-4 为高速摄像机照片。

图 2-4-4 高速摄像机

3)车辆重心处加速度

车辆重心处加速度是评价护栏缓冲性能的重要数据源。车辆重心处加速度通过车载加速度传感器系统测量，加速度传感器包括纵向加速度传感器和横向加速度传感器，以测试碰撞过程中车辆重心处的纵向和横向加速度；加速度传感器须安装牢固，碰

撞过程中不得松动或受到外力冲击。图 2-4-5 为实车碰撞试验采用的车载加速度传感器和采集器。

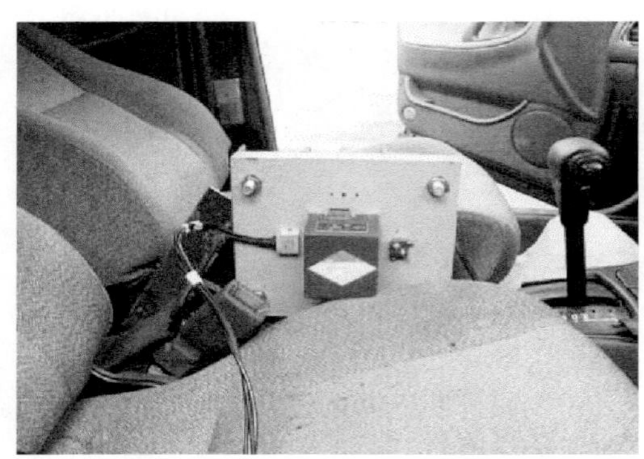

图 2-4-5　加速度传感器和采集器

4)护栏变形和车辆侧倾

由于护栏变形和车辆侧倾是一个变化的量，为确保采集到准确、有效的试验数据，试验后须将整个碰撞过程图像全部打印出来，根据标准点的比例计算每一幅图像的护栏变形和车辆侧倾值，并最终得到最大值。

2.5　本章小结

计算机仿真分析、单元试验、实车碰撞试验是研究开发防撞护栏的先进技术，采用这三种核心技术对桥梁混凝土护栏、路基混凝土护栏、路基波形梁护栏以及中分带开口活动护栏进行再利用研究，研究成果已成功应用于广清高速公路扩建工程中。

第3章　桥梁混凝土护栏再利用关键技术

3.1　桥梁混凝土护栏安全防护与再利用需求

在改扩建工程中，特别是扩建工程中往往采用“保通”组织方案进行施工，因此需要设置大量的临时桥梁护栏（图3-1-1）。临时护栏需要对施工区人员形成有效防护，如果其防护能力不足，则失控车辆有可能冲入施工区，造成施工人员的严重伤亡（见事故案例3-1-1～事故案例3-1-3），因此临时护栏的防撞等级应与永久护栏相当。此外，若这些临时桥梁护栏得不到再利用，则会造成巨大浪费，不符合“资源节约和环境保护”的工程建设理念，以广清高速（广州至清远）公路扩建工程为例，扩建工程中含桥梁18.34km，根据施工组织方案初步估算需要设置73.36km的临时护栏，若这些临时护栏不能有效再利用，则会造成5000多万元的工程损失。

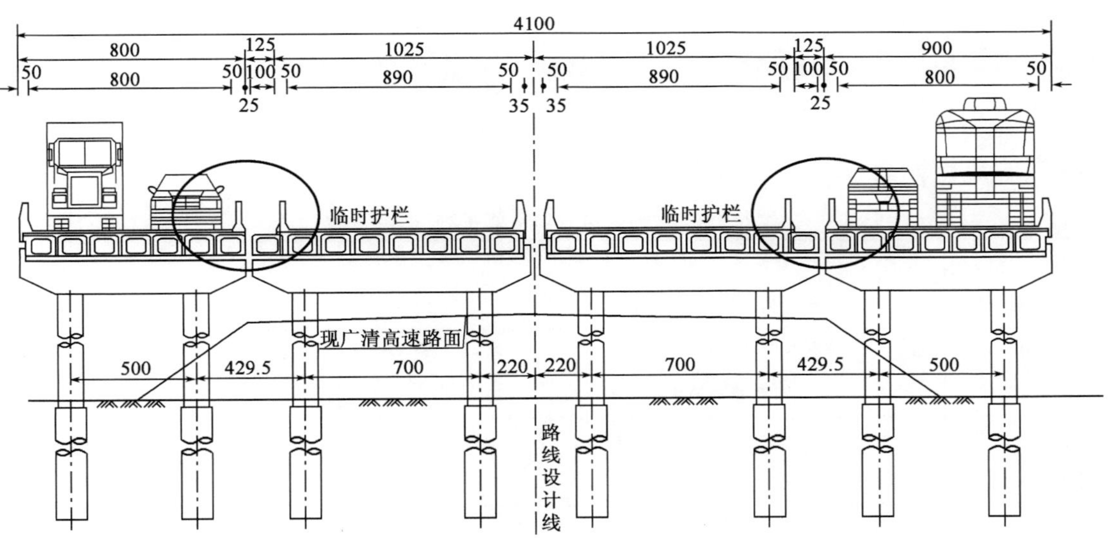

图3-1-1　临时护栏现场设置示意图（尺寸单位：cm）

【事故案例3-1-1】　2010年2月10日，上海中环路高架外圈杨高南路出口，一辆银灰色的福特轿车冲破施工隔离桩，撞上了停在施工区域内的面包车。事故导致3名工人当场身亡，另有7人不同程度受伤（图3-1-2）。

【事故案例3-1-2】 2010年12月10日，厦门海沧大桥出岛方向一失控轿车冲进施工区，造成施工人员1死5伤（图3-1-3）。

图3-1-2　上海中环路事故

图3-1-3　厦门沧海大桥事故

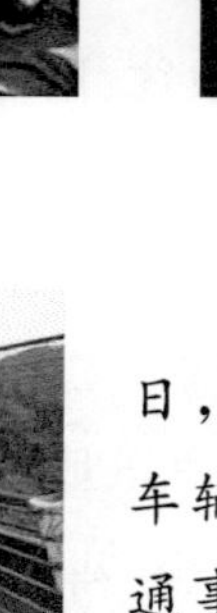

图3-1-4　成都至绵阳高速公路罗江段事故

【事故案例3-1-3】 2011年6月2日，成都至绵阳高速公路罗江段一辆失控车辆冲入施工区，造成6死7伤的重大交通事故（图3-1-4）。

另一方面，车辆穿越桥侧护栏事故死亡率很高，一旦发生就必然是群死群伤的重特大恶性事故（表3-1-1举例说明几个典型的车辆驶出桥侧的事故案例，图3-1-5为车辆驶出桥侧护栏坠入桥下的现场照片），易成为媒体关注焦点，引起较大社会问题。因此临时护栏重复利用建成的桥侧护栏也应具有较高的防护等级，以加强桥侧防护，避免坠桥事故的发生。

车辆驶出桥侧事故举例　　表3-1-1

时　间	路　段	死亡(人)	受伤(人)	载客(人)
2012.06.17	沈海高速福建霞浦段	17	28	45
2012.03.29	沪昆高速湖南娄底双峰县	5	33	38
2009.11.12	威海市双岛湾大桥	13	9	22
2006.05.23	新疆315国道疏勒县坤巴什桥	15	18	33
2006.05.10	四川省107省道曾沟桥	12	17	29
2005.10.08	浙江省104国道杨家埠镇九九桥段	22	14	36
2005.04.19	重庆市黔江区沙湾特大桥	27	4	31
2004.02.29	重庆318国道主坝大桥	12	35	47
2004.01.08	贵州石阡县	12	11	25
2001.08.10	新疆314线新河县	32	3	42

图 3-1-5 车辆驶出桥侧护栏坠入桥下的现场照片

基于以上背景，对桥梁混凝土护栏进行再利用关键技术研究，提出一种具有较高防撞等级的可再利用桥梁混凝土护栏，既可作为新建桥梁的永久护栏设置，又可作为扩建工程的临时护栏设置，提高了桥梁混凝土护栏的使用周期，兼顾了改扩建工程的经济性和安全性，将产生良好的社会和经济效益。

3.2 桥梁混凝土护栏安全性能与再利用功能目标

3.2.1 护栏安全性能目标

根据相关规范和依托工程广清高速公路的交通流特性确定护栏安全性能目标。

1)碰撞条件

《公路交通安全设施设计规范》(JTG D81—2006)表 5.2.5 对桥梁护栏防撞等级的适用条件进行了规定(表 3-2-1)。

广清高速公路扩建工程设计速度为 100km/h，扩建施工过程中始终保持双向四车道正常通行，而临时桥梁护栏外侧为施工作业区，桥侧危险度属于"车辆越出桥外可能发生二次重大事故或二次特大事故"，根据《公路交通安全设施设计规范》(JTG D81—2006)，可拆装桥梁混凝土护栏设计防撞等级为 SA 级。

桥梁护栏防撞等级适用条件(JTG D81—2006 表 5.2.5)　　表 3-2-1

<table>
<tr><th rowspan="2">公 路 等 级</th><th rowspan="2">设计速度(km/h)</th><th colspan="2">车辆驶出桥外有可能造成的交通事故等级</th></tr>
<tr><th>重大事故或特大事故</th><th>二次重大事故或二次特大事故</th></tr>
<tr><td rowspan="3">高速公路</td><td rowspan="2">120</td><td rowspan="4">SB、SBm</td><td rowspan="2">SS</td></tr>
<tr></tr>
<tr><td rowspan="2">100、80</td><td rowspan="2">SA、SAm</td></tr>
<tr><td rowspan="3">一级公路</td></tr>
<tr><td rowspan="2">60</td><td rowspan="2">A、Am</td><td rowspan="2">SB、SBm</td></tr>
<tr></tr>
<tr><td>二级公路</td><td>80、60</td><td>A</td><td>SB</td></tr>
<tr><td>三级公路</td><td>40、30</td><td rowspan="2">B</td><td rowspan="2">A</td></tr>
<tr><td>四级公路</td><td>20</td></tr>
</table>

根据《公路护栏安全性能评价标准》(JTG B05-01—2013)要求,SA 级防护等级护栏碰撞条件如表 3-2-2 所示。

可拆装混凝土桥梁护栏的碰撞条件　　表 3-2-2

碰撞车型	碰撞速度(km/h)	碰撞角度(°)	车辆总质量(t)	碰撞能量(kJ)
小客车	100	20	1.5	—
大客车	80	20	14	400
大货车	60	20	25	400

2)评价指标

根据《公路护栏安全性能评价标准》(JTG B05-01—2013)要求对新型护栏进行安全性能评价,其评价指标包括:

①阻挡功能:应阻挡车辆穿越、翻越和骑跨,护栏构件及其脱离碎片不得侵入车辆乘员舱。

②缓冲功能:乘员碰撞速度的纵向与横向分量均不得大于 12m/s,乘员碰撞后加速度的纵向与横向分量均不得大于 200g。

③导向功能:车辆碰撞后不得翻车,运行轨迹在图 3-2-1 所示的导向驶出框内不得越过直线 F,其中参数 A 和 B 的取值规定如表 3-2-3 所示。

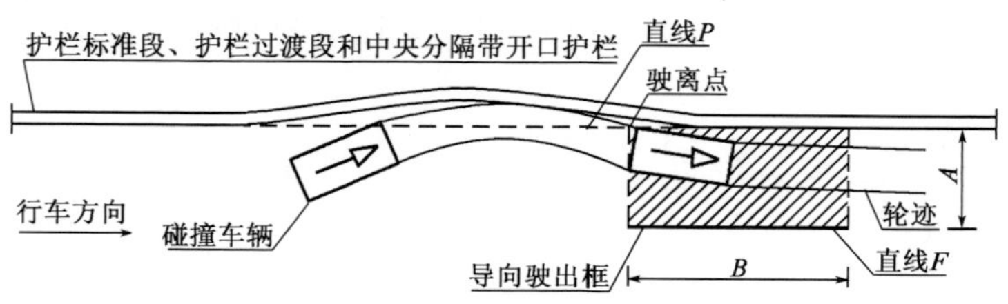

图 3-2-1　车辆运行轨迹要求

注:1.直线 P 为公路护栏碰撞前迎撞面最内边缘的地面投影线。

2.直线 F 与直线 P 平行且间距为 A。

3.直线 F 的起点位于驶离点在直线 F 上的投影点,长度为 B。

参数 A 和 B 的取值 表 3-2-3

碰撞车型	A(m)	B(m)
小型客车	$2.2+V_w+0.16V_L$	10
大中型客车	$4.4+V_w+0.16V_L$	20
大中型货车		

注：表中 V_w 代表车辆宽度，V_L 代表车辆长度。

3.2.2 护栏再利用功能目标

鉴于改扩建工程项目对护栏的特殊使用需求（防护等级高、可再利用），确定护栏结构为可拆装混凝土结构，即在工厂预制护栏墙体预制块，然后现场进行预制块纵向拼装连接，并与桥梁翼缘板进行连接。

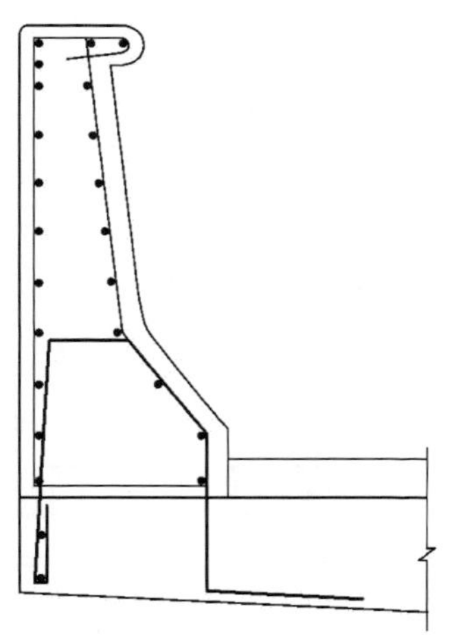

图 3-2-2 常用桥梁混凝土护栏

目前我国广泛使用的桥梁混凝土护栏为现浇结构（图 3-2-2），护栏墙体均通过预埋钢筋与桥梁翼缘板连接，护栏墙体纵向整体现浇保证其抗倾覆和抗滑移能力。

为施工方便，一部分城市道路尝试采用预制混凝土桥梁护栏结构，但通过实践应用证明，其预制混凝土桥梁护栏结构整体性能较差，严重影响了桥梁护栏的安全防护性能，如图 3-2-3 所示，该种护栏对于小型客车都不能起到有效防护作用。目前该种预制混凝土桥梁护栏已通过咨询研究改为全现浇结构，且不再允许在实际工程中应用。

a）2005年奥迪轿车坠桥

b）2006年起亚商务车坠桥

图 3-2-3 某预制桥梁护栏防护性能

通过以上分析可知，目前预制混凝土桥梁护栏均无法达到较高防护等级，无法满足桥梁特殊安全需求，更不具备可再利用功能这一高标准要求。因此桥梁混凝土护栏需要进行特殊设计，提出一种可拆装桥梁混凝土护栏，使其具有再利用功能。

3.3 护栏结构方案

综合考虑护栏的防撞、运输、拆装、景观、经济以及养护等因素，通过对预制块结构形式研究、预制块纵向连接结构研究和护栏基础形式研究，确定护栏结构方案。

3.3.1 预制块结构方案比选

1）预制块的坡面

如图 3-3-1 所示，混凝土护栏基本坡面形式有单坡面型和改进型（F 型）两种，这两种坡面对乘员均具有一定的缓冲保护作用，需要进一步研究确定两种坡面缓冲性能的优劣，从而确定预制块的坡面形式。

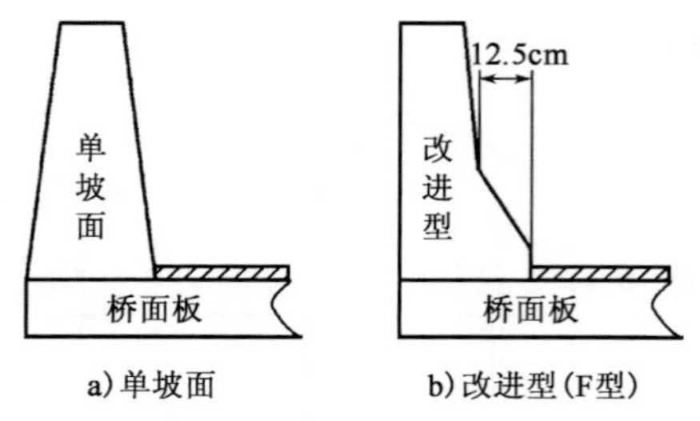

图 3-3-1 混凝土护栏坡面基本形式

建立小客车碰撞单坡面和改进型坡面混凝土护栏的有限元模型，在模型中设置小客车质量为 1.5t，碰撞速度为 100km/h，碰撞角度为 20°，在此基础上对两种坡面的缓冲性能进行对比分析。

表 3-3-1 为两种护栏的小客车碰撞后姿态对比表，可见车辆均出现一定的爬升，车辆碰撞改进型坡面护栏的爬升高度小于碰撞单坡面护栏的爬升高度，车辆碰撞改进型坡面护栏更容易恢复到正常行驶姿态。

单坡面和改进型坡面小客车碰撞后的姿态对比 表 3-3-1

坡面时刻	单 坡 面	改 进 型 坡 面
0s	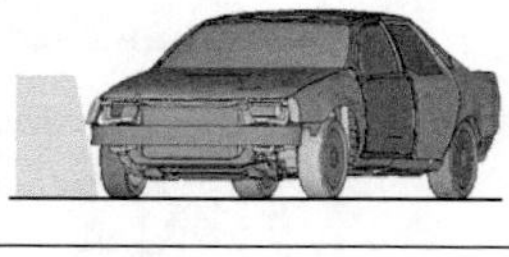	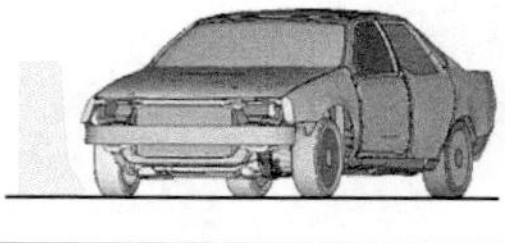
0.1s	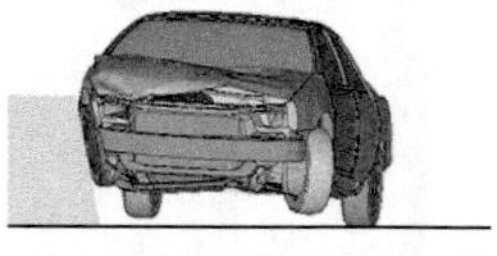	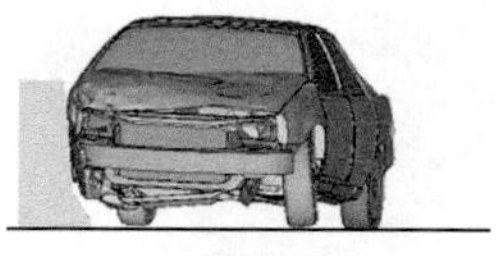
0.2s	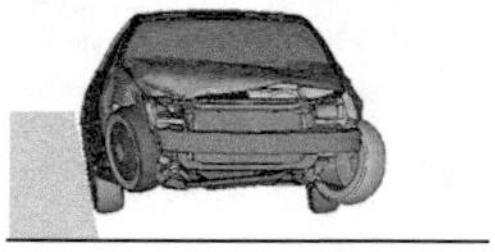	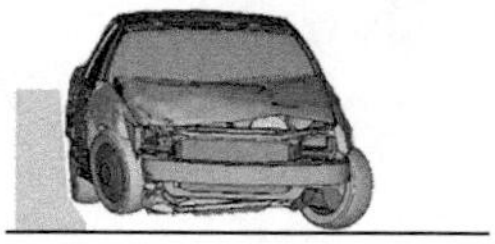
0.3s	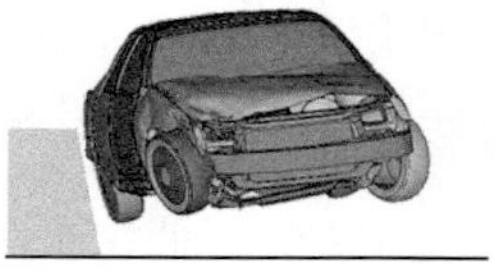	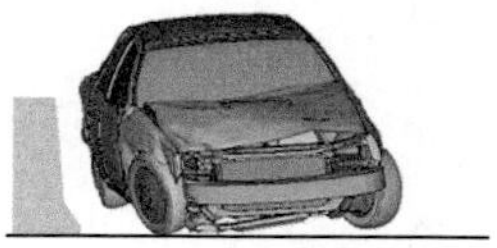

续上表

坡面时刻	单坡面	改进型坡面
0.4s	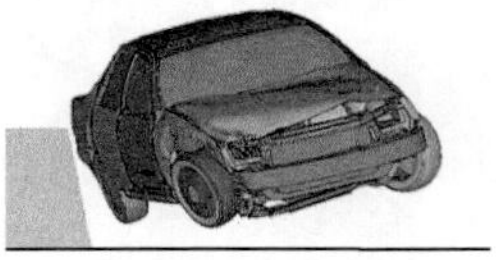	
0.5s		

表 3-3-2 为小客车碰撞单坡面和改进型坡面混凝土护栏过程中重心位置三方向加速度最大值的对比，可知车辆碰撞改进型坡面混凝土护栏产生的重心加速度最大值小于碰撞单坡面混凝土护栏产生的重心加速度最大值。

单坡面和改进型坡面混凝土护栏小客车碰撞加速度最大值对比　　表 3-3-2

护栏坡面方向	单坡面	改进型坡面	比较结果
X 方向(车辆长度)	15.5g	11.3g	改进型坡面加速度较小
Y 方向(车辆宽度)	19.5g	16.8g	
Z 方向(车辆高度)	6.4g	6.0g	

以改进型基本坡面为基础，通过增加墙体顶部宽度对护栏进行有效加强的坡面称为加强型坡面(图 3-3-2)。由于加强部位较高，小客车碰撞时接触不到，因此该坡面对小客车的缓冲性能与改进型坡面相同；大型车碰撞时，该突出部位与车体直接接触，可减小车辆的侧倾角度，增强护栏的抗倾覆能力和导向能力；同时由于该部位强度刚度得到有效改善，可减轻此处护栏的损坏程度。因此，与单坡面型和改进型(F 型)相比，加强型坡面更适于作为高防撞等级混凝土护栏的坡面形式。

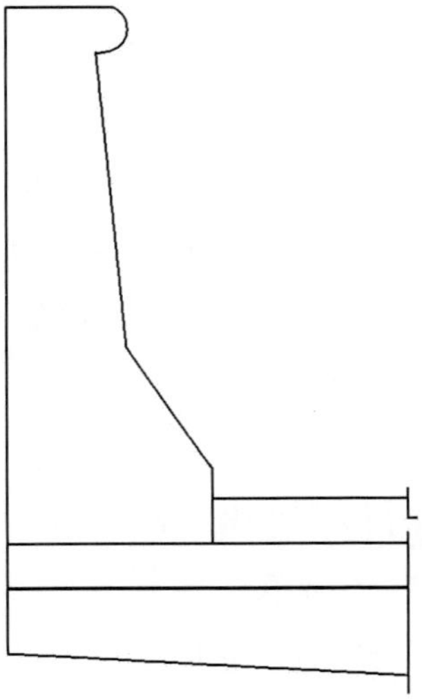

图 3-3-2　混凝土护栏加强型坡面

2)预制块墙体有效高度

预制块墙体有效高度指路面以上的护栏墙体高度，该高度对护栏的防护性能有直接影响。有效高度高有利于提高护栏的防撞能力和防侧倾能力，但造型呆板压抑，影响护栏的景观效果；有效护栏高度低则不利于防护大型车辆，难以达到高防撞等级。

目前我国普通桥梁混凝土护栏对于大型货车的防护有所不足，而有效高度偏低是一个主要因素。如图 3-3-3 所示，2007 年 4 月 25 日，一辆满载汽油的油罐车越过一道高度不足的混凝土护栏后落入 30m 深的河沟并起火，造成 1 人死亡 1 人受伤，而事发路段的混凝土护栏完好无损，该事故发生的主要原因是护栏的有效高度不足。

图 3-3-3　混凝土护栏对于防护大型货车能力有限的事故案例

美国公路和运输官员协会《Road Side Design Guide》(公路路侧设计指南)中指出："针对大货车重心高度较高，且装载货物稳定性较差，碰撞护栏时易发生倾覆等情况，将护栏高度提高至 1.07m(42 英寸)或更高后，其对大型货车的防护效果得到明显改善"。

香港 SDM 规范中对于可有效防护速度为 65km/h 的 30t 整体式货车的混凝土护栏最小高度规定为 1.5m，虽然防护能力有所改善，但景观效果较差。

根据计算机仿真计算结果，初步判断高度为 1.0m 的墙体有效高度可以有效防护 25t、60km/h 的大货车碰撞，因此确定预制块墙体的有效高度为 1.0m。

3)预制块的长度

预制块的长度对于护栏的防护性能和施工的合理组织有直接影响。长度越长，护栏的整体稳定性越好，但运输、吊装以及拆除的难度有所增加，反之则稳定性降低，但施工较简单。

综合考虑整体稳定性以及运输、吊装等施工因素，确定钢筋混凝土预制块的长度：

(1)根据以往科研经验，如护栏达到高防撞等级，其预制块长度不宜小于 4m。

(2)从运输角度考虑，单次可运输量是重点考虑因素。一般车厢宽 2.6m，预制块底部宽度为 0.5m，则车厢横向可放置 5 排；车厢长度为 9～13m，预制块长度为 4～6m 较为合理，车厢纵向可放置 2 列。

(3)从吊装角度考虑，预制块每米长度质量约为 1t，若预制块长度为 4～6m，则其质量为 4～6t，可采用铲车、8t 吊车或 16t 吊车。

根据以上分析，预制块长度可采用4～6m，可在现场条件不同在4～6m长度之间进行相应调整。

3.3.2　预制块纵向连接结构方案比选

1)方案与可行性分析

结合以往科研经验，提出企口连接、背部型钢连接、重叠搭接和螺栓连接四种预制块纵向连接形式，通过有限元仿真计算进行受力性能分析和结构可行性论证，并对各种结构方案的拆装方便性和经济性进行分析。

护栏纵向连接的可靠性与基础的设计形式有关，基础连接强度越弱，则对预制块纵向连接的要求越高。从纵向连接结构受力较不利角度出发，在对比各种不同纵向连接方案的受力性能时，应采用弱基础连接形式。因此，在设置纵向连接对比有限元仿真模型时，护栏基础采用图3-3-4所示的工字钢内嵌式基础，该基础为弱连接形式，可以较好地对比出护栏纵向连接结构的优劣，基础形式研究将在3.3.3节中(护栏基础形式方案研究)详细介绍。

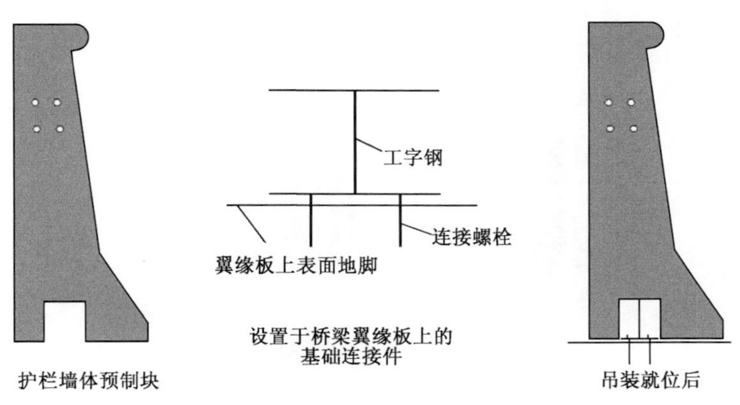

图3-3-4　工字钢内嵌式基础

在计算机仿真分析中，按大客车碰撞条件进行各种纵向连接方案碰撞仿真分析，对结构可行性进行论证。

(1)企口连接

图3-3-5为纵向企口连接方案，预制块之间依靠企口传递碰撞荷载，达到协同受力的效果。

①受力分析和结构可行性论证。

a.车辆运行姿态。图3-3-6为大客车碰撞过程运行姿态图，可见大客车碰撞护栏后能够顺利导出，逐渐恢复到正常行驶姿态。

b.混凝土墙体损坏。图3-3-7为纵向企口连接大客车碰撞后护栏混凝土墙体损

坏仿真结果，可见碰撞点附近的预制块企口连接处混凝土损坏，碰撞区域(约3节预制块长度)墙体顶部加宽处混凝土损坏，碰撞点附近墙体顶部加宽处混凝土略微损坏，但均未发生倾覆性结构损坏。

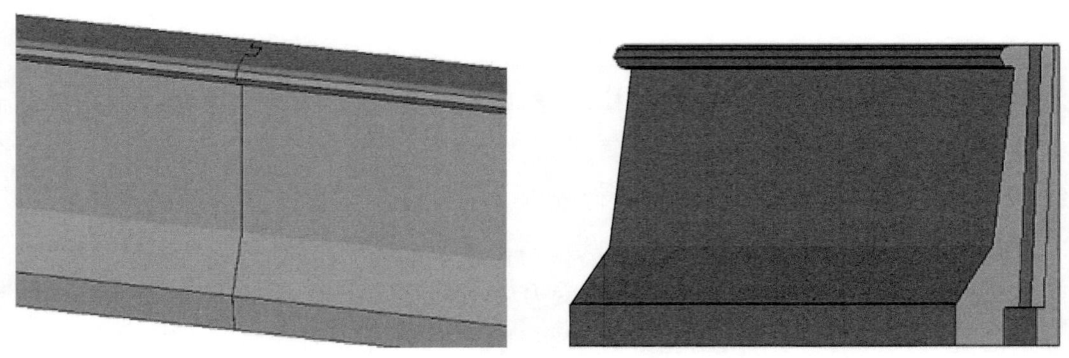

图 3-3-5　企口连接方案

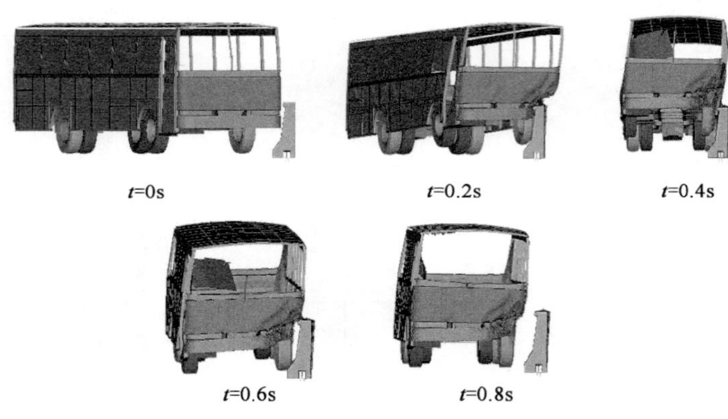

图 3-3-6　运行姿态仿真结果(纵向企口连接)

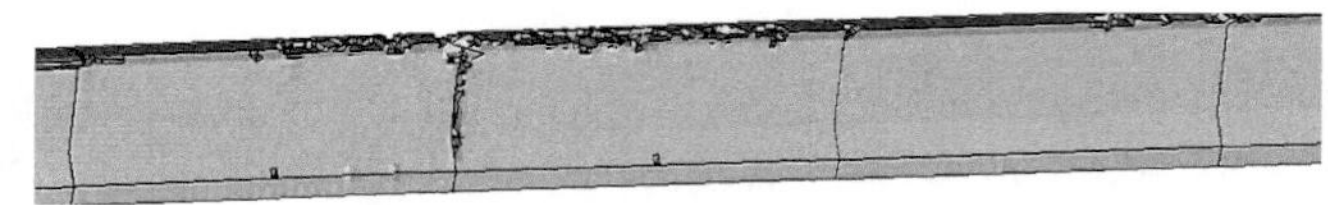

图 3-3-7　混凝土墙体损坏仿真结果(纵向企口连接)

c. 护栏最大动态变形量。图 3-3-8 为纵向企口连接大客车碰撞后护栏最大动态变形，其出现在车辆尾部碰撞护栏时刻，最大动态变形量为 93mm。

d. 护栏基础受力。图 3-3-9 为工字钢最大变形图，可见工字钢未发生明显变形，最大变形量为 23mm。

锚固工字钢的连接螺栓间距为 25cm，腹板两侧两排分布。图 3-3-10 为连接螺栓最大轴向力和最大剪切力，其中最大轴向力为 58kN，最大剪切力为 21kN。

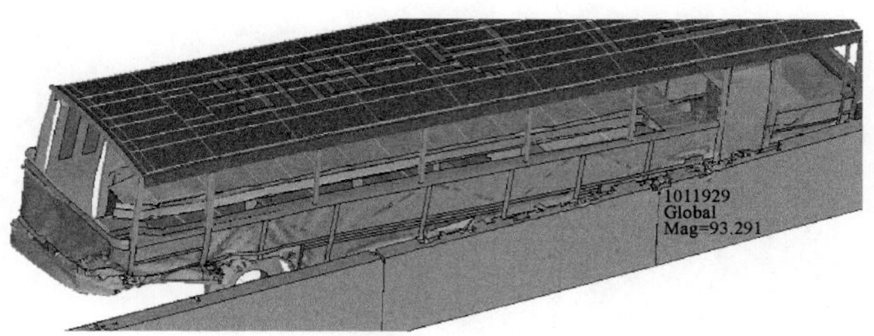

图 3-3-8　护栏最大变形(纵向企口连接)

图 3-3-9　工字钢最大变形(纵向企口连接)

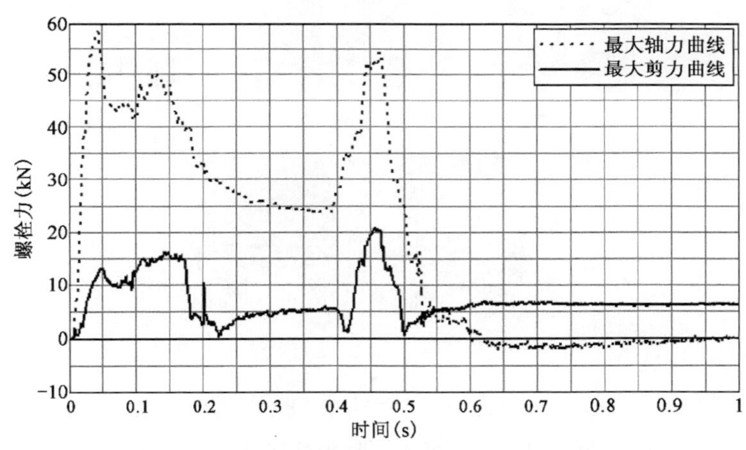

图 3-3-10　连接螺栓力(纵向企口连接)

通过结构受力分析,可见预制块间采用企口连接具有一定的协同受力能力,具有一定的可行性。

②拆装方便性。企口连接主要依靠企口相互咬紧后传递碰撞产生的剪切和扭转,安装或拆除都较为方便。

③经济性。初步估算,可拆装混凝土桥梁护栏的混凝土墙体材料用量为每延公里钢筋约 57t、混凝土约 451m^3,企口连接在混凝土墙体基础上没有额外增加材料用量,经济性较好。

(2)背部型钢连接

图 3-3-11 为背部型钢连接方案,该方案在预制块两端的背部预留螺栓,通过连接型钢将相邻预制块连接。

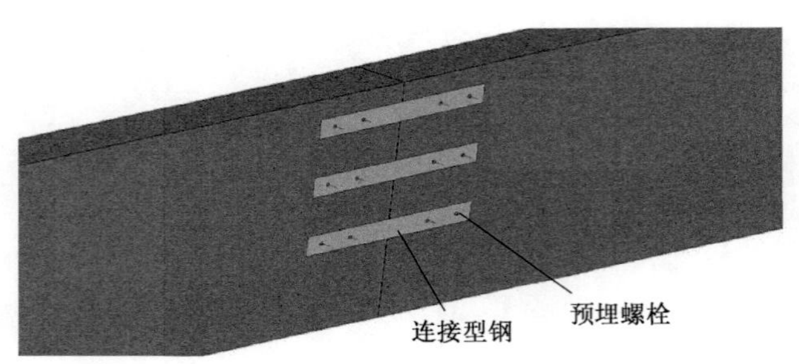

图 3-3-11 背部型钢连接方案

①受力分析和结构可行性论证。

a. 车辆运行姿态。图 3-3-12 为大客车碰撞过程运行姿态图，可见大客车碰撞护栏后能够顺利导出，逐渐恢复到正常行驶姿态。

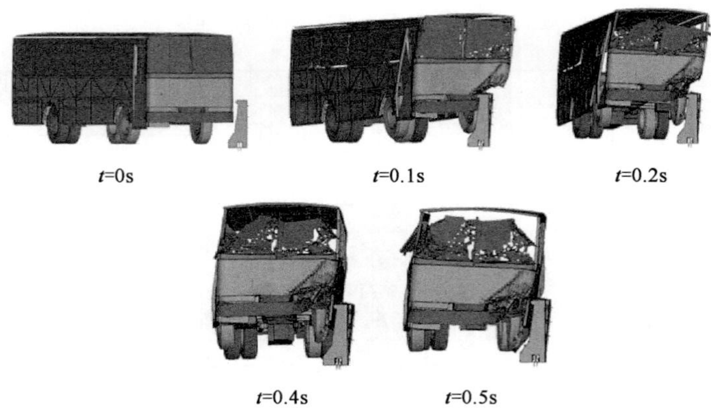

图 3-3-12 大客车运行姿态仿真结果

b. 混凝土墙体损坏。图 3-3-13 为背部型钢连接大客车碰撞后护栏混凝土墙体损坏仿真结果，碰撞点附近的预制块连接处以及墙体顶部加宽处混凝土损坏略微严重，背部型钢连接未发生破坏，整体结构未发生倾覆性损坏。

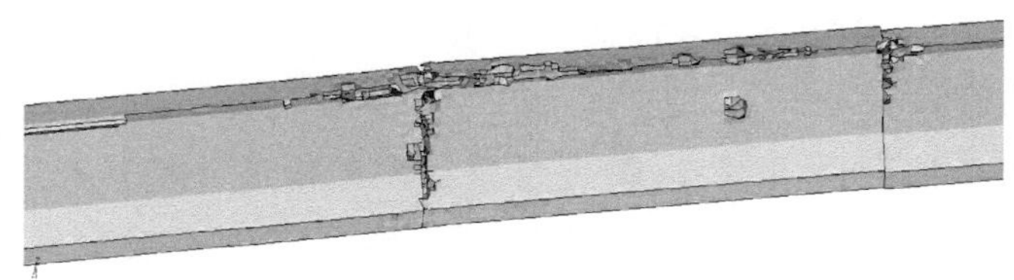

图 3-3-13 混凝土墙体损坏仿真结果

c. 护栏最大动态变形量。图 3-3-14 为背部型钢纵向连接大客车碰撞后护栏最大动态变形，其出现在车辆尾部碰撞护栏时刻，护栏最大动态变形量为 142mm。

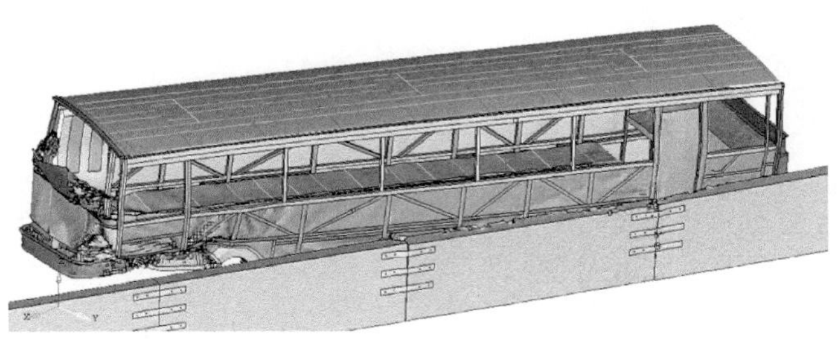

图 3-3-14　护栏最大变形(纵向背部钢板连接)

d. 拼接螺栓。图 3-3-15 为拼接螺栓剪力时程曲线,可见在大客车碰撞条件下,拼接螺栓所受剪力最大为 42kN,采用 M20 螺栓即可满足要求。

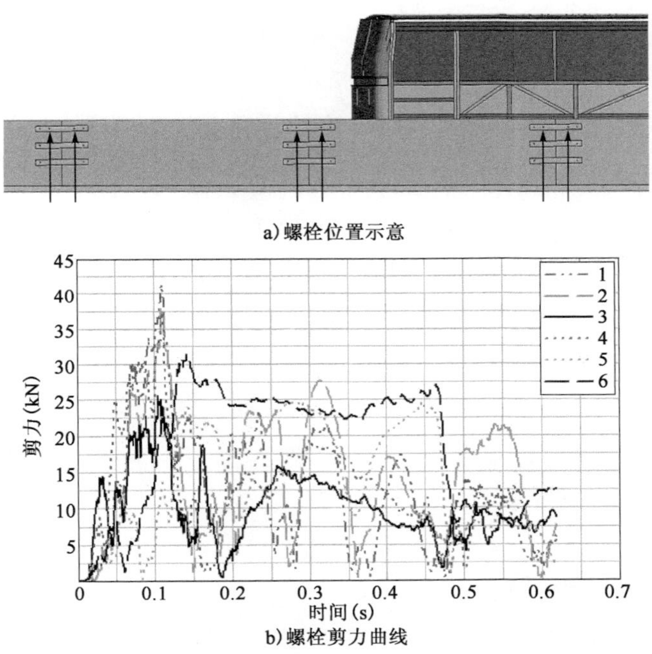

a) 螺栓位置示意

b) 螺栓剪力曲线

图 3-3-15　大客车碰撞护栏拼接螺栓剪力曲线(纵向背部钢板连接)

e. 护栏基础受力。图 3-3-16 为工字钢最大变形图,工字钢发生弯曲变形,最大变形为 42mm。

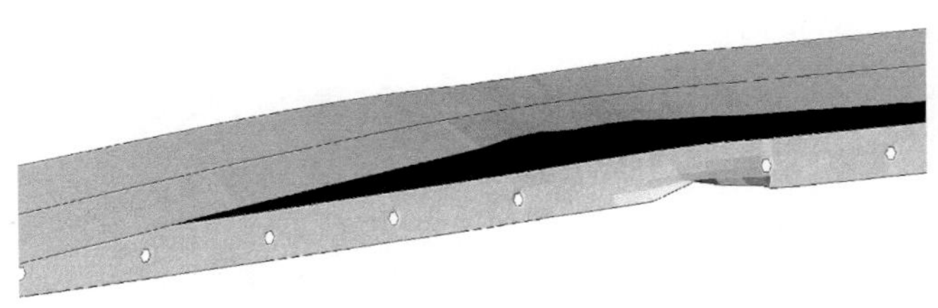

图 3-3-16　工字钢最大变形(背部钢板连接)

图 3-3-17 为连接螺栓最大轴向力和最大剪切力，其中最大轴向力为 60kN，最大剪切力为 20kN，采用 M20 螺栓可以满足要求。

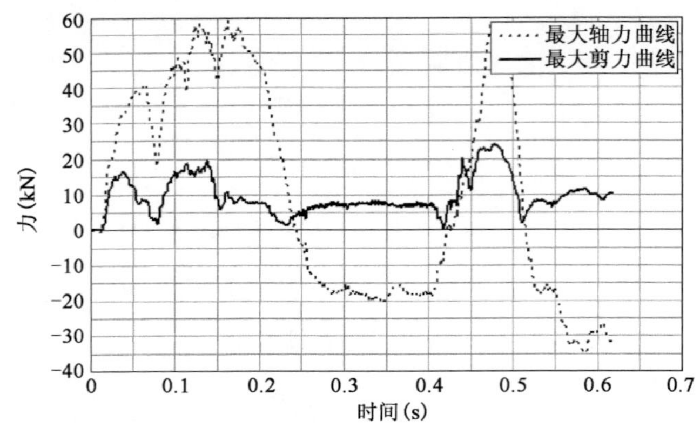

图 3-3-17 连接螺栓受力曲线(背部钢板连接)

在工字钢内嵌式基础的协同作用下，该护栏整体能够有效防护大客车碰撞，纵向背部型钢连接方式可作为本书研究护栏预制块纵向连接可选方案之一。

②拆装方便性。背部型钢连接的混凝土预制块安装或拆除施工都较为方便，预埋螺栓的螺帽拧紧后即形成预制块之间的可靠连接，施工质量易于保证。

③经济性。较企口连接方案，混凝土墙体增加了连接型钢和预埋螺栓，每延公里增加 5t 型钢和 1.74t 螺栓。

(3)重叠搭接

图 3-3-18 为重叠搭接连接方案，混凝土预制块之间仅靠小段距离搭接实现协同受力。

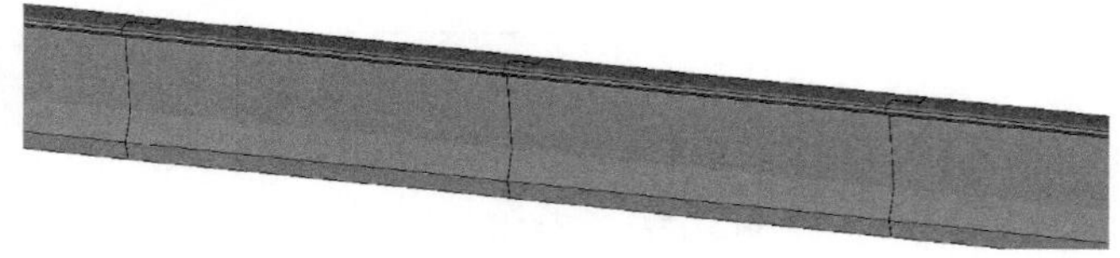

图 3-3-18 重叠搭接方案

从车辆运行姿态、混凝土墙体破坏、护栏最大动态变形量和基础受力分析等方面对结构的可行性进行论证。

①车辆运行姿态。图 3-3-19 为大客车碰撞过程运行姿态图，可见大客车碰撞护栏后能够顺利导出，逐渐恢复到正常行驶姿态。

②混凝土墙体损坏。图 3-3-20 为大客车碰撞后护栏混凝土墙体损坏仿真结果，可见碰撞点附近的预制块连接处以及墙体顶部加宽处混凝土损坏略微严重，但均属非结构性损坏。

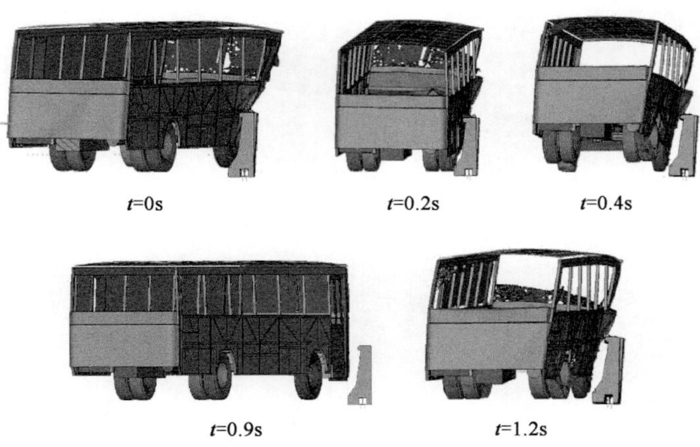

图 3-3-19 大客车运行姿态仿真结果(纵向重叠搭接)

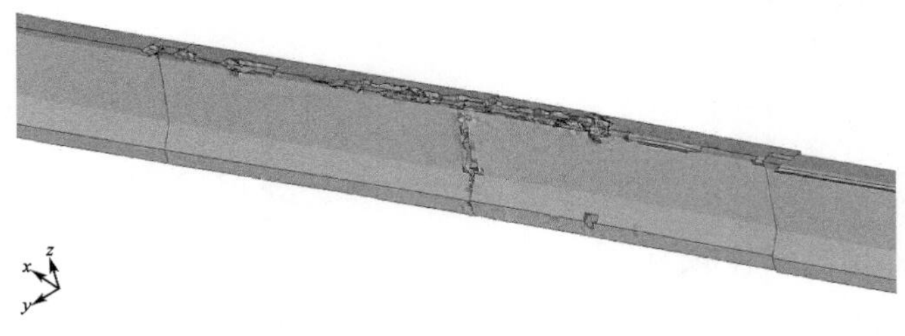

图 3-3-20 混凝土墙体损坏仿真结果(纵向重叠搭接)

③护栏最大动态变形量。图 3-3-21 为大客车碰撞护栏最大动态变形,出现在车辆尾部碰撞护栏时刻,最大动态变形量为 148mm。

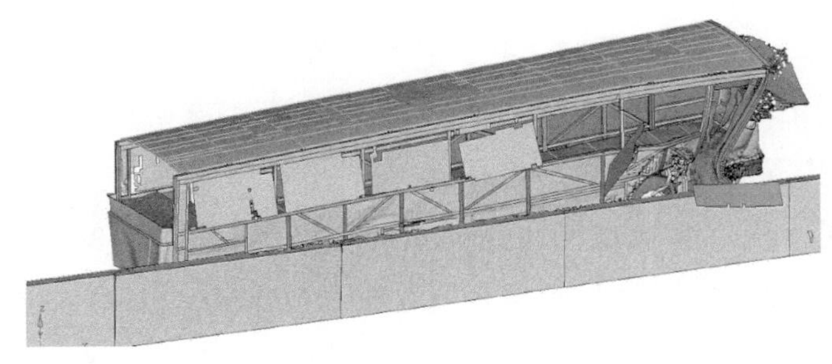

图 3-3-21 护栏最大变形(纵向重叠搭接)

④护栏基础受力。图 3-3-22 为工字钢变形图,可见工字钢在碰撞区范围内(5m 左右)出现了较严重的屈曲变形。出现工字钢严重屈曲的原因是重叠搭接的纵向连接形式护栏的整体性能较差,从而对基础强度的依赖性增强,护栏出现倾覆的可能性增大。

鉴于可拆装混凝土桥梁护栏的防撞等级较高,不考虑采用重叠搭接的纵向连接形式。

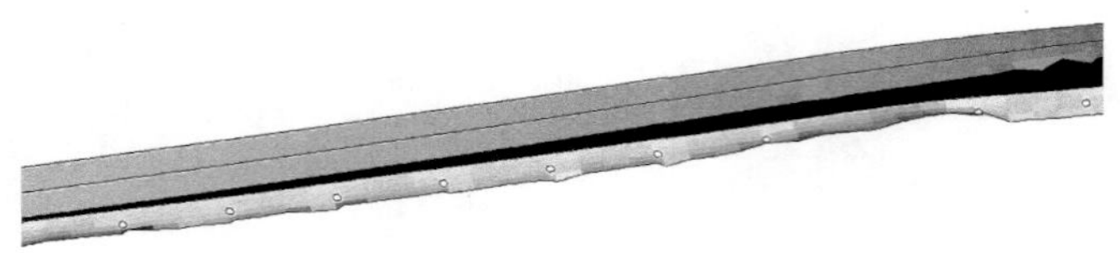

图 3-3-22 工字钢最大变形(纵向重叠搭接)

(4)传力杆连接

图 3-3-23 为传力杆连接方案,混凝土护栏预制块为开孔结构,其开孔空间为螺栓安装拆卸提供了方便。

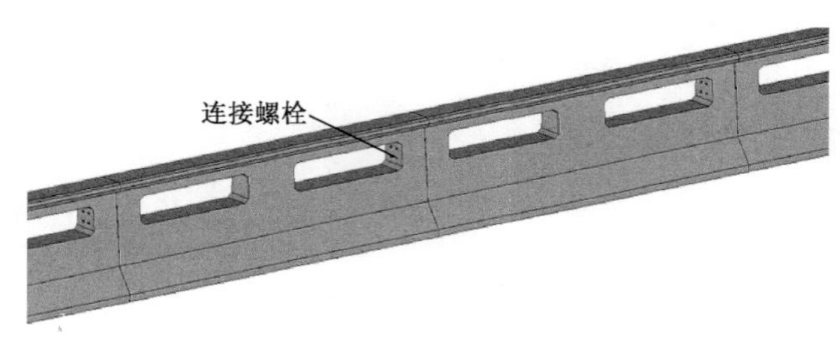

图 3-3-23 开孔传力杆连接方案

图 3-3-24 为混凝土墙体损坏,可见预制块开孔处护栏横梁为受力薄弱位置,混凝土损坏较为严重,出现结构性损坏,横梁出现断裂趋势。

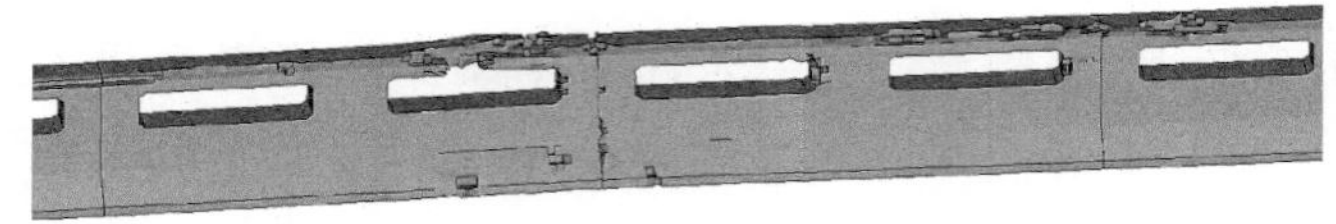

图 3-3-24 开口混凝土墙体损坏仿真结果(传力螺栓连接)

由于开口混凝土墙体出现结构性损坏,与其他连接方案相比,该方案受力性能较差,不考虑采用开孔混凝土墙体传力螺栓连接的方案。

在对开口混凝土传力螺栓连接研究的基础上,提出了如图 3-3-25 所示的传力杆斜交叉连接方案,通过在预制段端部设置斜孔的方式方便传力杆纵向连接。且计算机仿真结果表明,传力杆斜交叉连接方案在 SA 级碰撞能量下传力杆出现屈服但未断裂,说明纵向连接安全可靠。

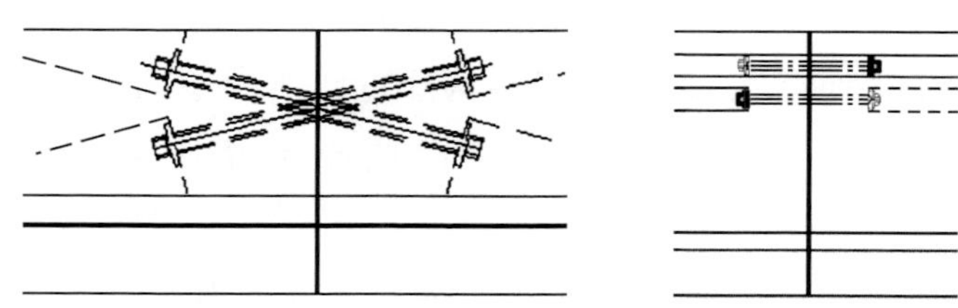

图 3-3-25 传力杆斜交叉连接方案

2)方案比选

表 3-3-3 为几种纵向连接结构方案在受力性能、拆装方便性和经济性的综合对比。

纵向连接结构方案对比 表 3-3-3

连接形式对比		企口	背部型钢	重叠搭接	传力杆	
					开孔连接	斜孔连接
受力性能	车辆姿态	良好	良好	良好	良好	良好
	混凝土损坏	非结构性损坏	非结构性损坏	非结构性损坏	结构性损坏	非结构性损坏
	护栏最大动态变形	93mm	142mm	148mm	—	140mm
	基础受力	工字钢微变形	工字钢微变形	工字钢屈曲变形	—	工字钢微变形
拆装方便性		方便,企口贴合紧密性难控制	方便,施工质量易控制	—	—	较方便,定位需准确
经济性(相对传统混凝土墙体)		没有增加材料量,经济性较好	增加钢材量每延公里型钢 5t,螺栓 1.74t	—	—	增加螺栓 1.74t

通过以上研究,企口连接、背部钢板连接和斜孔传力杆连接方案的护栏结构整体性良好,安装方便,具有较高的可行性。

该部分在护栏基础方案确定以后,需要运用单元试验、材料试验、台车试验等综合技术手段做进一步研究,以确保其安全防护性能。

3.3.3 护栏基础方案比选

护栏基础是否牢固直接影响护栏的安全防护性能,同时该部分涉及护栏的再利用功能(可拆装功能),是本章的关键技术和难点。

结合以往科研经验,对平摆浮搁无基础、刚性连接基础、嵌固式基础进行有限元仿真计算,对其结构可行性和可靠性进行论证。

1)平摆浮搁无基础

平摆浮搁无基础是最简单的处理方式,通过对无基础的护栏结构分析,了解护栏基础在护栏结构防护中的作用大小。以通过碰撞试验验证防撞能力达到 400kJ 的单片式混凝土护栏为例,将其平摆浮搁于路面上,进行防撞等级 A 级(大客车 10t、60km/h、20°)的碰撞仿真分析,对平摆浮搁基础形式的可行性进行初步评估。

根据图 3-3-26 所示的仿真计算结果可知,平摆浮搁的单片式混凝土护栏较原试验护栏防护能力大幅度下降，护栏最大动态变形量明显增加，在 A 级（160kJ）的碰撞能量作用下，混凝土护栏墙体出现了断裂，最大动态变形量达到 1.2m，距离桥梁护栏防护需求相差甚远。

图 3-3-26　平摆浮搁单片式混凝土护栏仿真模型与结果

通过以上分析可知，平摆浮搁基础与护栏墙体底部有所约束的基础相比，护栏防护能力大幅度下降，特别是动态变形量较大，不满足使用要求，因此桥梁护栏基础必须与翼缘板进行有效刚性连接或嵌固，平摆浮搁基础不能作为护栏基础连接可选方案。

2）刚性连接基础

（1）地脚螺栓连接基础

如图 3-3-27 所示，地脚螺栓连接基础通过预埋在桥梁翼缘板中的地脚螺栓将护栏预制块固定在桥梁翼缘板上，地脚螺栓间距为 25cm。

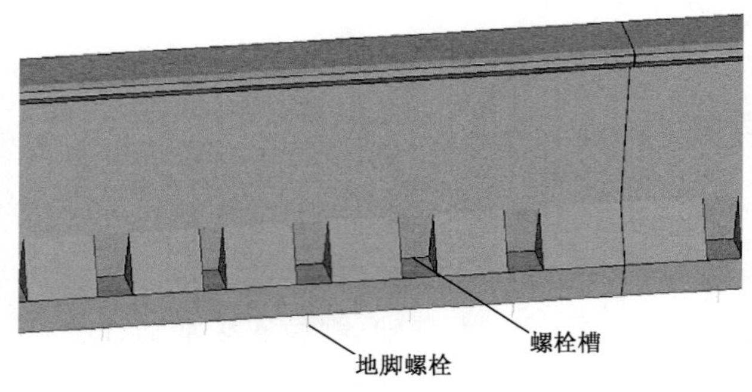

图 3-3-27　地脚螺栓连接基础

①受力分析和结构可行性论证。

a. 车辆运行姿态。图 3-3-28 为大客车碰撞过程运行姿态图，可见大客车碰撞护栏后能够顺利导出，逐渐恢复到正常行驶姿态。

b. 基础受力情况。图 3-3-29 为护栏混凝土结构损坏及地脚螺栓受力曲线，可见地脚螺栓周边混凝土破坏严重，说明其相比较传统的连接钢筋处理方式承受作用力要大得多，这是由于地脚螺栓布置稀疏，同时单排受力，相对于连接钢筋整体协同受力能力大幅度下降；地脚螺栓最大拉力为 550kN，约为工字钢内嵌式基础连接螺栓轴力的 10 倍，需要采用 8.8 级 M36 的高强螺栓才可满足受力要求，同时大型号高强度螺栓对安装空间、翼缘板上的锚固及翼板的应力集中处理方式提出了特殊要求。

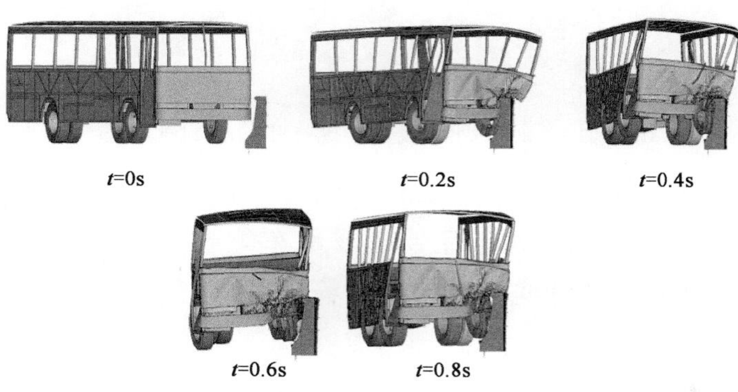

图 3-3-28 车辆运行姿态仿真结果（地脚螺栓连接基础）

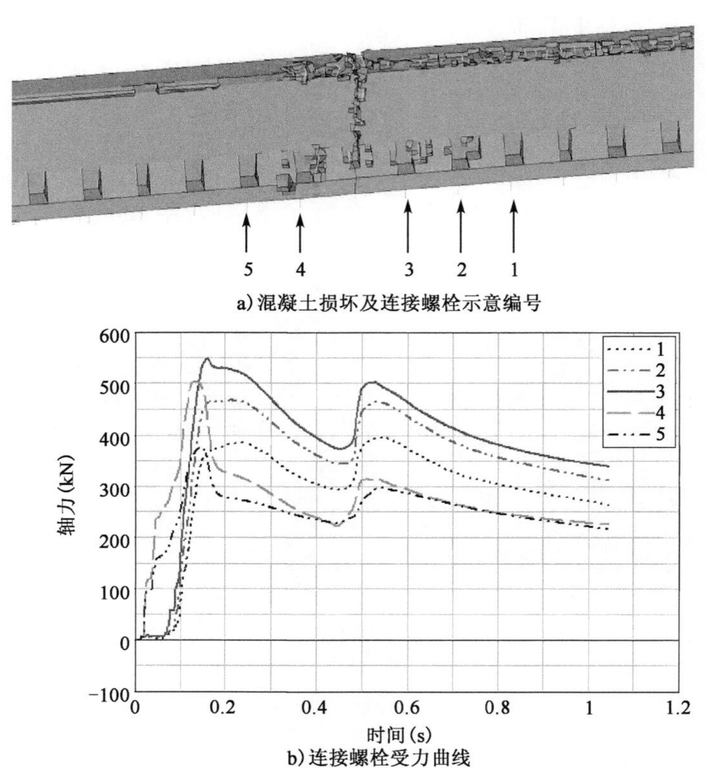

a) 混凝土损坏及连接螺栓示意编号

b) 连接螺栓受力曲线

图 3-3-29 混凝土损坏及地脚连接螺栓拉力

c. 护栏最大动态变形量。图 3-3-30 为大客车碰撞护栏最大动态变形，其出现在车

辆尾部碰撞时刻，护栏最大动态变形量为 95mm。

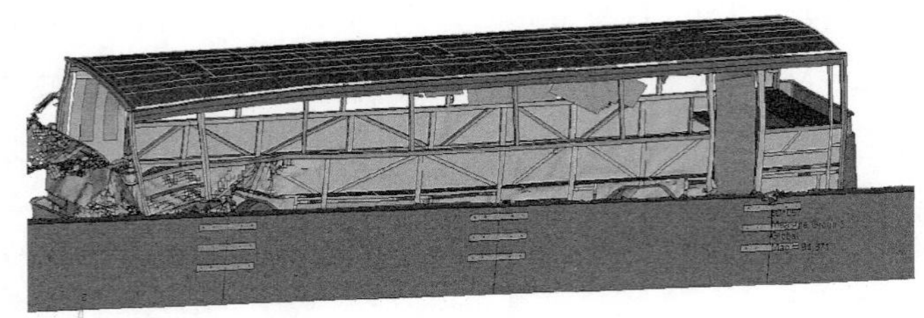

图 3-3-30 护栏最大变形（地脚螺栓连接基础）

②拆装方便性。地脚螺栓连接基础施工存在以下问题：

a. 护栏预制块吊装就位时，须采用铲车或吊车等起重设备移动预制块，使每节预制块的多个螺栓孔位置精确对准预埋地脚螺栓，要求预埋地脚螺栓位置准确，施工安装难度较大。

b. 预埋地脚螺栓型号较大，同时需伸出桥梁翼缘板较长（地脚螺栓总长约为 525mm），临时护栏移除后，需对突出桥梁翼缘板的预埋地脚螺栓进行切割，增加施工工作量，且造成一定的材料浪费。

③经济性。与普通现浇混凝土护栏相比，地脚螺栓连接基础每延公里减少约 21t 预埋钢筋量，需要增加约 17t 高强螺栓，高强螺栓无法再利用。

（2）预埋钢板连接基础

预埋钢板连接基础如图 3-3-31 所示，在桥梁翼缘板中预埋钢板，在护栏预制块中预埋螺栓，钢板厚度初步定为 1cm，螺栓间距初步定为 25cm。

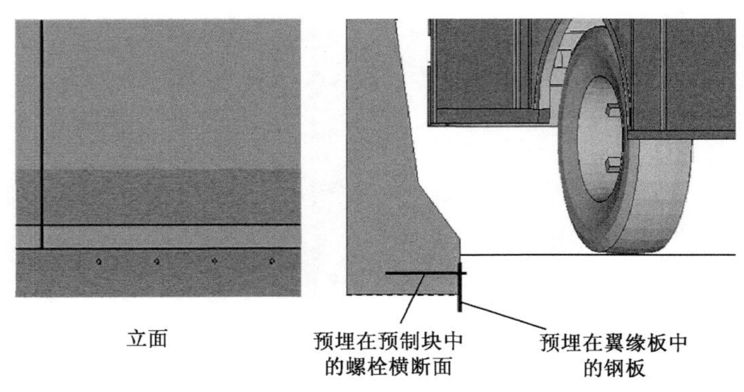

图 3-3-31 预埋钢板连接基础示意图

①受力分析和结构可行性论证。

a. 车辆运行姿态。图 3-3-32 为大客车碰撞过程运行姿态图，可见大客车碰撞护栏后能够顺利导出，逐渐恢复到正常行驶姿态。

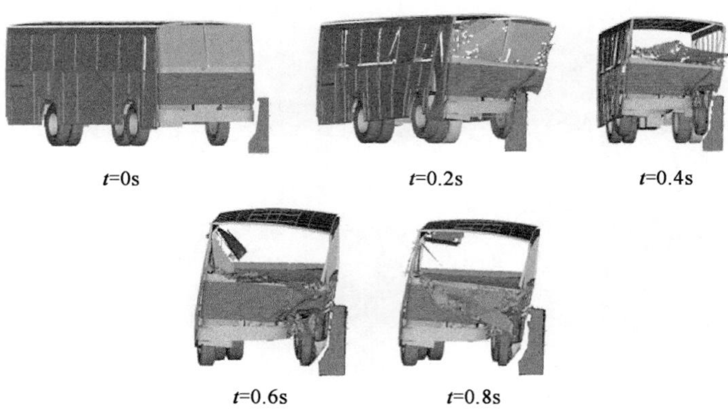

图 3-3-32　车辆运行姿态仿真结果(预埋钢板基础连接)

b. 基础受力情况。连接螺栓(预埋于混凝土墙体中)最大拉力为 80kN,最大剪力为 61.5kN,采用 8.8 级 M16 高强螺栓可以满足受力要求,如图 3-3-33 所示。基础连接部位钢板及混凝土未出现严重破坏,预埋钢板基础连接形式可靠,如图 3-3-34 所示。

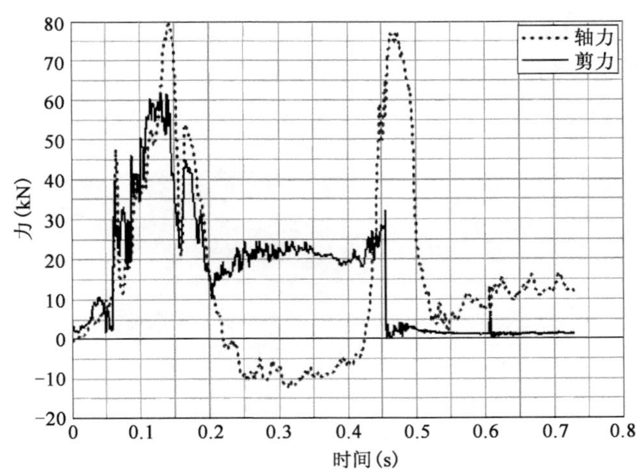

图 3-3-33　连接螺栓受力曲线(预埋钢板基础连接)

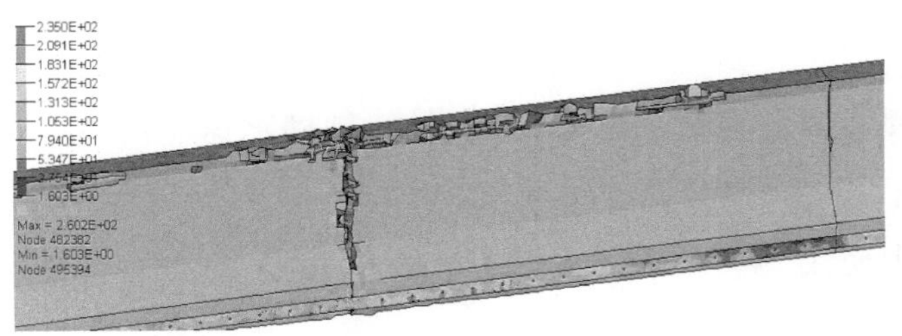

图 3-3-34　预埋钢板应力分布和护栏墙体损坏

c. 护栏最大动态变形量。护栏最大动态变形量为66mm，出现在车辆尾部碰撞护栏时刻，如图3-3-35所示。

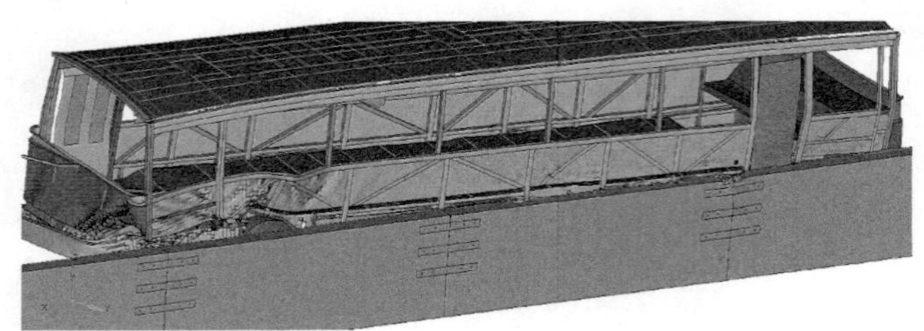

图3-3-35 护栏最大变形(预埋钢板基础连接)

②拆装方便性。预埋钢板连接基础施工存在以下问题：

a. 预制块预制以及翼缘板施工时，必须确保预制块的预埋螺栓与预埋钢板中的螺栓孔位置精确，预制块才能顺利安装。

b. 预制块安装就位时，须从垂直和水平两方向协调精确移动预制块，使预埋螺栓插入螺栓孔中。

c. 临时护栏拆除时，还须将部分遗留的预埋钢板截除或进行特殊处理，以方便桥面现浇层钢筋的布置以及混凝土浇筑，施工工作量和材料量有所增加。

d. 如图3-3-36所示，为确保桥面板横向承载力不被削弱，横向钢筋应保持连续而不被切断，因此应在预埋钢板上打孔，将现浇层和桥面板横向钢筋穿入孔中。

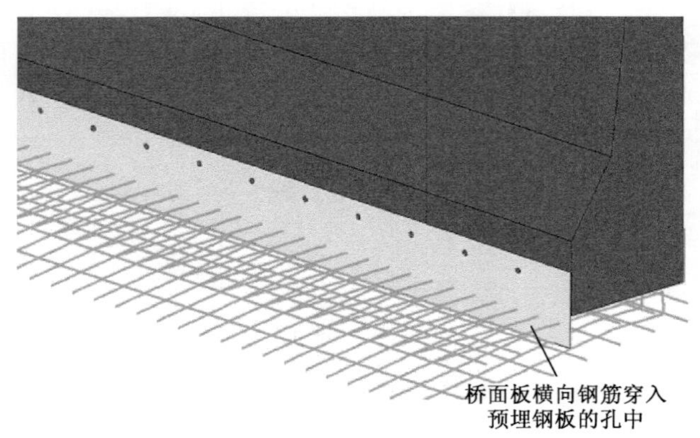

图3-3-36 预埋钢板与桥面板钢筋相对位置示意

③经济性。与普通的现浇混凝土护栏相比，预埋钢板连接基础每延公里减少了约21t的预埋钢筋量，增加了约25.42t型钢量和4.04t的预埋螺栓量，预埋钢板截除后无法在永久护栏中使用。

3)嵌固式基础

嵌固式基础通过设置嵌固装置抵抗车辆碰撞后护栏后滑移和倾覆，按嵌固装置与

护栏预制块的相对位置，分为外嵌式基础和内嵌式基础两种。

(1)外嵌式基础

如图 3-3-37 所示，外嵌式基础利用桥面现浇层混凝土形成嵌固槽，护栏预制块放置于嵌固槽中。

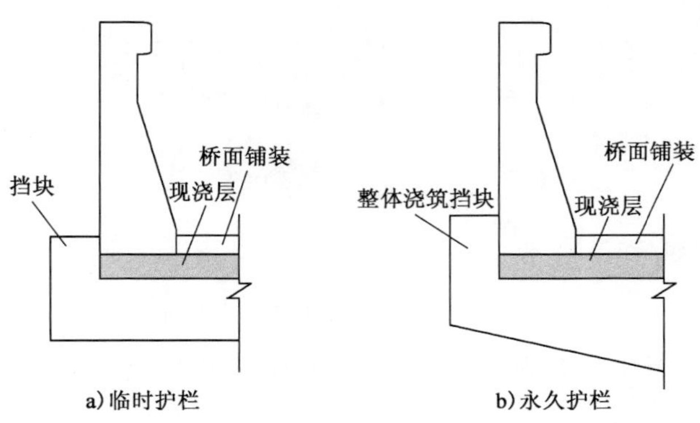

图 3-3-37　外嵌式基础

①受力分析和结构可行性论证。

a. 车辆运行姿态。图 3-3-38 为大客车碰撞过程运行姿态图，可见大客车碰撞护栏后能够顺利导出，逐渐恢复到正常行驶姿态。

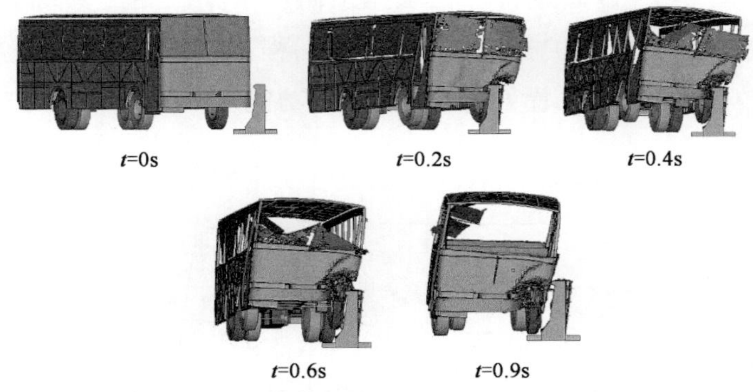

图 3-3-38　大客车运行姿态仿真结果(外嵌式基础)

b. 基础受力情况。现浇层混凝土嵌固处变形较小，未出现严重破坏，如图 3-3-39 所示。

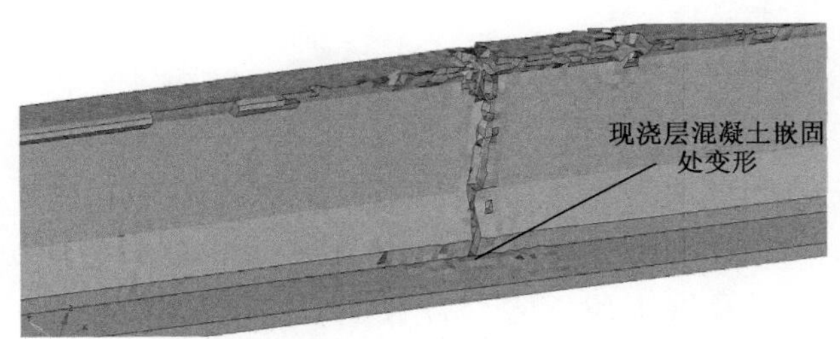

图 3-3-39　现浇层混凝土嵌固处变形

c.护栏最大动态变形量。护栏最大动态变形量为157mm,出现在车辆尾部碰撞护栏时刻,如图3-3-40所示。

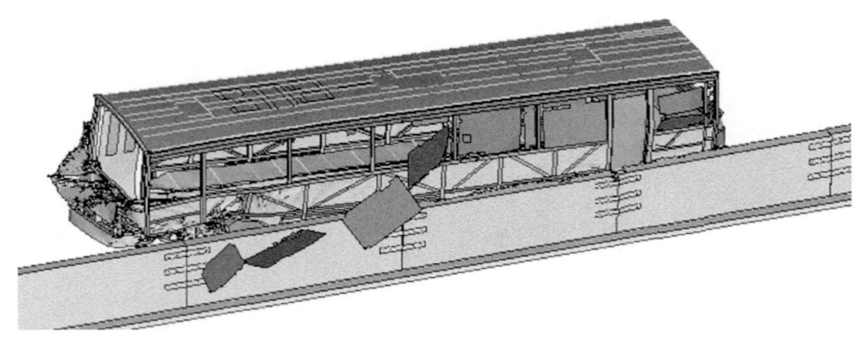

图3-3-40　护栏最大变形(外嵌式基础)

②拆装方便性。挡块和预制块的安装就位均较容易,临时护栏挡块翼板以上部分在护栏移除后需要拆除。

③经济性。与普通的现浇混凝土护栏相比,外嵌式基础每延公里减少了约21t的预埋钢筋量,增加了挡块(混凝土60m^3,钢筋7.1t)材料量。

(2)内嵌式基础

内嵌式基础(图3-3-41)通过将护栏墙体预制块卡在固定于翼缘板的嵌固块(可以是型钢或混凝土挡块)上形成护栏整体,改扩建工程完成后,嵌固块可与临时护栏一起拆除并安装至永久护栏设置位置处,实现再利用功能。

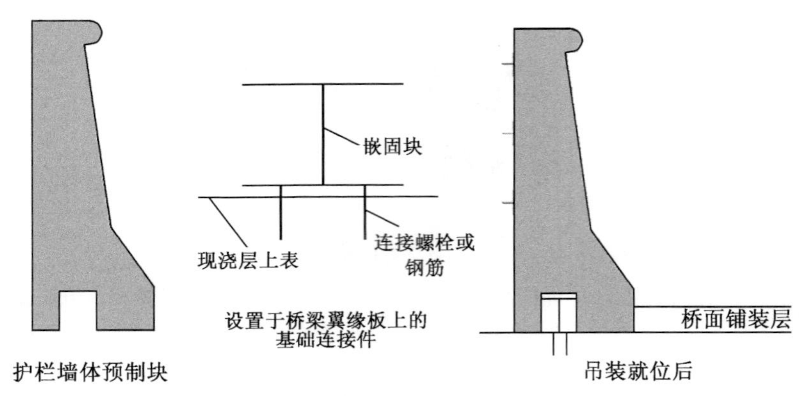

图3-3-41　内嵌式基础

①受力分析和结构可行性论证。通过分析论证,车辆运行姿态良好,工字钢基础稳定,结构具有较高的可行性。详细结果见3.4.3节。

②拆装方便性。该方案施工时,嵌固块以及预制块的安装就位都较容易;临时护栏拆除时,预制块移除以及嵌固块拆除均较方便。

③经济性。与普通的现浇混凝土护栏相比,内嵌式基础每延公里减少了约21t的

预埋钢筋量，增加了型钢 31t 和预埋螺栓 3.7t 材料量。

4)方案比选

通过以上研究，平摆覆搁无基础方案会严重影响护栏的安全防护性能，不作为可拆装混凝土桥梁护栏方案。表 3-3-4 为刚性连接基础和嵌固式基础方案在受力性能、拆装方便性和经济性的综合对比。

护栏基础连接结构方案对比　　表 3-3-4

基础对比		刚性连接基础		嵌固式基础	
		地脚螺栓	预埋钢板	外嵌式	内嵌式
受力性能	车辆姿态	良好	良好	良好	良好
	混凝土损坏	螺栓槽位置混凝土损坏严重	非结构性损坏	非结构性损坏	非结构性损坏
	螺栓拉力	550kN	80kN	—	60kN
	最大动态变形量	95mm	66mm	157mm	142mm
拆装方便性		需精确定位，拆装不便	施工工作量较大，拆装不方便	拆装方便性较好	拆装方便性好
经济性(与每延公里混凝土墙体材料相比)		减少 21t 预埋钢筋量，增加约 17t 高强螺栓	减少 21t 预埋钢筋量，增加 25.42t 型钢量和 4.04t 预埋螺栓量	减少 21t 预埋钢筋量，增加混凝土 60m³，钢筋 7.1t 和预埋螺栓 8.9t	减少 21t 预埋钢筋量，增加了工字钢 31t 和预埋螺栓 3.7t 材料量

通过以上研究，刚性连接基础方案安全性能最优，若通过施工工艺研究解决该方案的施工方便性，则将其作为首选方案；嵌固式基础拆装方便，但会导致护栏动态变形加大，需通过台车试验对其可靠性做进一步论证。

3.4 台车试验

台车试验是一种研究新型护栏防撞性能的探索性手段，在试验中采用近似刚性的台车正面碰撞护栏结构段，通过对护栏变形破坏以及钢筋应变等测试数据对护栏的防撞性能做初步评价，优中选优，为实车碰撞试验的成功奠定基础。

3.4.1 台车碰撞条件

碰撞条件包括车辆总质量、碰撞速度和碰撞角度三大指标。实车碰撞护栏过程中车辆会发生变形，从而对碰撞严重程度形成有效缓冲，而台车试验过程中台车几乎不变形，而且碰撞时间较实车短得多，因此台车试验条件与实车试验条件会有较大不同。

台车试验的碰撞条件以台车和相应防撞等级的实车碰撞后护栏的变形损坏相当

为原则进行确定。

图 3-4-1 为以往项目中台车试验与实车碰撞试验的护栏变形损坏情况的对比，根据以往项目经验，得到台车试验碰撞条件与护栏防撞等级的对应关系如表 3-4-1 所示。

a）台车碰撞　　b）实车碰撞

图 3-4-1　台车试验与实车碰撞试验的护栏变形损坏情况对比

台车试验碰撞条件与护栏防撞等级的对应关系　　表 3-4-1

碰撞车型	碰撞速度（km/h）	碰撞角度（°）	车辆总质量（t）	防撞等级
台车 1	20	90	2	SA(400kJ)
台车 2	30	90	2	SS(520kJ)

首先按与 SA 级防撞等级相对应的台车碰撞条件进行台车试验，主要对嵌固式护栏基础是否满足安全要求进行初步检验，然后再按与 SS 级防撞等级相对应的台车碰撞条件进行试验，主要对嵌固式护栏基础的安全储备进行评价，同时对护栏纵向连接结构的优劣进行进一步比选。

3.4.2　台车试验组织

1）台车

为保证车体刚度，台车主要采用型钢材料进行加工制作，主要包括鼻端、车体、轴和轮 4 部分，总质量为 2t。图 3-4-2 为制作完成的台车结构。

图 3-4-2　台车

2）试验护栏及基础

试验护栏以及基础的长度均为 20m，修建过程包括模板制作、钢筋绑扎、支模、混凝土浇筑、混凝土养护、护栏预制块吊装等工序，部分施工过程照片如图 3-4-3 所示，严格按混凝土冬期施工进行质量控制。

a）钢筋绑扎

b）支模浇筑

c）养护

d）吊装

图 3-4-3　台车试验与护栏修建过程

图 3-4-4 为修建完成的嵌固式试验护栏基础。

图 3-4-5 为修建完成的不同纵向连接形式的护栏预制块，纵向连接包括企口、背部型钢和斜孔传力杆连接三种形式。

3）检测仪器

为深入分析可拆装混凝土护栏的受力特性，如图 3-4-6 所示，在基础钢筋以及连接螺栓中埋设应力应变片。

图 3-4-4 嵌固式试验护栏基础

a)企口连接

b)背部型钢连接

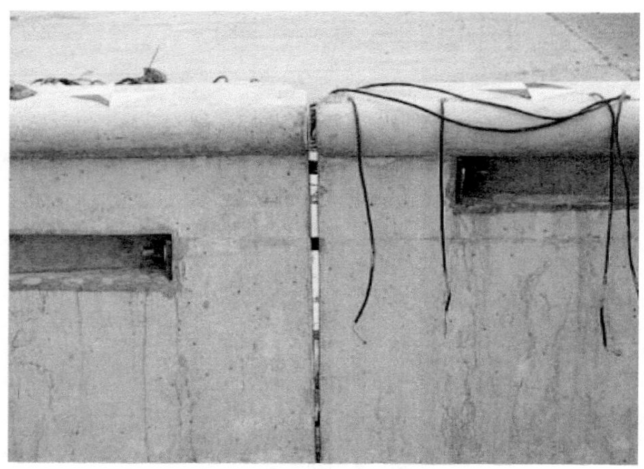

c)斜孔传力杆连接

图 3-4-5 台车试验中不同纵向连接形式

如图 3-4-7 所示，在台车试验中布设 5 部摄像机，其中摄像机 1、2、4 分别从左侧、右侧、后方拍摄试验过程，摄像机 3 从侧后方拍摄护栏的变形损坏，摄像机 5 拍摄台车碰撞护栏过程。

图 3-4-6 台车试验中设置的应变片

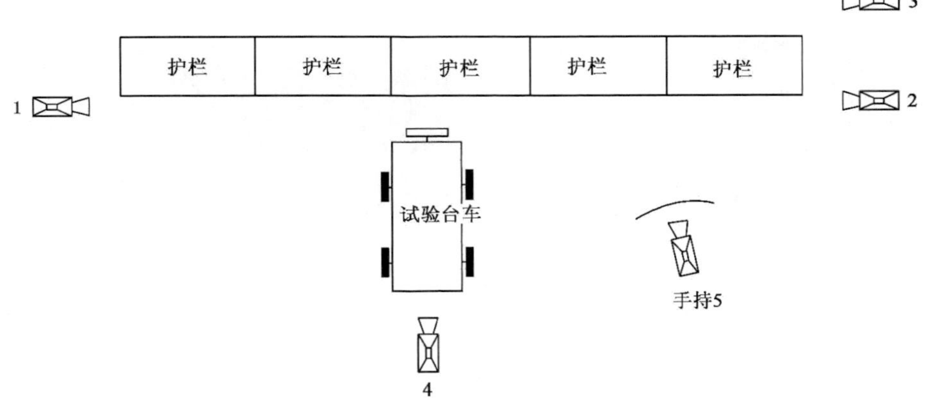

图 3-4-7 台车试验摄像机布设

3.4.3 台车嵌固式基础、纵向连接试验

1)嵌固式基础可行性试验

结合前述对台车试验碰撞条件的分析，以斜孔传力杆纵向连接为基础，采用 2t、20km/h 的碰撞条件组织台车试验，对嵌固式基础是否满足 SA 级防撞等级安全要求进行初步检验。

台车碰撞后护栏的变形损坏如图 3-4-8 所示，碰撞区护栏有裂纹，碰撞区护栏连接处局部混凝土破碎，基础有所松动，传力杆完好，由此可初步判定工字钢嵌固式基础能够满足 SA 级防撞等级的受力要求。

如图 3-4-9 所示，基础预埋螺栓仅位于桥面现浇层内，如图 3-4-10 所示，台车试验中工字钢变形，但螺栓未拔出，说明基础预埋螺栓具有足够的锚固强度。因此，该基础形式不必将预埋螺栓设置于桥梁翼缘板中，仅设置在桥面现浇层中即可满足受力要求，在实际工程应用中具有更广泛的适用性。

图 3-4-8 嵌固式基础—传力杆连接护栏的变形损坏

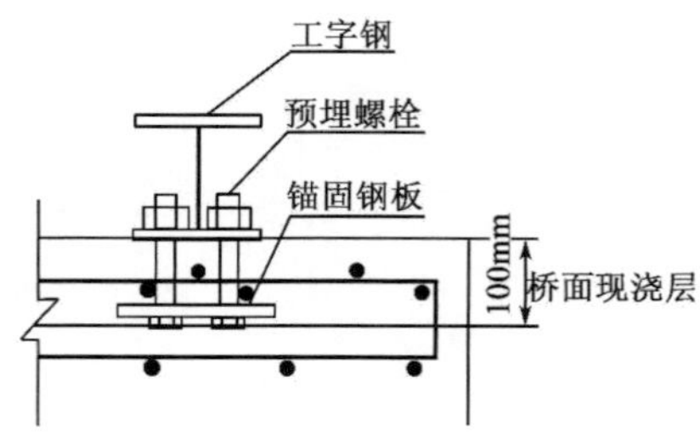

图 3-4-9 预埋螺栓位于现浇层内

图 3-4-10 台车试验中的工字钢变形

2)嵌固式基础安全储备及纵向连接可靠性

结合前述对台车试验碰撞条件的分析，采用 2t、30km/h 的碰撞条件组织台车试验，对嵌固式基础的安全储备及纵向连接可靠性进行分析。

图 3-4-11 嵌固式基础—企口连接护栏

(1)嵌固式基础—企口连接

试验前护栏如图 3-4-11 所示，台车碰撞后护栏的变形损坏如图 3-4-12 所示。通过试验可知企口的阴口两侧混凝土破碎严重，企口连接处两侧的护栏预制块变形差别较大，可以判断企口连接不能有效传递高等级碰撞荷载。

如图 3-4-13 所示，护栏顶部宽度大约为 36cm，阴口两侧混凝土宽度仅为 10～16cm，在此较窄宽度范围内配筋无法保证两侧混凝土具备足够的承载力，这是混凝土企口连接不能抵抗高等级碰撞荷载的原因。

综上所述，混凝土企口连接不能满足可拆装混凝土护栏纵向连接的受力要求，因此不予采用。

碰撞点左侧企口破坏

碰撞点右侧企口破坏

图 3-4-12　嵌固式基础—企口连接护栏的变形损坏

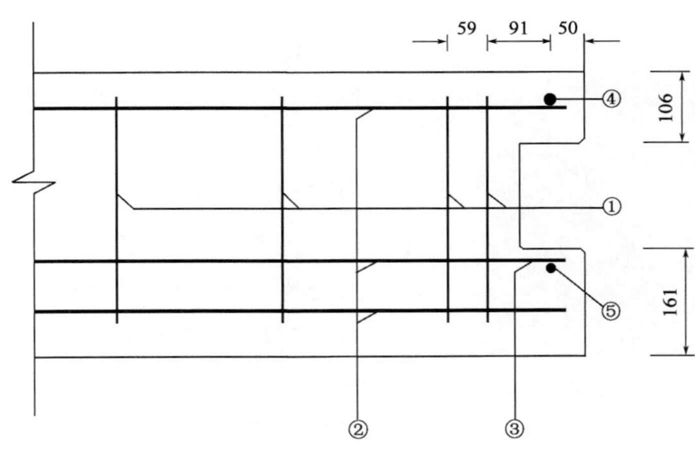

图 3-4-13　企口连接的阴口结构简图(尺寸单位:mm)

①-箍筋;②-纵向钢筋;③-阴口加强筋;④、⑤-竖向筋

(2)嵌固式基础—传力杆连接

图 3-4-14 为试验前护栏。

图 3-4-15 为台车碰撞后护栏的变形损坏情况,通过试验可知护栏整体倾覆,说明传力杆连接具有一定的协同受力能力,但连接区域混凝土破坏,说明连接处应力集中严重。

图 3-4-14　嵌固式基础—传力杆连接护栏

护栏的整体倾覆说明嵌固式基础虽然能够承受SA级的碰撞载荷，但安全储备较小，不宜在桥侧等危险路段采用。

图 3-4-15 嵌固式基础—传力杆连接护栏的变形损坏

(3)嵌固式基础—背部型钢连接

图3-4-16为试验前护栏。

图 3-4-16 嵌固式基础—背部型钢连接护栏

图3-4-17为台车碰撞后护栏的变形损坏情况。通过台车碰撞试验结果可知，护栏整体倾覆，五块护栏预制块作为整体协同受力，充分说明背部型钢连接的受力可靠性；背部钢板连接部位混凝土基本完好，说明连接处受力较为均匀；护栏的整体倾覆也进一步说明嵌固式基础虽然能够承受SA级的碰撞载荷，但安全储备较小，不宜在桥侧等危险路段采用。

图 3-4-17 嵌固式基础—背部型钢连接护栏的变形损坏

基础钢筋和连接螺栓的应变片埋设如图3-4-18所示，碰撞点附近钢筋最大微应变

一个微应变等于 10^{-6} 个应变，即 $1\mu\varepsilon=10^{-6}$。测试结果为：①号钢筋 8553（图 3-4-19）、②号钢筋 8645（图 3-4-20），连接螺栓的最大微应变为 8459（图 3-4-21）。

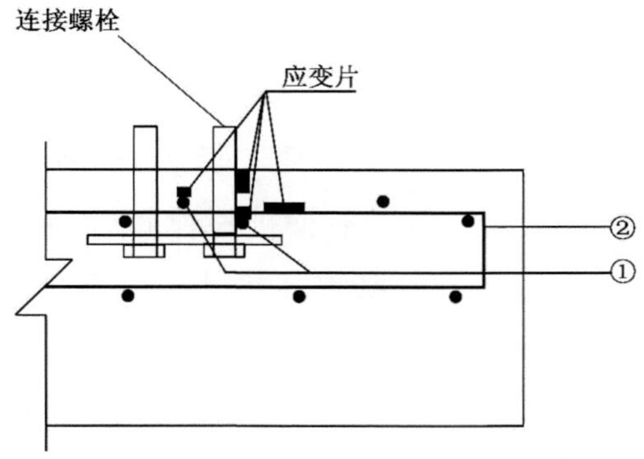

图 3-4-18　应变片埋设示意图

①-现浇层纵向钢筋；②-现浇层横向钢筋

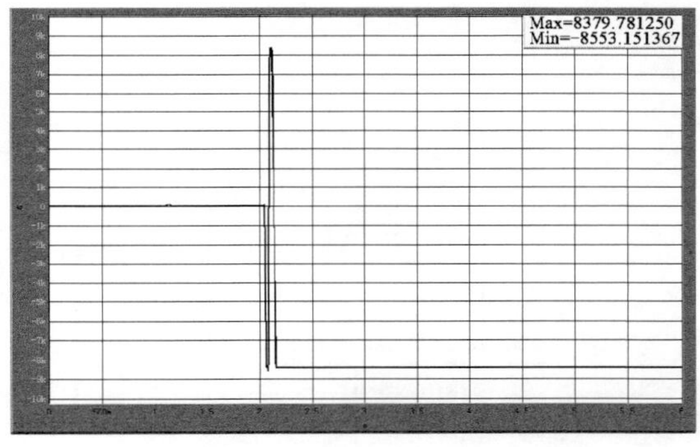

图 3-4-19　①号钢筋最大应变（迎撞面一侧）示意图

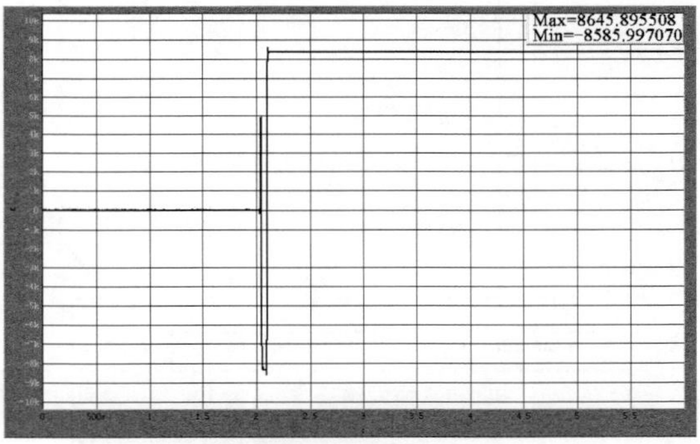

图 3-4-20　②号钢筋最大应变示意图

Ⅱ级钢筋在冲击载荷下的应力应变曲线如图 3-4-22 所示，可见其屈服微应变在 4500 左右，由于试验测试的最大微应变大于屈服微应变，说明钢筋和连接螺栓已经屈服，这也证明嵌固式基础安全储备较小。

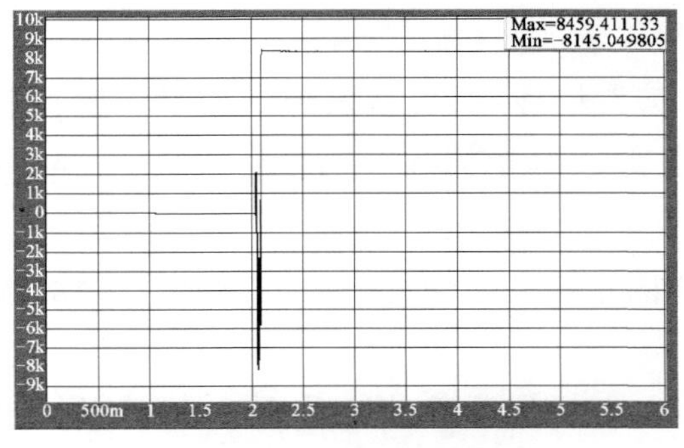

图 3-4-21　连接螺栓最大应变

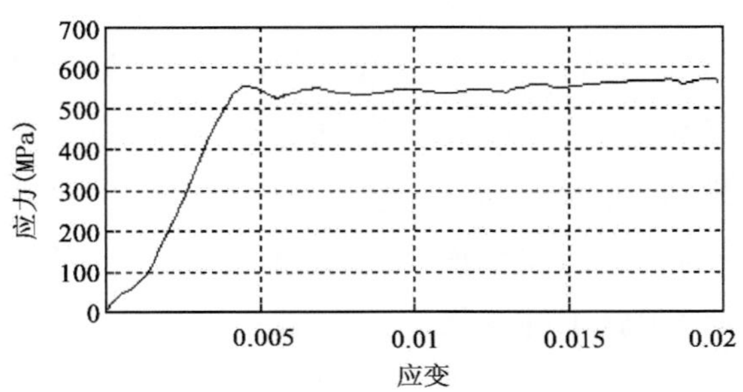

图 3-4-22　冲击载荷下（12m/s 冲击速度），Q345 应力应变曲线

3.5 刚性连接基础可拆装工艺

3.5.1 刚性连接基础方案优选

综合考虑护栏防撞能力要求较高且需要便于拆装(再利用)的特点,在前述刚性连接基础方案的基础上进一步优化,提出了多种护栏刚性连接基础方案。在此基础上,经多次论证并咨询专家意见优选出两种刚性连接基础方案:螺栓连接型刚性连接基础(图 3-5-1)和焊接型刚性连接基础(图 3-5-2)进行深入对比。

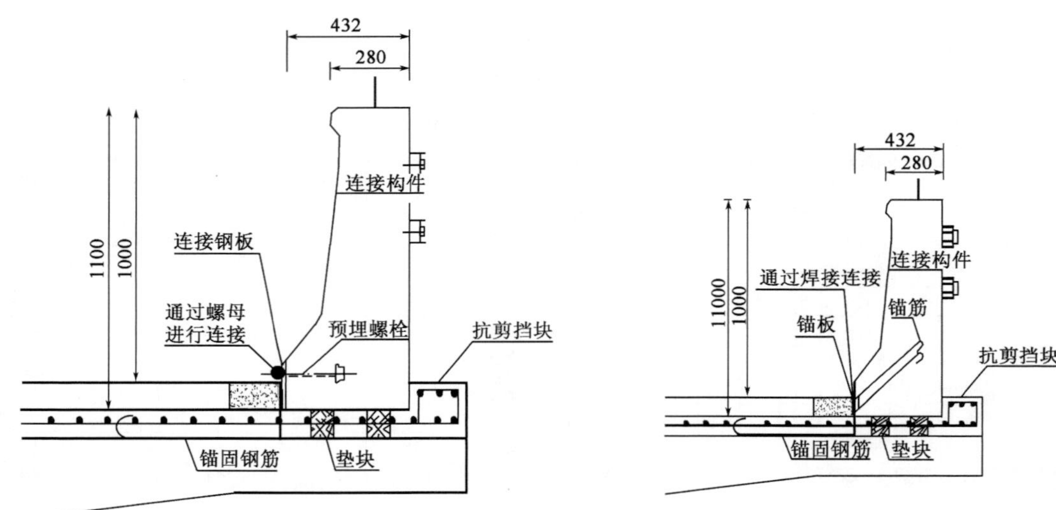

图 3-5-1 螺栓连接型刚性连接基础(尺寸单位:mm)　　图 3-5-2 焊接型刚性连接基础(尺寸单位:mm)

螺栓连接型刚性连接基础的基本施工过程为(图 3-5-3):

(1)施工护栏墙体预制块并预埋连接螺栓。

(2)工厂完成连接钢板与锚固钢筋的焊接并进行防腐处理。

(3)布置现浇层钢筋网和垫块。

(4)将连接钢板(已焊有锚固钢筋)安装于护栏墙体,然后吊装护栏预制块放置在垫块上,调整线形,并完成护栏预制块的纵向连接,吊装前需在护栏底部粘贴一层隔离层,以方便以后拆卸。

(5)浇筑桥面现浇层和抗剪挡块,将护栏锚固钢筋浇在现浇层内,实现对护栏的锚固,并施工铺装层。

(6)需要移动护栏预制块到新的位置安装时,只需凿除紧贴护栏的部分铺装层,割断锚固钢筋,吊出护栏预制块,然后重复上述第(2)~(5)步即可。

焊接型刚性连接基础的基本施工过程为(图 3-5-4):

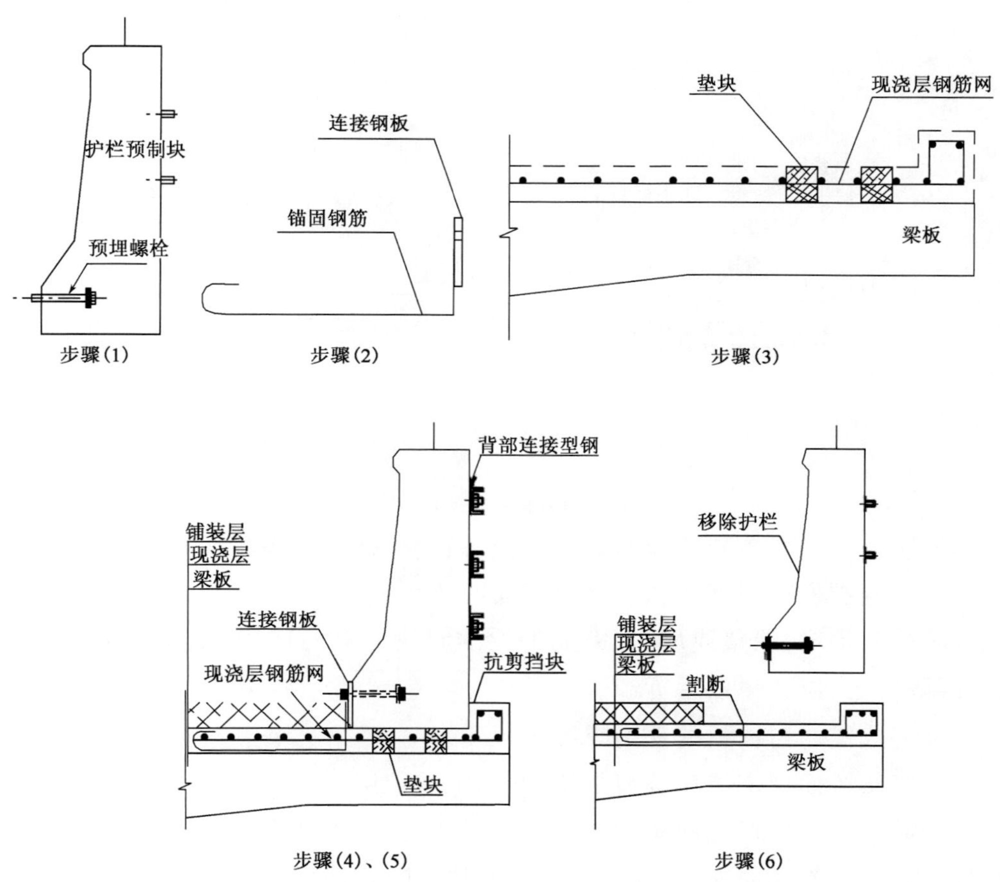

图 3-5-3　螺栓连接型刚性连接基础护栏施工步骤

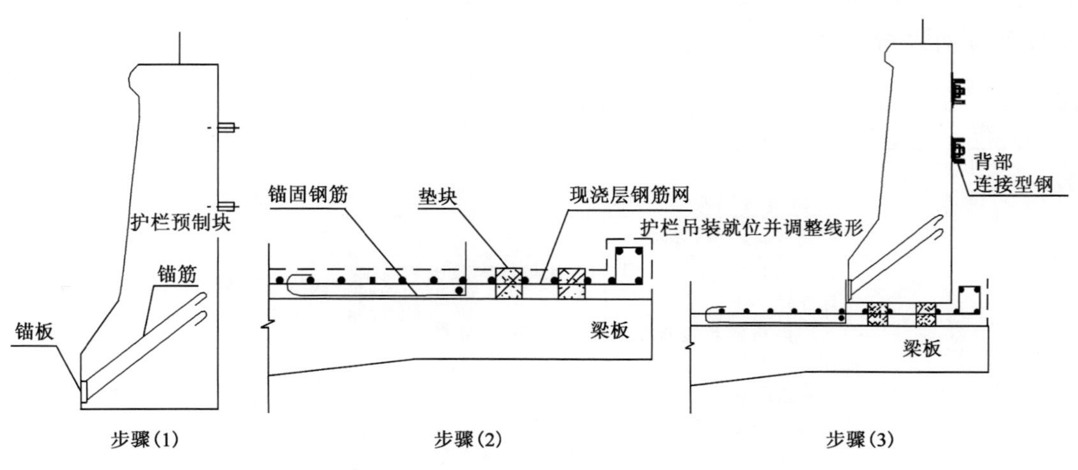

图　3-5-4

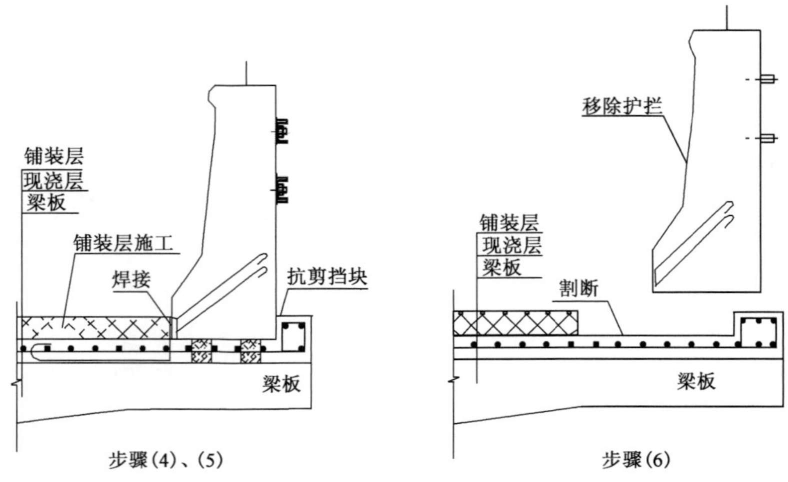

图 3-5-4 焊接型刚性连接基础护栏施工步骤

(1)预制护栏墙体并预埋锚板和锚筋,锚板与锚筋焊接。

(2)布置护栏锚固钢筋和现浇层钢筋网及垫块。

(3)吊装护栏,调整线形,并完成护栏预制块的纵向连接,吊装前需在护栏底部粘贴一层隔离层,以方便以后拆卸。

(4)完成锚筋与锚板的现场焊接。

(5)浇筑桥面现浇层和抗剪挡块,并施工铺装层。

(6)需要移动护栏预制块到新的位置安装时,只需凿除紧贴护栏的部分铺装层,切断锚固钢筋,解除纵向连接,吊出护栏预制块,然后重复上述第(2)～(5)步骤即可。

上述两个方案思路基本一致,均解决了护栏刚性连接、护栏定位困难、护栏墙体锚固强度不足等问题,现将这两种方案在工程量、护栏结构强度、施工工艺、耐久性、景观效果等方面进行对比,具体见表 3-5-1。

护栏优化方案对比表 表 3-5-1

方案项目	优化方案一:螺栓连接型	优化方案二:焊接连接型
材料量 (估算)	钢材:94.418t/延公里 混凝土:425.6m³/延公里	钢材:84.515t/延公里 混凝土:425.6m³/延公里
经济性(估算)	68 万元/延公里	63 万元/延公里
施工工艺	1.护栏墙体预埋连接螺栓,与连接件拼接时易定位; 2.锚固钢筋与连接钢板提前焊接,较容易操作; 3.护栏吊装时由于锚固钢筋的存在,桥面现浇层不能布置钢筋网,只能采用现场绑扎方式; 4.临时护栏拆除时需将连接钢板拆离护栏墙体,用于永久护栏时需配置新的连接钢板,因不能重复利用,增加了材料用量	1.护栏墙体预埋锚板,与锚固钢筋连接时,不存在精确定位问题,施工简单; 2.锚固钢筋与护栏预埋锚板现场焊接,耗时较长; 3.可使用钢筋网,现场施工简单; 4.临时护栏拆除时仅需将锚固钢筋割断,护栏墙体锚板可再次利用于永久护栏,节省了材料用量

续上表

方案项目	优化方案一:螺栓连接型	优化方案二:焊接连接型
耐久性	用于永久护栏时,连接钢板、锚固钢筋均为热镀锌构件,防腐能够满足要求,耐久性较好	用于永久护栏时,护栏锚板及锚固钢筋均被混凝土结构覆盖,解决了钢构件防腐问题
景观效果	桥面铺装施工完毕后,护栏墙体预埋螺栓露在路面外,为了不影响景观,需采用圆头螺帽	桥面铺装层施工完毕后,护栏墙体锚板会整体被铺装层掩盖,不会看到钢构件裸露在外,整体景观效果与道路协调一致

注:表中钢材按 4900 元/t,混凝土按 500 元/m^3 计算。

通过对两种刚性连接基础的对比分析,认为焊接型刚性连接基础在景观效果、施工方便性、造价方面有一定优势,且可以通过对焊接型刚性连接基础施工工艺的研究解决其施工方便性的问题,使其具有可拆装的功能,所以确定采用这种基础连接方案。

3.5.2 刚性连接基础护栏施工

针对最终确定的焊接型刚性连接基础方案,施工了 50m 长的试验段,下面将对主要施工过程进行详细描述。

1)护栏预制块施工过程

(1)加工锚板

锚板切割过程中试用了剪板机和火焰切割机(图 3-5-5),经对比发现火焰切割机切割的锚板更加平直,因此确定采用火焰切割机切割锚板。

a)剪板机切割

b)火焰切割机切割

图 3-5-5 剪板机与火焰切割机切割

(2)锚筋焊接

锚筋与锚板焊接时会导致锚板的温度变形,对比不同长度锚板的变形情况后认为,锚板适宜的长度为 1m,如图 3-5-6 所示。

(3)锚板的调直

针对锚板变形情况,需对锚板进行复位调直处理。对比了人工复位调直和机械复位调直两种方法后,认为人工复位调直力度更容易控制,调直时不会出现反向变形,因此确定采用人工复位调直法，如图 3-5-7 所示。

图 3-5-6 1m 长锚板焊接锚筋后变形情况

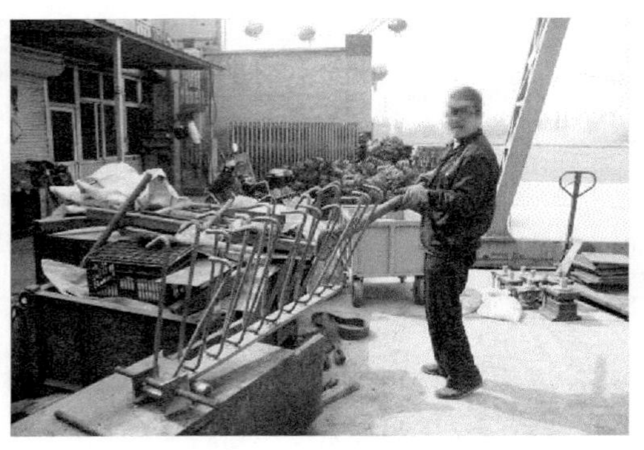

图 3-5-7 人工复位调直锚板

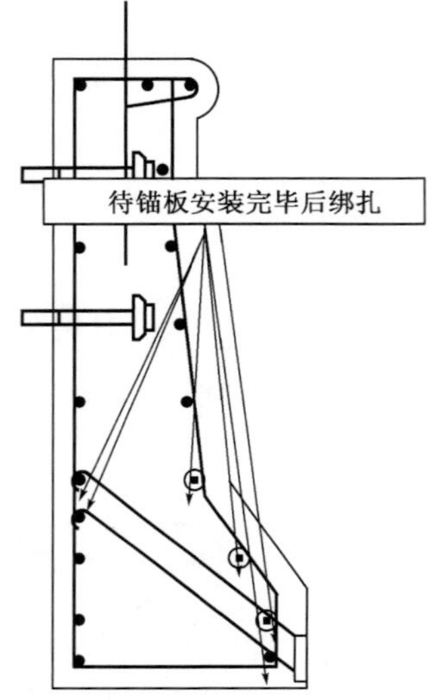

图 3-5-8 部分纵向钢筋待锚板安装后再绑扎

(4)锚板的安装

锚板调直后即可安装于护栏预制块钢筋骨架上，为了避免护栏预制块钢筋骨架的影响，应留有部分纵向钢筋先不绑扎，待锚板安装之后，再绑扎完整，如图 3-5-8 所示。

(5)锚板的定位

在固定锚板的过程中，因锚板离地面 1cm，需在锚板底部垫 1cm 的保护层。同时为了保证锚板的线形及整体性，在各段锚板间采用点焊方式连接。另外需将 1b 钢筋与锚筋点焊固定，以防止支模及浇筑时锚板发生位移(图 3-5-9)。图 3-5-10 为加工完成的预制块钢筋骨架。

(6)支模

模板加工应牢固、稳定。模板应紧贴锚板，防止水泥浆渗入覆盖锚板外表面，必要时可贴密封条，如图 3-5-11 所示。

图 3-5-9 固定锚板

图 3-5-10 加工完成的预制块钢筋骨架

(7)浇筑

因护栏预制块较高,为了充分振捣混凝土,混凝土分两层浇筑。浇筑时采用溜槽灌注混凝土(图 3-5-12),防止混凝土直接落入模板内,较大的冲击力导致模板移位变形。浇筑完成的护栏预制块如图 3-5-13 所示。

图 3-5-11 支模

图 3-5-12 采用溜槽浇筑混凝土

2)护栏墙体施工过程

(1)绑扎现浇层钢筋网并设置混凝土垫块

预制块吊装前需绑扎好现浇层钢筋网,并在相应位置放上混凝土垫块,压在钢筋网下面的 N1 钢筋暂不与其他钢筋绑扎,以保证其有一定的活动量。建议在实际施工时预先做垫层找平,然后再放置统一尺寸的准垫块,这样既保证了护栏预制块的稳定,也加快了吊装速度,如图 3-5-14 所示。

图 3-5-13 浇筑完成的护栏预制块

图 3-5-14 绑扎好的现浇层钢筋网及垫块

(2)预制块的吊装

混凝土护栏预制块需达到 70%设计强度后,方可进行吊装。如图 3-5-15 所示,吊车吊起护栏预制块后,需敲掉底部多余的混凝土渣,保证底面平整。护栏预制块底部和背部下方与抗剪挡块紧贴的部分需覆盖油毡,避免后续浇筑的现浇层和抗剪挡块与预制块黏结。吊装完成的预制块如图 3-5-16 所示。

图 3-5-15 预制块的吊装

图 3-5-16 吊装完成的护栏预制块

(3)焊接 N1 钢筋

如图 3-5-17 所示,护栏预制块吊装定位完毕后,将 N1 钢筋移至紧贴锚板处,并将 N1 钢筋与现浇层钢筋网绑扎,然后把 N1 钢筋与锚板焊接。焊接时应注意保证焊接长度,焊接完毕后敲掉焊渣。

(4)浇筑现浇层及抗剪挡块

浇筑时,应注意背部抗剪挡块(图 3-5-18)是否填实,如果没有填实,需人工填实。

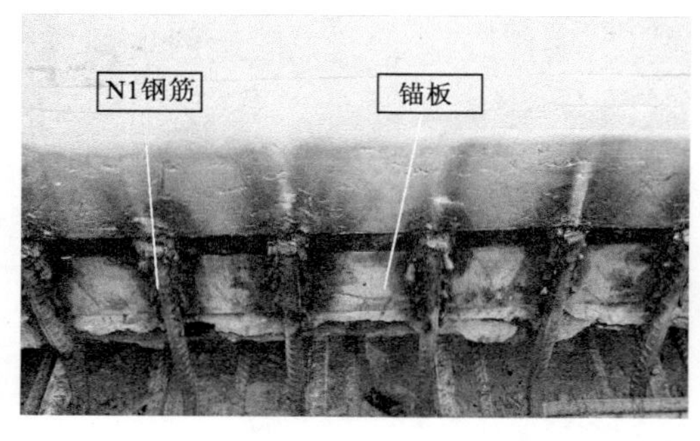

图 3-5-17 N1 钢筋与锚板焊接

图 3-5-18 浇筑现浇层及抗剪挡块

(5)路面施工

现浇层浇筑完毕,混凝土强度达到 70%后,方可施工路面,锚板和 N1 钢筋应埋在路面内,如图 3-5-19 所示。

(6)护栏预制块的移除

护栏移除时先凿除路面,在距离锚板较远处可以用风镐凿除,当接近锚板时,应换用电锤,以保护锚板。露出 N1 钢筋后将其割断,卸掉背部的连接钢板,这时可以利用吊车移除护栏预制块至新的位置再次安装使用(图 3-5-20)。

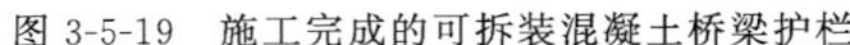
图 3-5-19　施工完成的可拆装混凝土桥梁护栏

图 3-5-20　移除护栏预制块

3.6　护栏安全性能评价

3.6.1　实车碰撞试验条件

实车碰撞试验具有最客观最可靠的特点，是目前唯一最终评价护栏安全性能的有效合法手段。因此根据“桥梁混凝土护栏安全性能与再利用功能目标”，组织实车足尺碰撞试验，对可拆装混凝土桥梁护栏的优化比选结构的安全性能进行客观评价。实车碰撞试验包括小客车碰撞试验、大客车碰撞试验和大货车碰撞试验，试验条件见表 3-6-1。

可拆装混凝土桥梁护栏碰撞条件组合　　表 3-6-1

SA 级	碰撞车型	碰撞速度(km/h)	碰撞角度(°)	车辆总质量(t)	碰撞能量(kJ)
标准规定	小客车	100	20	1.5	—
	大客车	80	20	14	400
高标准	大货车	60	20	25	400

根据设计图纸，按 1∶1 比例建设试验护栏(图 3-6-1)，护栏长度为 50m。

a)护栏前部

b)护栏背部

图　3-6-1

c)背部连接处

图 3-6-1　试验护栏

图 3-6-2 为试验车辆，车辆具体结构参数略。

a)小客车

b)大客车

c)大货车

图 3-6-2　试验车辆

3.6.2　实车碰撞试验结果

1)小客车碰撞试验

图 3-6-3 为小客车碰撞护栏行驶轨迹图，可见小客车碰撞护栏后平稳驶出，并恢复

到正常行驶姿态，没有穿越、翻越或骑跨护栏，护栏构件及其脱离碎片没有侵入车辆乘员仓，满足评价指标要求。

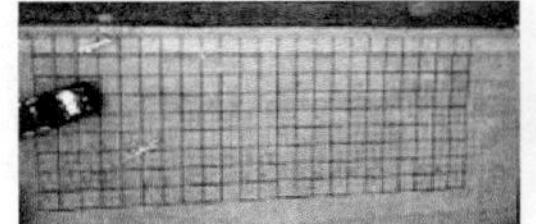

图 3-6-3 小客车碰撞护栏轨迹图

图 3-6-4 为小型车导向驶出框，可以看出小客车在 10m 范围内没有越过直线 F，满足评价指标要求。

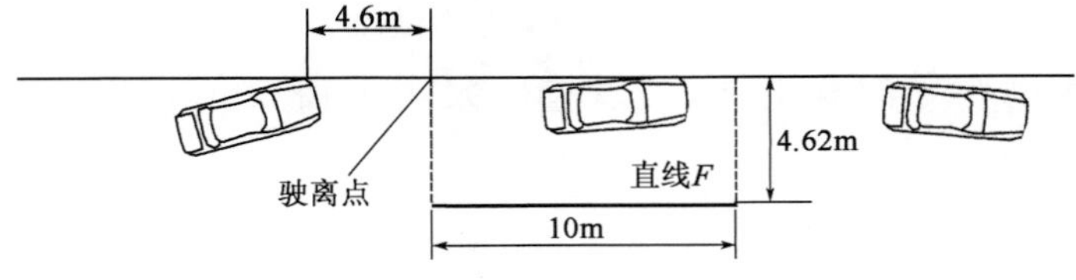

图 3-6-4 车辆驶出框

表 3-6-2 为小客车缓冲性能评价表，可见乘员碰撞速度的纵向和横向分量均不大于 12m/s，乘员碰撞后加速度的纵向和横向分量均不大于 20g，满足评价指标要求。

小客车碰撞试验缓冲性能评价 表 3-6-2

缓冲技术指标	方向	试验结果	是否合格
乘员碰撞速度 OIV(m/s)	纵向	4.7	合格
	横向	6.7	合格
乘员碰撞后加速度 ORA(m/s^2)	纵向	10.4	合格
	横向	10.9	合格

注：碰撞时刻 0.1551s。

图 3-6-5 为小客车碰撞后护栏和车辆变形图，可以看出护栏仅表面有刮痕，刮擦长度 5.6m。护栏最大横向动态变形量 0mm，护栏最大横向动态位移外延值 432mm。小

a) 护栏变形图

b) 车辆变形图

图 3-6-5 小客车碰撞后护栏和车辆变形

客车碰撞后车门可打开，车厢内部空间没有受到严重挤压，可以保证车内乘员的安全。

2)大客车碰撞试验

图 3-6-6 为大客车碰撞护栏行驶轨迹图，可见大客车碰撞护栏后平稳驶出，并恢复到正常行驶姿态，没有穿越、翻越或骑跨护栏，护栏构件及其脱离碎片没有侵入车辆乘员舱，满足评价指标要求。

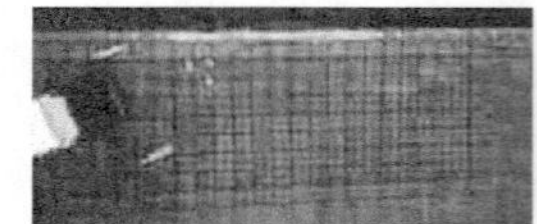

图 3-6-6　大客车碰撞护栏轨迹图

图 3-6-7 为大型车导向驶出框，可以看出大客车在 20m 范围内没有越过直线 F，满足评价指标要求。

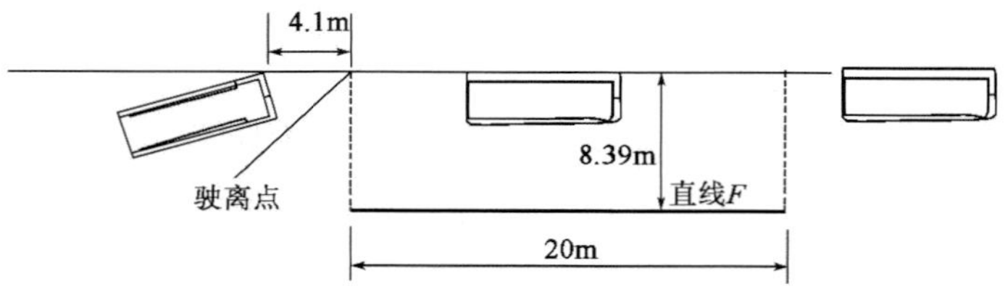

图 3-6-7　车辆驶出框

图 3-6-8 为大客车碰撞后护栏图，可见护栏整体结构没有损坏，但其表面有较深刮痕，刮擦长度 6.1m。护栏最大横向动态变形量：0mm，车辆最大动态外倾距离：626mm，护栏最大横向动态位移外延值：432mm，车辆最大动态外倾距离标准值：876mm(图 3-6-9)。

图 3-6-8　大客车碰撞后护栏图

图 3-6-9　大客车碰撞护栏侧倾图

图 3-6-10 为大客车碰撞后车辆变形图。大客车碰撞后车厢整体主要结构保持完整，变形较小，仅左前侧有部分凹进变形，凹进程度不影响车内乘员的生存空间。

图 3-6-10　大客车碰撞后车辆变形图

3)大货车碰撞试验

图 3-6-11 为大货车碰撞护栏行驶轨迹图，可见大货车碰撞护栏后平稳驶出，并恢复到正常行驶姿态，没有穿越、翻越或骑跨护栏，护栏构件及其脱离碎片没有侵入车辆乘员舱，满足评价指标要求。

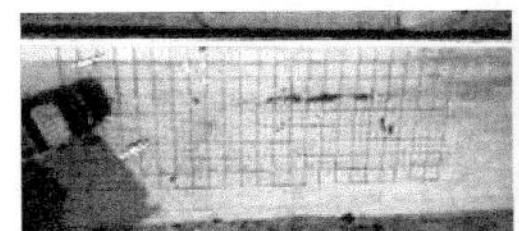 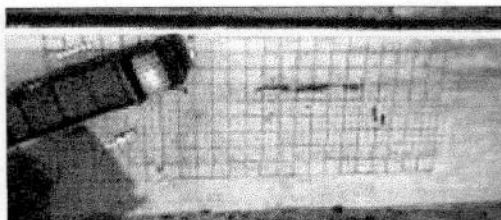 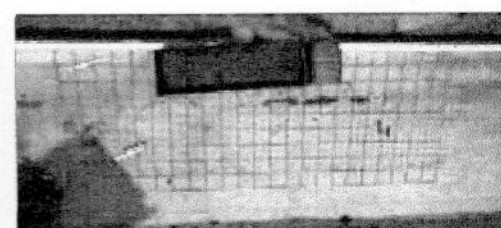 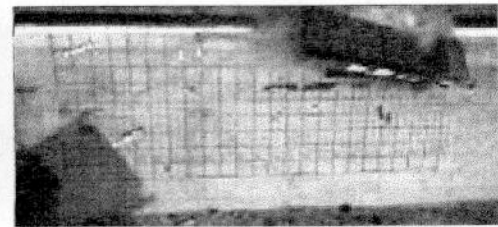

图 3-6-11　大货车碰撞护栏行驶轨迹图

图 3-6-12 为大型车导向驶出框，可以看出大货车在 20m 范围内没有越过直线 F，满足评价指标要求。

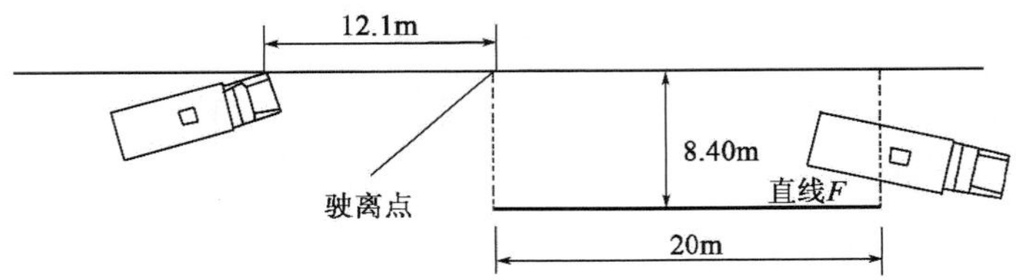

图 3-6-12　车辆驶出框

图 3-6-13 为大货车碰撞后护栏图，护栏整体结构没有损坏，但其表面有较深刮痕，刮擦长度 15.2m。护栏最大横向动态变形量:0mm，车辆最大动态外倾距离:753mm，护栏最大横向动态位移外延值:432mm，车辆最大动态外倾距离标准值:1102mm(图 3-6-14)。

图 3-6-13　大货车碰撞后护栏图

图 3-6-14　大货车碰撞护栏侧倾图

图 3-6-15 大客车碰撞后护栏和车辆变形图

图 3-6-15 为大货车碰撞后车辆变形图。车辆碰撞护栏后，车体倾斜，但未翻车，前保险杠左侧变形损坏，车体左侧有刮痕，车辆前挡风玻璃保持完整，车厢变形很小，能够对乘员形成有效保护。

表 3-6-3 为三种车型碰撞护栏各项指标与评价标准对比表，可见各项指标均满足评价标准要求，对乘员形成有效保护。

车辆碰撞护栏各项指标与评价标准对比表 表 3-6-3

评价项目			小型客车		大型客车		大型货车	
			测试结果	是否合格	测试结果	是否合格	测试结果	是否合格
阻挡功能	车辆是否穿越、翻越或骑跨试验样品		否	合格	否	合格	否	合格
	试验样品构件及其脱离碎片是否侵入车辆乘员舱		否	合格	否	合格	否	合格
导向功能	车辆碰撞后是否翻车		否	合格	否	合格	否	合格
	车辆碰撞后的轮迹是否满足导向驶出框要求		满足	合格	满足	合格	满足	合格
缓冲功能	乘员碰撞速度(m/s)	纵向 x	4.7	合格	—	—	—	—
		横向 y	6.7	合格	—	—	—	—
	乘员碰撞后加速度(×9.8m/s²)	纵向 x	10.4	合格	—	—	—	—
		横向 y	10.9	合格	—	—	—	—
护栏最大横向动态变形量 D(mm)			0		0		0	
护栏最大横向动态位移外延值 W(mm)			432		432		432	
车辆最大动态外倾距离 VI(mm)			—		626		753	
车辆最大动态外倾距离标准值 VI_n(mm)			—		876		1102	

3.6.3 钢筋应变测试结果

1)N1 钢筋应变测试结果

针对 N1 钢筋，在碰撞点的试验车辆车尾一侧 7.5m 范围内及碰撞点的试验车辆车头一侧 13m 范围内，进行了应变测试。图 3-6-16 所示为现浇层和抗剪挡块立面示意图，竖线表示 N1 钢筋，为清晰起见，未表示除 N1 钢筋外的其他钢筋，N1 钢筋上的黑色方块代表应变片位置。图 3-6-17 所示为 N1 钢筋应变片粘贴位置断面示意图。

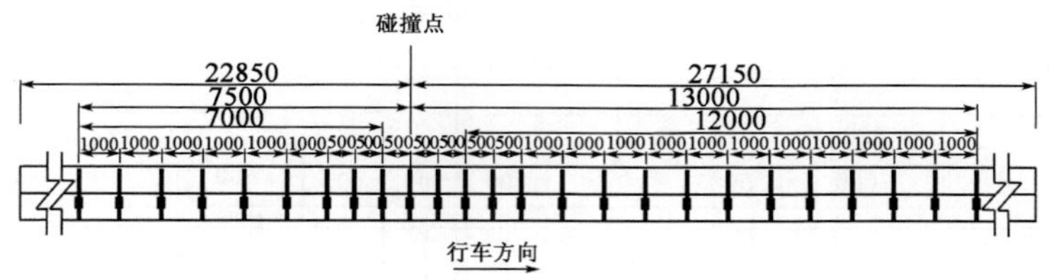

图 3-6-16 进行应变测试的 N1 钢筋位置立面示意图(尺寸单位:mm)

碰撞力最大的大货车碰撞试验的应变测试结果见图 3-6-18。由图 3-6-18 可知,仅碰撞点处 N1 钢筋应变较大,向两侧迅速减小,且碰撞点处 N1 钢筋未屈服。说明碰撞力对于翼缘板内钢筋的影响较小,在设计防护等级范围内,不会发生因车辆碰撞护栏而导致桥梁翼缘板内钢筋屈服,从而造成翼缘板损坏的问题。

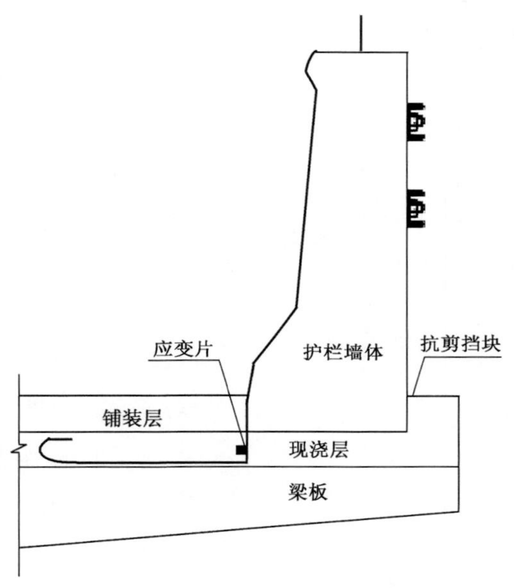

图 3-6-17 N1 钢筋应变片粘贴位置断面示意图

2)1b 钢筋应变测试结果

针对 1b 钢筋,在碰撞点的试验车辆车尾一侧 7.2m 范围内及碰撞点的试验车辆车头一侧 12.97m 范围内,进行了应变测试。图 3-6-19 所示为护栏墙体立面图,竖线表示 1b 钢筋,为清晰起见,未表示除 1b 钢筋外的其他钢筋,1b 钢筋上的黑色方块代表应变片位置。图 3-6-20 所示为 1b 钢筋应变片粘贴位置断面示意图。

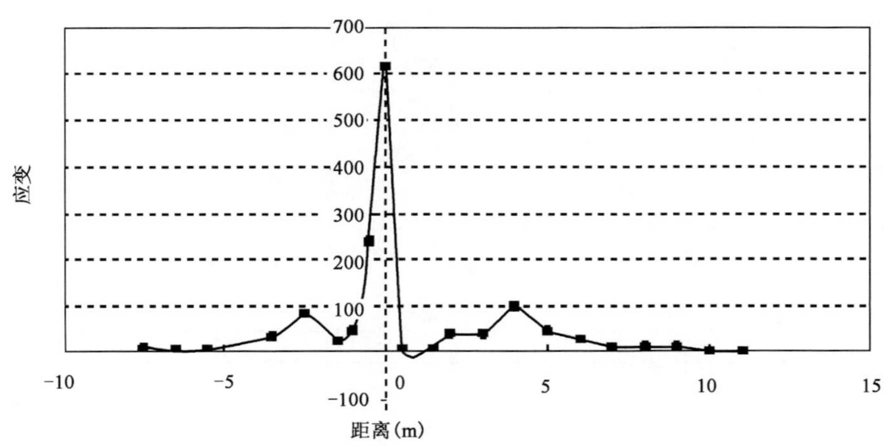

图 3-6-18 N1 钢筋应变测试结果(以车尾一侧距离为负值)

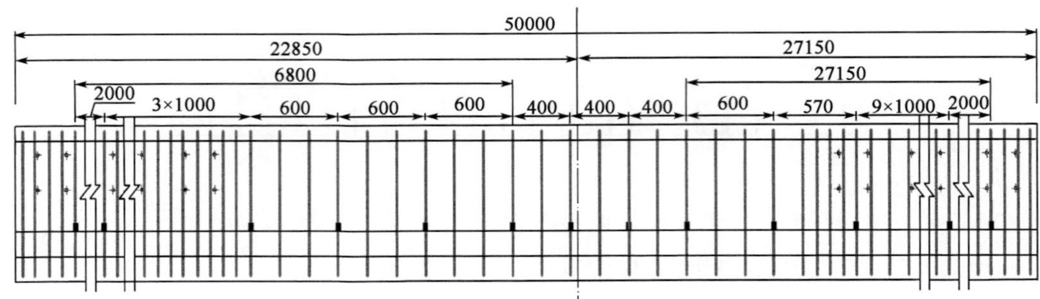

图 3-6-19　进行应变测试的 1b 钢筋位置示意图(尺寸单位:mm)

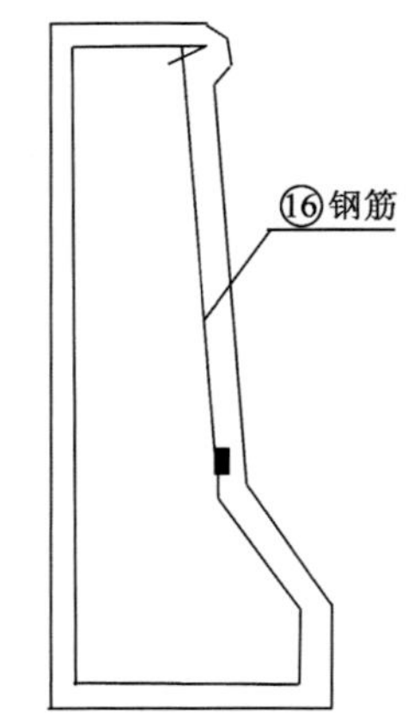

图 3-6-20　1b 钢筋应变片粘贴位置断面示意图

碰撞力最大的大货车碰撞试验的应变测试结果见图 3-6-21。由图可知,碰撞力在护栏墙体上的分布宽度约为10m,即两个护栏墙体预制块的长度。另外,应变最大的 1b 钢筋出现在碰撞点向前约 2m 处,说明车辆与护栏墙体的第一接触点并非对墙体的最大作用力点,最大作用力发生在车辆接触护栏墙体后行驶 2m 左右的时刻。这些试验成果对于优化护栏碰撞力计算公式有重要意义。

3)纵向钢筋应变测试结果

针对纵向钢筋,在碰撞点处的断面上测试了其应变(图 3-6-22)为纵向钢筋应变片布置立面示意图,图 3-6-23 为纵向钢筋应变片布置断面示意图,所测应变结果显示纵向钢筋应变大于 1b 钢筋,且越往上的纵向钢筋应变越大,最上部的纵向钢筋甚至发生了屈服,说明护栏纵向传力作用显著,这客观上减少了碰撞力向翼缘板的传递,起到了保护翼缘板的作用。

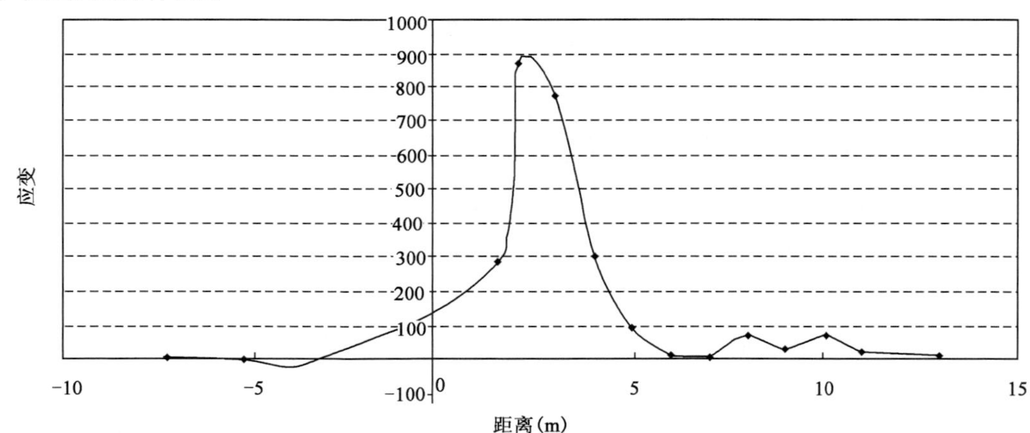

图 3-6-21　1b 钢筋应变测试结果(以车尾一侧距离为负值)

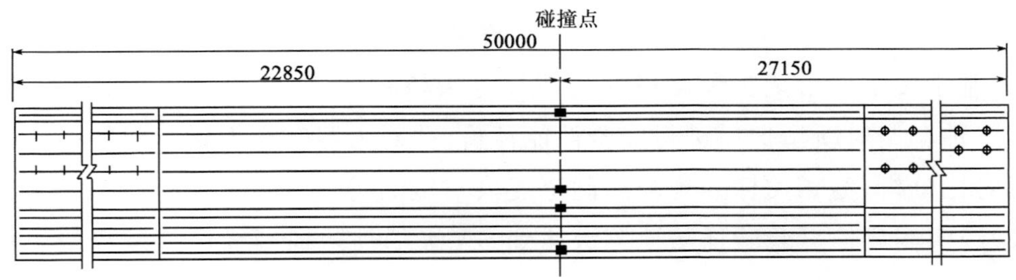

图 3-6-22　纵向钢筋应变片布置立面示意图(尺寸单位:mm)

3.6.4　护栏安全性能评价结论

通过实车足尺碰撞试验对护栏进行安全性能评价,得到以下结论:

(1)车辆碰撞护栏各项指标均满足评价标准要求,达到我国现行标准规范规定的 SA 级 400kJ 的防护等级,且经高标准(25t 大货车、速度 60km/h、碰撞角度 20°)碰撞试验验证,满足针对广清高速公路的高标准的防护需求。

(2)根据应变测试结果,护栏纵向传力效果显著,减少了碰撞力向翼缘板的传递,客观上起到了保护翼缘板的作用;而 N1 钢筋的应变测试结果也证明,设计防护等级范围内,不会发生因车辆碰撞护栏而导致桥梁翼缘板内钢筋屈服,从而造成翼缘板损坏的问题,说明所研发的可拆装混凝土桥梁护栏结构合理,安全可靠。

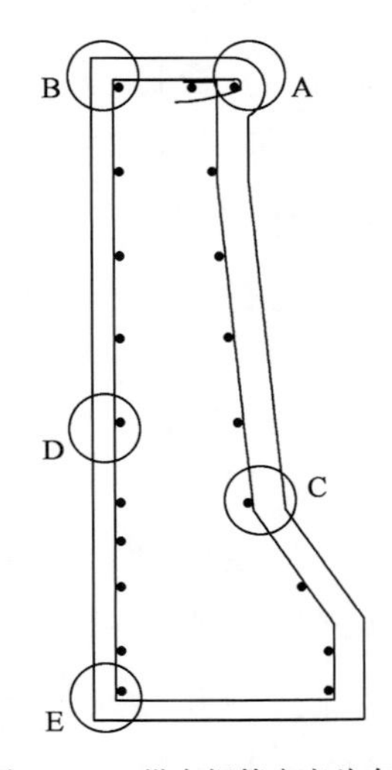

图 3-6-23　纵向钢筋应变片布置断面示意图

注:图示圆点为纵向钢筋,编号为 A～E 的纵向钢筋粘贴有应变片。

3.7　关键技术与创新点

3.7.1　关键技术

(1)高精度计算机仿真模型:车辆碰撞护栏是包括几何非线性、材料非线性和边界非线性的高度复杂物理过程,采用通过碰撞试验数据校核的仿真参数,建立车辆碰撞护栏有限元模型,进行护栏结构进行方案设计和优化研究,为研究的第一个关键技术。

(2)预制工艺和防护等级高的矛盾解决:采用预制工艺的护栏由于预制块之间存在空隙,且衔接结构处理困难,较难达到高防护等级,通过系统研究,解决预制工艺和防护等级高的矛盾,为研究的第二个关键技术。

3.7.2 创新点

(1)基于多车型系统实车碰撞的高防护等级桥梁护栏:首次采用小客车、大客车、大货车三种车型对新型护栏进行安全性能评价,并对大客车和大货车对护栏的破坏能力进行对比分析,为相关标准规范的制定提供一定的指导。

(2)经实车碰撞试验验证防撞等级达到SA级的高防撞等级可拆装混凝土桥梁护栏:目前广泛使用的桥梁混凝土护栏为全现浇或部分现浇结构,新型可拆装高防护等级混凝土桥梁护栏在防护性能达到SA级400kJ的同时,实现了护栏的可拆装功能,填补国内外空白。

(3)可拆装混凝土桥梁护栏施工工艺:首次针对高速公路扩建工程中对于混凝土护栏重复利用的需求,研究了可拆装混凝土护栏的施工工艺,所研究的施工工艺对于高速公路扩建工程中临时桥梁护栏的再利用有重要意义。

3.8 经济效益分析

可拆装混凝土桥梁护栏在广清高速公路扩建工程中应用约75km,这些路段若设置常规的桥梁护栏,按照建造费用50万元/km,拆除及修补费用15万元/km,建筑垃圾处理费用5万元/km计算,则需70万元/km,因此可拆装混凝土桥梁护栏在广清高速公路扩建工程中的应用可节约5000多万元。据不完全统计,在2004年以前修建的高速公路中,大约有3万公里已进入改扩建阶段,改扩建施工过程中"保通"是首选的施工组织方案,保守估算,即使仅在1000km路段双侧采用可拆装混凝土桥梁护栏,也可节约14亿元,经济效益显著。

通过可拆装混凝土桥梁护栏的再利用,减少了大量工程废弃物,实现了资源节约和环境保护的目的;该护栏经实车碰撞试验验证,安全性能可靠,有效地提高了改扩建工程施工过程以及通车运营后的行车安全水平。

综上所述,可拆装混凝土桥梁护栏具有明显的经济和社会效益。

3.9 示范工程应用

施工区临时防撞护栏已成功应用于广清高速扩建工程A06合同段,起止里程为(K31+200.507~K35+400),全长4199m,位于广州市花都区狮岭镇,本标段改扩建主要为桥梁工程,设计有新建狮岭高架特大桥1座、螺塘互通1座(远期工程),新型可拆装高防护等级混凝土桥梁护栏设置在桥内侧,应用效果如图3-9-1所示。

3.9.1 预制块设置

新型可拆装高防护等级混凝土桥梁护栏每个预制块长 5m，采用卧模法预制，即护栏预制块迎撞面模板朝向地面，从护栏背部浇筑混凝土，浇筑方式如图 3-9-2 所示。

图 3-9-1 新型可拆装高防护等级混凝土桥梁护栏安装示意图

图 3-9-2 卧模法预制

3.9.2 桥面系预埋

(1)本阶段浇筑现浇层时应在护栏迎撞面侧预留出安装 N1 钢筋的槽(图 3-9-3)，槽宽 700～800mm，槽中只绑扎桥面现浇层横向钢筋，暂不绑扎纵向钢筋。

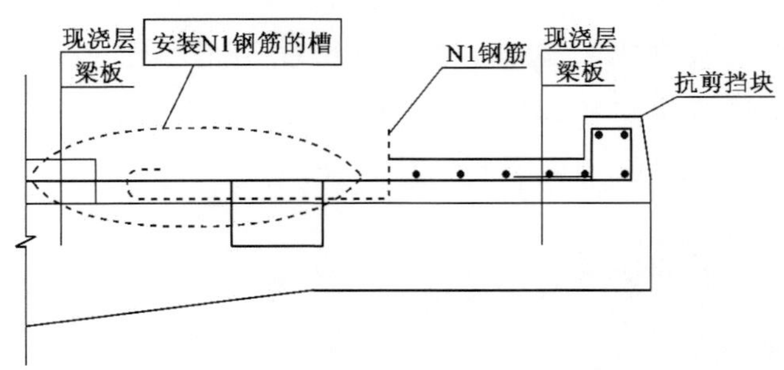

图 3-9-3 浇筑部分现浇层及抗剪挡块

(2)浇筑时应注意，需摆放护栏预制块处的现浇层上表面的标高和平整度应严格符合要求，以保证预制块吊装后上表面平整。超高路段，摆放护栏预制块处的现浇层上表面应与其他路段保持一致(图 3-9-4)，且抗剪挡块的嵌固高度不得小于 10cm，若小于时应相应提高抗剪挡块高度。

(3)在护栏受到碰撞时，抗剪挡块对护栏起到嵌固、抗滑移的作用，因此其强度直接影响护栏的安全防护性能，浇筑时应采取技术措施保证其质量。

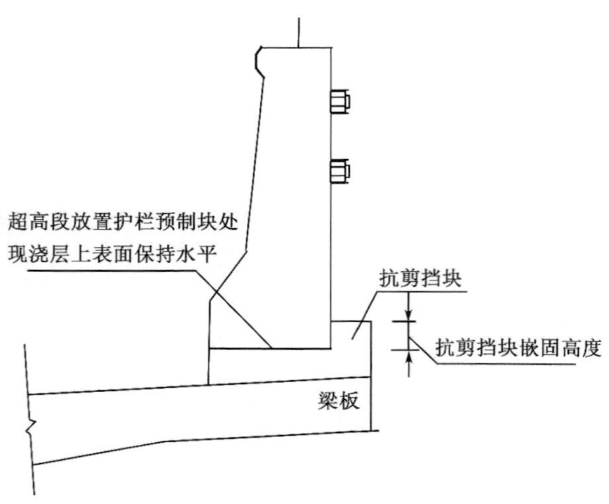

图 3-9-4　超高段摆放护栏预制块处现浇层

3.9.3　安装

(1)预制块运输时应在运输车上根据预制块尺寸焊接框架,以保证预制块在运输车上固定牢固,避免运输过程中磕碰导致预制块外观受损。运输至现场后进行护栏预制块的吊装,护栏预制块吊装就位后的状态见图 3-9-5。

(2)预制块吊装时应注意单块预制块一般不应跨越桥梁伸缩缝,为避免出现这种情况,应加强施工前测量,根据测量结果预先制作护栏调节块,调节块的断面与标准护栏预制块相同,其长度根据需要调整,但最小长度不得小于 2m,当需要长度小于 2m 的调节块时,应将此调节块与相邻的标准护栏预制块制作成一个整体,其长度可大于 5m,但一般不大于 7m,如图 3-9-6 所示。

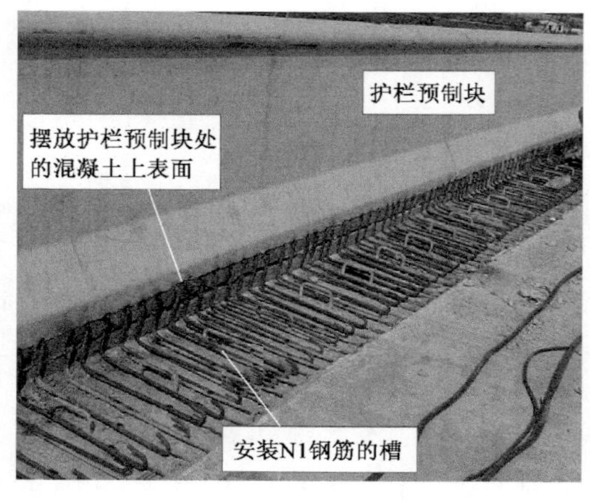

图 3-9-5　护栏预制块吊装就位

图 3-9-6　单块预制块跨越桥梁伸缩缝

(3)对于现场不具备制作护栏调节块条件的情况，跨越桥梁伸缩缝的护栏预制块段的底部不得焊接N1钢筋(图3-9-7)。

(4)安装护栏背部连接型钢。

①安装背部连接型钢时，应注意可通过拧紧背部连接型钢的连接螺栓调整护栏线形。

②调节块与标准护栏预制块之间也应通过背部连接型钢连接。

③桥梁伸缩缝处护栏预制块背部连接型钢应开长螺栓孔，螺栓孔长度应与桥梁伸缩缝的设计伸缩距离匹配。

(5)N1钢筋与锚板焊接并与现浇层横向钢筋点焊(图3-9-8)。N1钢筋与护栏预制块锚板焊接时应双面焊接并注意保证焊接长度，焊接完毕后敲掉焊渣，并清理护栏表面的黄色焊接痕迹，之后将N1钢筋与桥面现浇层横向钢筋点焊，以避免施工过程中护栏预制块坠落桥下。

图3-9-7 护栏跨越伸缩缝位置处N1钢筋处理方案

图3-9-8 N1钢筋与护栏预制块焊接

(6)绑扎现浇层纵向钢筋并浇筑剩余现浇层。安装桥面现浇层纵向钢筋(图3-9-9)，并将其与桥面现浇层横向钢筋和N1钢筋绑扎，之后浇筑剩余现浇层(图3-9-10)。

图3-9-9 安装现浇层纵向钢筋

图3-9-10 浇筑剩余现浇层

第 4 章　路基混凝土护栏再利用关键技术

4.1　路基混凝土护栏安全防护与再利用需求

4.1.1　路基段施工区临时护栏防撞功能和再利用功能需求

在改扩建工程中，特别是扩建工程往往采用“保通”组织方案进行封闭施工，对于高速公路路基段，封闭施工距离较长，施工周期较久，施工作业人数较多，因此施工区需设置大量安全封闭设施——临时护栏，保护道路行车与施工区人员安全，目前国内常用的路基段施工区临时防护设施设置情况如图 4-1-1 所示。

a）反光钢管防护柱

b）水马、防撞桶

c）锥形筒

d）墩栏式临时护栏

图 4-1-1　施工区临时隔离装置

常用施工区临时隔离装置仅能起到隔离作用，防护能力严重不足，失控车辆冲入施工区对施工人员造成伤害的事故屡见不鲜。相关的事故案例如下：

【事故案例 4-1-1】 2010 年 8 月 17 日上午 10 点左右，沪昆高速（原杭金衢高速）101km＋100m 处发生一起重大交通事故，一辆槽罐车冲入高速施工点，致使 3 名施工人员当场死亡，2 人受伤（图 4-1-2）。

【事故案例 4-1-2】 2015 年 11 月 9 日上午，一辆捷达轿车从沈海高速公路漳州往泉州方向行驶时，失控后撞上正进行施工作业的工人。当时，施工作业区有反光锥形桶，3 名伤者被送往市第二医院抢救，两人抢救无效身亡，另一人失血性休克，伤势严重（图 4-1-3）。

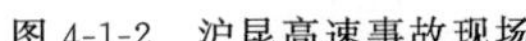

图 4-1-2　沪昆高速事故现场

图 4-1-3　沈海高速事故车辆

由此可见，虽然路基段施工区的危险程度较桥梁段较低，不会出现车辆坠桥事故，但与桥梁段相同，路基段临时防护设施仍须对施工人员形成有效防护。虽然我国现行规范并未对临时护栏结构及其安全防护性能给予明确规定，为提高扩建期高速公路运营水平，临时护栏应具有一定防护功能，同时为保护扩建施工区人员和作业安全，其防护能量宜与规范规定的高速公路护栏最低要求（防护能量 160kJ）相当。

扩建工程中，需要设置临时防护设施的路段较多，与桥梁段相同，若这些临时防护设施能够在路上再利用，则会节省包括运输和存储的巨大成本，达到“资源节约与环境保护”的综合效果，因此路基段施工区临时护栏还宜具有再利用功能。

4.1.2　中分带混凝土护栏为临时护栏防撞和再利用功能提供可行性

高速公路路基段中分带护栏不仅应具备隔离不同方向车流的功能，还具有防撞功能，能够有效减少车辆穿越中分带与对向车道正常行驶车辆碰撞的二次事故。目前，中分带护栏防护能力不足导致的车辆穿越中分带护栏事故时有发生，且事故伤亡人数多在 10 人以上，给人们生命财产带来了极大伤害，造成了不良的社会影响。典型的事故案例如下：

图 4-1-4　合徐高速公路事故现场

【事故案例 4-1-3】 2004 年 9 月 30 日，一辆货车在合徐高速公路 97km＋648m 处越过中央带护栏，并与对向车道大客车相撞，造成大客车上 26 人死亡，另有 46 人受伤(图 4-1-4)。

2005 年 1 月 6 日，福厦高速公路莆田段，一辆大型集装箱货车，因爆胎失控，冲越中央分隔带波形梁护栏，闯入对向车道，与正常行驶的大客车迎面相撞，造成至少 28 人死亡、19 人不同程度受伤的意外特大道路交通事故(图 4-1-5)。

图 4-1-5　福厦高速公路事故现场

为降低此类事故的发生率，广清高速公路在路基段中央分隔带处采用了混凝土护栏结构。钢筋混凝土护栏属于刚性结构，车辆碰撞护栏后，通过沿护栏墙体坡面爬升(或倾斜)转向来消耗碰撞能量，从而达到有效防护的效果。经实车碰撞试验验证，该护栏防护等级达到了 SAm 级(防护能量为 400kJ 以上)，安全防护性能显著。图 4-1-6为实际应用过程中车辆碰撞中分带混凝土护栏的事故照片，可见路基段中分带混凝土护栏成功拦截大型失控车辆，防护性能良好。

图 4-1-6　中分带混凝土护栏有效防护车辆示例

路基中分带混凝土护栏采用预制拼装结构，若是基于该种结构进行研究，进行合理的施工组织设计，使其在施工区作为临时防护设施达到 A 级 160kJ 防护能力，而后就地形成达到 SAm 级 400kJ 的永久护栏，则会有效提高改扩建工程的经济性和安全性，产生良好的社会效益与经济效益。

4.2 路基中分带混凝土护栏

4.2.1 路基中分带混凝土护栏结构

路基中央分隔带混凝土护栏可采用整体式或分离式(图 4-2-1),可根据中央分隔带的宽度、构造物和管线的分布加以确定。路基中分带混凝土护栏嵌固于路面以下,对于分离式路基中间底部设置支撑块,使两片分离结构协同受力。

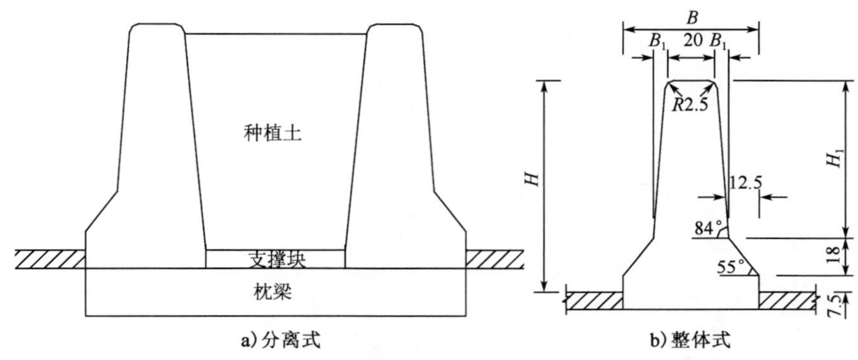

图 4-2-1 路基中分带混凝土护栏结构形式(尺寸单位:cm)

根据坡面形式,路基中分带混凝土护栏可采用 F 型坡面和单坡面结构,以及在这两种坡面基础上设置阻爬坎的加强型坡面。目前我国广泛采用 F 型和 F 加强型坡面,如图 4-2-2 所示。

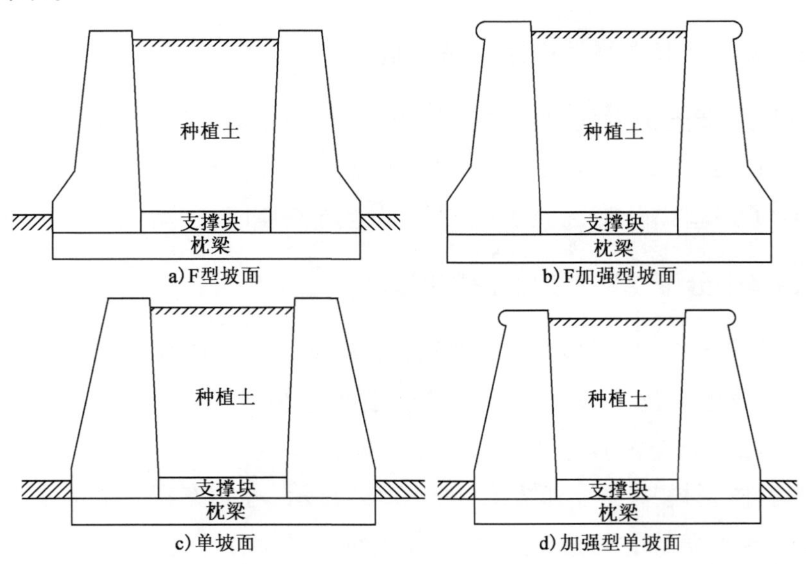

图 4-2-2 路基中分带混凝土护栏坡面形式

路基中分带混凝土护栏多采用预制结构，为使混凝土护栏结构协同受力，需要通过纵向连接使护栏形成整体(图 4-2-3)。规范给出了三种纵向连接方式：纵向企口连接、纵向连接栓连接、纵向钢筋连接。纵向企口连接适用于低等级混凝土护栏，应用较少；纵向连接栓方式和纵向钢筋连接适用于较高等级混凝土护栏，应用较为广泛；同时纵向连接亦可采用第 3 章的研究成果，如背部钢板形式。

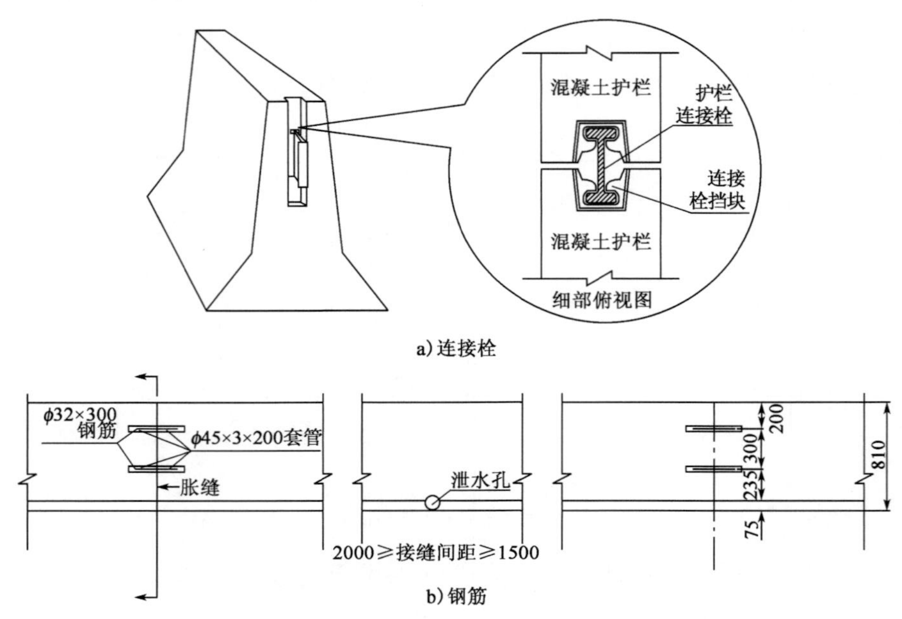

图 4-2-3 路基段中分带混凝土护栏纵向连接(尺寸单位：mm)

4.2.2 路基中分带混凝土护栏碰撞试验

路基中分带混凝土护栏的设计防护等级多为 SAm 级，为《公路交通安全设施设计规范》(JTG D81—2006)规定的最高等级。按该等级进行过多次碰撞试验(图 4-2-4、图 4-2-5)，确定了路基中分带混凝土护栏的安全防护性能。

4.2.3 路基中分带混凝土护栏碰撞仿真

考虑到相对整体式中分带混凝土护栏，分离式中分带混凝土护栏结构较为复杂，建立计算机仿真模型对路基段分离式中分带混凝土护栏的安全性能进行仿真分析。

按总质量为 1.5t，碰撞速度为 100km/h，碰撞角度为 20°建立小客车碰撞路基中分带混凝土护栏仿真模型。仿真结果(图 4-2-6)显示：小客车碰撞护栏过程中，车辆行驶姿态良好，车辆碰撞后的轮迹满足导向驶出框要求，乘员碰撞速度纵向和横向分别为 3.8m/s 、7.7m/s，乘员碰撞后加速度纵向和横向分别为 91.2m/s^2、169m/s^2，护栏

a)单坡面整体式混凝土护栏

b)碰撞试验

图 4-2-4 单坡面整体式混凝土及试验

a) 小客车碰撞

b) 大客车碰撞

图 4-2-5 分离式 F 加强型坡面中分带混凝土护栏

未见明显变形。由仿真计算结果可知，小客车碰撞路基段中分带混凝土护栏的各项指标均满足评价标准的要求。

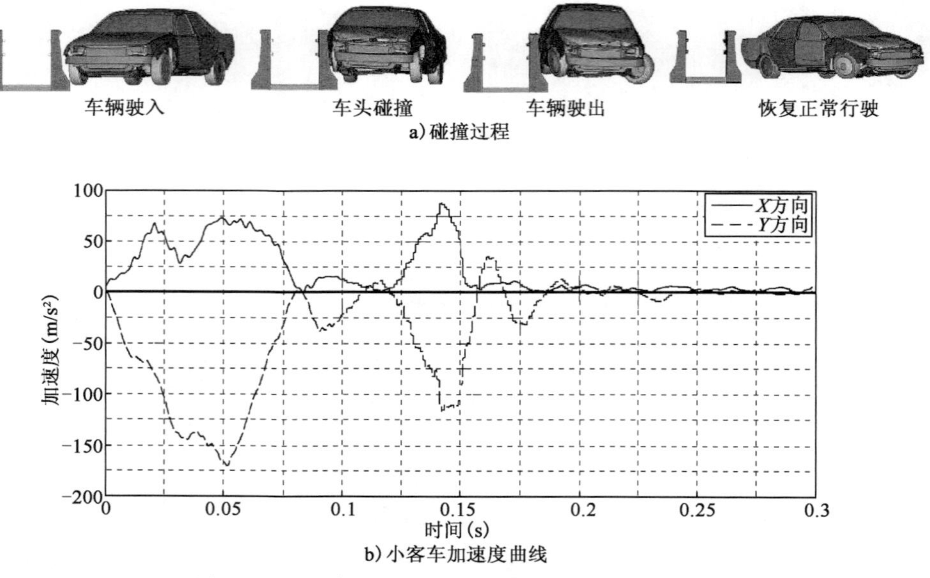

图 4-2-6　小客车碰撞路基段中分带混凝土护栏仿真结果

按总质量 14t，碰撞速度为 80km/h，碰撞角度为 20°建立大客车碰撞路基中分带混凝土护栏仿真模型。仿真结果（图 4-2-7）显示：大客车碰撞护栏过程中，车辆行驶姿态良好，车辆碰撞后的轮迹满足导向驶出框要求。由仿真计算结果可知，大客车碰撞路基段中分带混凝土护栏的各项指标均满足评价标准的要求。

图 4-2-7　大客车碰撞路基段中分带混凝土护栏仿真结果

按总质量为 25t，碰撞速度为 60km/h，碰撞角度为 20°建立大货车碰撞桥侧混凝土护栏仿真模型。仿真结果（图 4-2-8）显示：大货车碰撞护栏过程中，车辆行驶姿态良好，车辆碰撞后的轮迹满足导向驶出框要求。由仿真计算结果可知，大型货车碰撞路基段中分带混凝土护栏的各项指标均满足评价标准的要求。

图 4-2-8　大货车碰撞路基段中分带混凝土护栏仿真结果

4.3 临时护栏与中分带混凝土护栏再利用

4.3.1 再利用可行性分析

考虑临时护栏防护能量应与规范规定的高速公路护栏最低要求相当，防护目标远低于上述常用中分带混凝土护栏，因此可基于常用路基中分带混凝土护栏结构，通过合理设计，舍弃部分非必要约束或连接构件，将其作为施工区临时护栏，待施工完成后，通过增加约束或连接构件，将临时护栏再利用为中分带混凝土护栏，从而兼顾了改扩建工程中的经济性与安全性，可对施工区进行有效安全防护，保证行驶车辆与施工区施工人员的人身安全。

(1)去掉底部嵌固

路基中分带混凝土护栏要求嵌固在路面以下，这对于提高护栏的抗滑移和抗倾覆能力非常重要，而临时护栏不具备嵌固条件，需要平摆浮搁在路面上。在第3章的桥梁护栏基础研究中对平摆浮搁进行过研究，由于没有嵌固或底部连接，混凝土护栏在A级160kJ碰撞能量下达到了1.2m的动态变形，对于变形要求苛刻的桥梁路段，这种变形不满足要求，但对于路基段，这种变形是可以接受的。

(2)去掉纵向连接

根据规范规定高速公路护栏最低防护等级为A级的碰撞条件，采用计算机仿真技术建立车辆碰撞纵向未连接的中分带混凝土护栏模型，碰撞过程如图4-3-1所示。

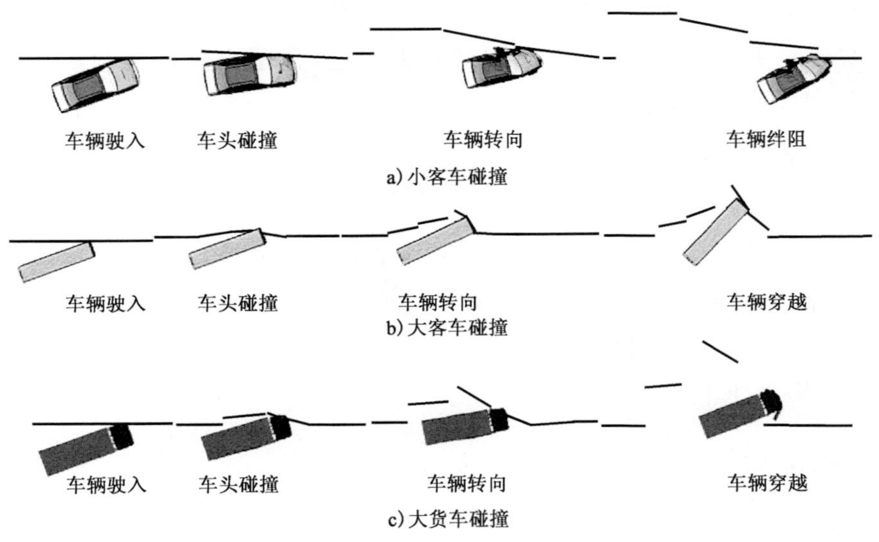

图4-3-1 车辆碰撞纵向不连接的中分带混凝土护栏仿真过程

图 4-3-2　混凝土预制块倾倒

由以上仿真结果可知，车辆碰撞纵向未连接的中分带混凝土护栏时，小客车发生绊阻，大客车与大货车均发生穿越现象，同时在实际应用过程中，也出现过由于纵向未连接对中分带混凝土护栏安全防护性能造成影响的案例，如图 4-3-2 所示。

通过分析可知，在路基中分带混凝土护栏的基础上保留纵向连接移除嵌固，有可能使其达到 A 级 160kJ 防护能力，因而使该护栏在临时护栏与路基中分带混凝土护栏之间实现相互再利用具有较高的可行性。

4.3.2　再利用方案

为实现临时护栏与中分带混凝土护栏再利用的目的，基于以上再利用可行性分析，提出路基混凝土护栏再利用方案，使路基混凝土护栏兼具现浇工艺护栏的安全防护性能和预制工艺护栏的方便拆除移动功能，实现混凝土护栏的重复再利用，不仅可应用于改扩建工程中的临时护栏，还可适用于新建道路。

以分离式中分带混凝土护栏为例：具体实施方案（图 4-3-3）如下：

(1)作为临时护栏设置时，将混凝土护栏预制块进行拼装，调整线形，通过型钢将相邻预制块进行连接使护栏纵向形成整体，组成临时护栏（图 4-3-4）。施工完成后需拆移时，只需将护栏纵向连接拆除，然后将混凝土预制块移走备用即可。

(2)路基混凝土护栏再利用时，先铺装路面基层，预留出护栏预制块安装槽位置，安装备用的旧混凝土护栏预制块，调整线形，并完成纵向连接装置，然后在护栏背部横向安装支撑块；在护栏背部槽型空隙内安装护栏相关附属设施（回填土等）完成路基中分带护栏安装。

采用该方案，能够实现临时护栏与路基中分带混凝土护栏之间相互再利用，极大延长了护栏的使用寿命，降低了工程建设中的材料浪费。但考虑安全性，还需对该形式的混凝土临时护栏防护性能进行分析，验证其防护能力是否符合规范规定的高速公路护栏最低要求（防护能量 160kJ）。

4.3.3　混凝土临时护栏安全性能分析

1)连接栓式临时护栏

在"十一五""国家科技支撑计划重特大道路交通事故综合预防与处置集成技术开

发与示范应用”中曾对基础为平摆浮搁纵向为连接栓式的混凝土护栏(链式混凝土活动护栏)进行过 A 级 160kJ 碰撞试验验证,如图 4-3-5 所示。

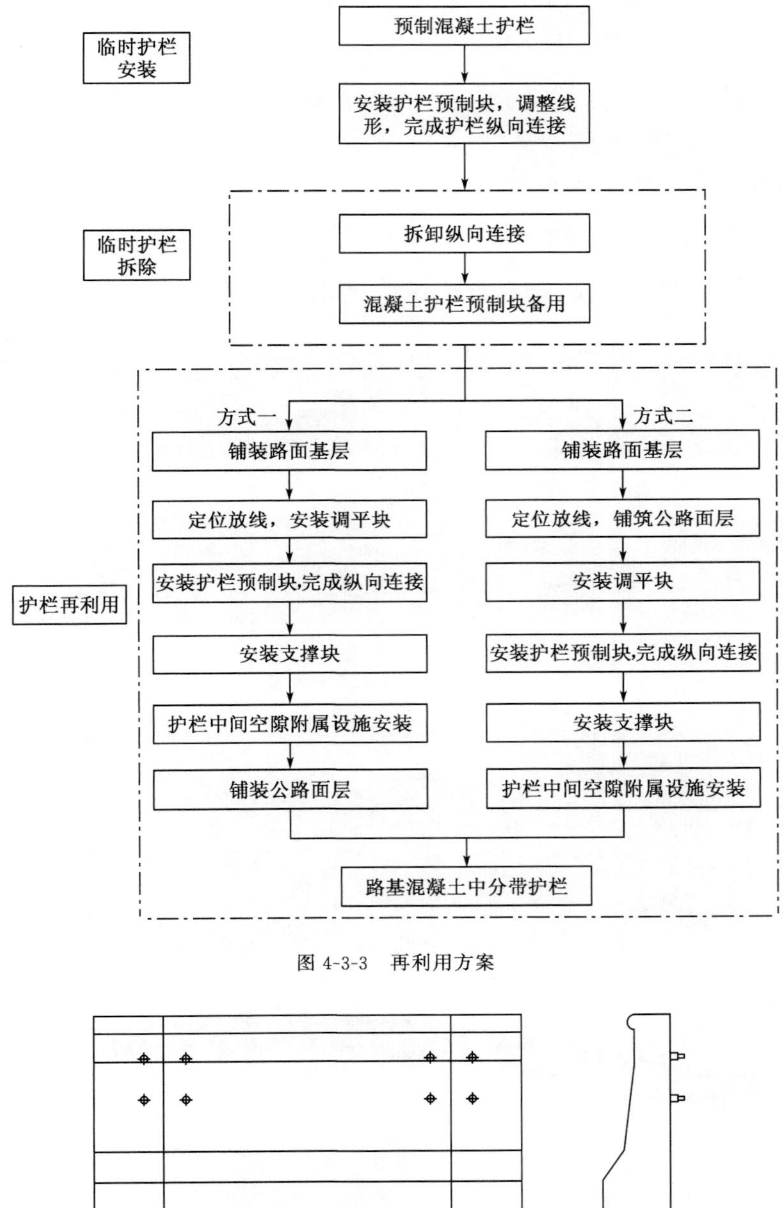

图 4-3-3　再利用方案

图 4-3-4　临时护栏

图 4-3-6 为小车碰撞活动护栏过程轨迹图,通过试验和仿真结果可知:小车没有穿越、骑跨或下穿护栏;护栏导向性能良好,车辆没有发生横转、掉头、翻车状况,驶出护栏后恢复到正常行驶姿态;小车驶出角度的试验检测结果为 10.2°,仿真结果为 11.6°;

图 4-3-5 连接栓式混凝土临时护栏结构

车辆行驶姿态仿真结果与试验结果基本一致。

图 4-3-7 为小车碰撞后护栏变形图。护栏最大动态变形试验结果为 1140mm，仿真结果为 1100mm。仿真与试验的护栏变形结果基本一致，均小于限值。

小车加速度行车方向试验结果为 6.17g，仿真结果为 8.1g；车宽方向试验结果为 9.4g，仿真结果为 13.1g；车高方向试验结果为 9.78g，仿真结果为 7.2g。

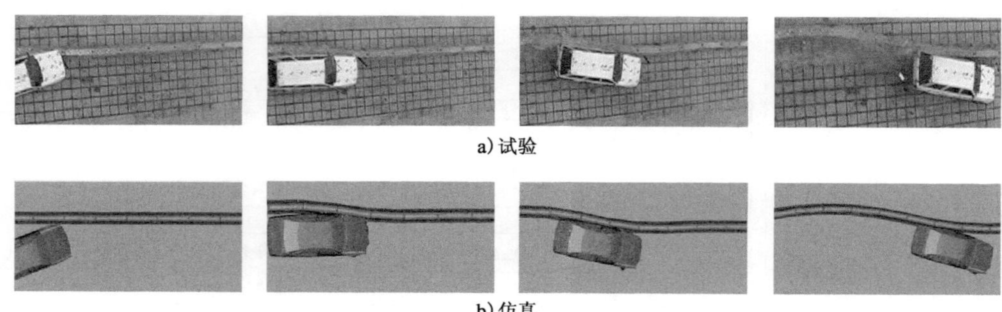

a）试验

b）仿真

图 4-3-6 小车碰撞过程轨迹

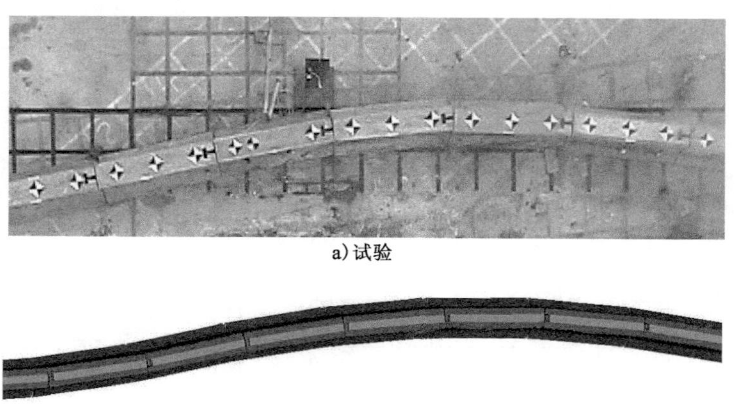

a）试验

b）仿真

图 4-3-7 小车碰撞后，护栏变形

图 4-3-8 为大客车碰撞活动护栏轨迹图，通过仿真和试验结果可知：大客车没有穿越、骑跨或下穿护栏；护栏导向性能良好，车辆没有发生横转、掉头、翻车状况，驶出护栏后恢复到正常行驶姿态。大客车驶出角度的试验结果为 6.8°，仿真计算结果为 7.6°。车辆行驶姿态仿真结果与试验结果基本一致。

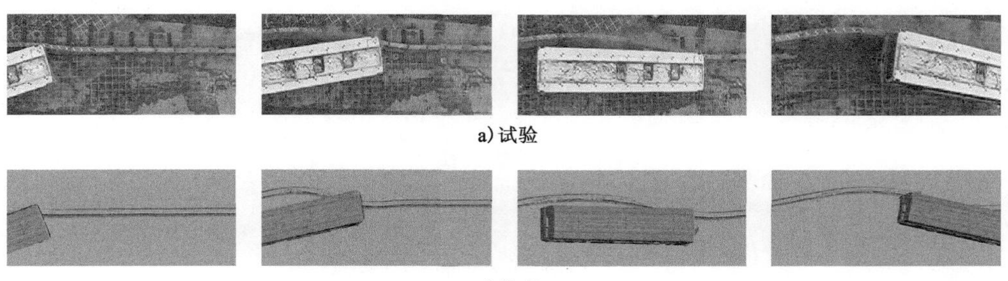

a) 试验

b) 仿真

图 4-3-8　大客车碰撞过程轨迹图

图 4-3-9 为大客车碰撞后，护栏变形图。护栏最大动态变形的试验结果为 1250mm，仿真结果为 1430mm。仿真与试验的变形结果基本一致，均小于限值。

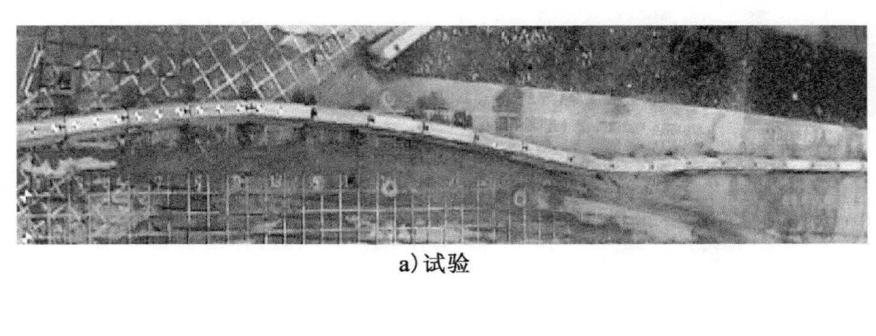

a) 试验

b) 仿真

图 4-3-9　大车碰撞后，护栏变形

以上数据表明，连接栓式临时护栏各项指标均满足评价标准要求，仿真结果与试验结果基本一致，为采用计算机仿真模型对其他连接临时护栏进行安全性能评估奠定了基础。

2) 背部型钢连接混凝土临时护栏

采用经实车碰撞试验验证的计算机仿真方法，以规范规定 A 级防撞等级碰撞条件，对背部型钢连接混凝土临时护栏进行安全性能评估。

(1) 小客车碰撞

根据图 4-3-10 所示的仿真计算结果可知，小客车碰撞护栏过程中，车辆行驶姿态良好，车辆碰撞后的轮迹满足导向驶出框要求，乘员碰撞速度纵向和横向分别为 6.6m/s、9.5m/s，满足评价标准对乘员碰撞速度不得大于 12m/s 要求；乘员碰撞后加速度纵向和横向分别为 27.8m/s^2、80.1m/s^2，满足评价标准对乘员碰撞后加速度不得大于 200m/s^2 的要求。

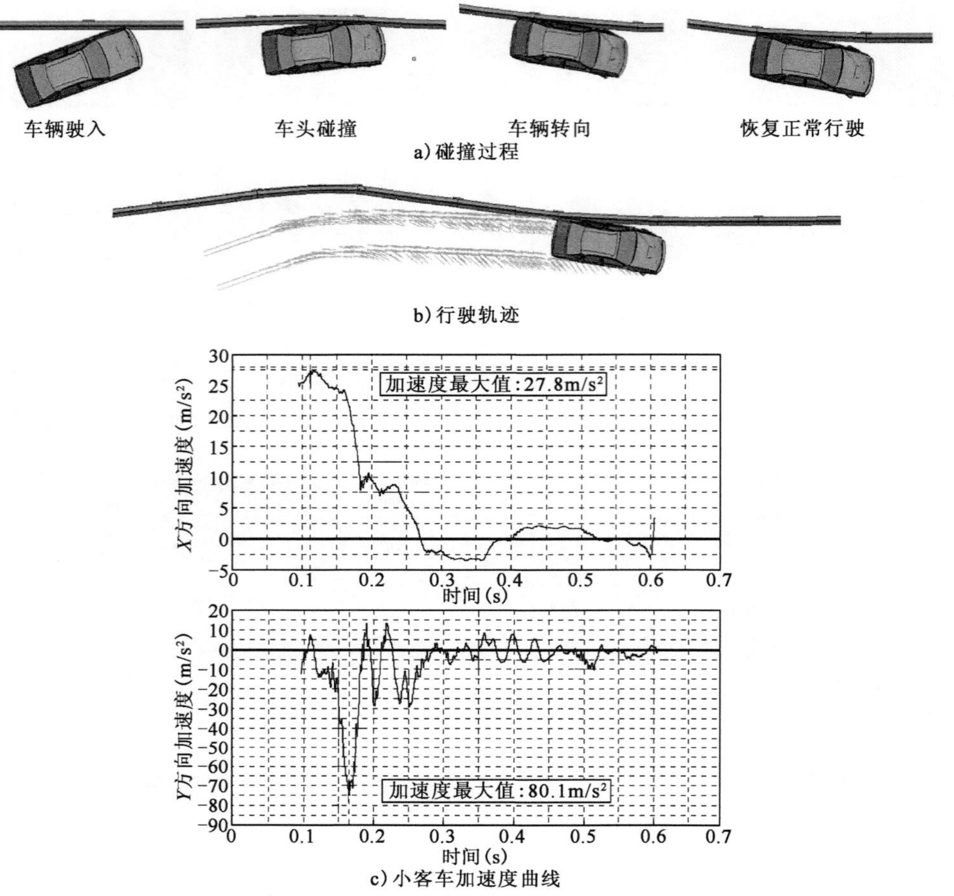

图 4-3-10　小客车碰撞混凝土临时护栏仿真结果

(2)大客车碰撞

根据图 4-3-11 所示的仿真计算结果可知,大客车碰撞护栏过程中,车辆行驶姿态良好,车辆碰撞后的轮迹满足导向驶出框要求。

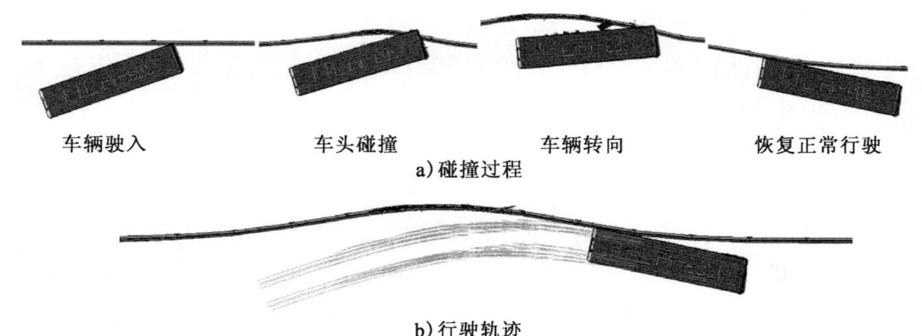

图 4-3-11　大客车碰撞混凝土临时护栏仿真结果

(3)大货车碰撞

按总质量 10t，碰撞速度为 60km/h，碰撞角度为 20°建立大货车碰撞混凝土临时护栏仿真模型。

根据图 4-3-12 所示的仿真计算结果可知，大货车碰撞护栏过程中，车辆行驶姿态良好，车辆碰撞后的轮迹满足导向驶出框要求，同时对施工区有较好的防护效果。

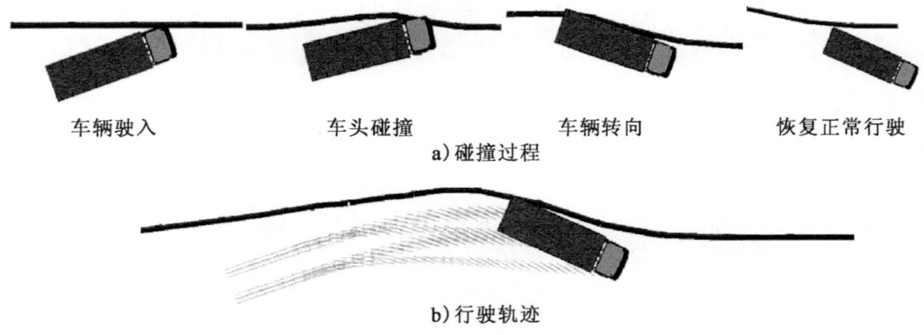

图 4-3-12　大货车碰撞混凝土临时护栏仿真结果

由以上仿真结果可知，可再利用路基混凝土护栏作为临时护栏设置时，可对小客车、大客车和大货车形成有效防护，防护能量与 A 级相当（防护能量≥160kJ）。作为临时护栏设置，将有效保护施工区作业人员、行驶车辆以及公共财产安全，同时在施工完成后，该临时护栏可直接应用到路基中分带作为永久性护栏，满足“安全通行、顺利施工、效益最佳”的施工理念。

4.4　临时防撞护栏性能对比

在改扩建工程中，较为常见的临时防撞护栏主要为波形梁护栏（套筒或法兰盘基础）、水马临时护栏等，下面从防撞性能、再利用功能等方面对可再利用路基护栏与几种施工区常用临时护栏进行对比。

（1）套筒形式波形梁临时护栏

采用水钻在施工区路面打孔并安装套筒，在套筒与路面之间通过砂浆密实，将波形梁立柱插入套筒中。此类护栏结构可满足再利用的功能要求，但由于存在基础锚固力不足的情况，极大地影响了波形梁护栏安全防护性能，不宜采用。相关事故如图 4-4-1 所示，车辆碰撞临时波形梁护栏后，护栏立柱拔出套筒，车辆穿越施工区临

图 4-4-1　套筒形式的波形梁临时护栏防护能力不足

时护栏，导致车辆侧翻，对运营车辆和施工区人员造成严重影响。

(2)法兰盘形式波形梁临时护栏

采用膨胀螺栓安装法兰盘，并将立柱固定于路面形成基础，然后安装波形梁板等构件，形成波形梁临时护栏结构。

图 4-4-2 为车辆碰撞法兰盘形式的波形梁临时护栏仿真过程，模型中大客车与大货车的碰撞能量均为 122kJ，可见这种护栏结构防护效果不佳，未达到相关规范规定的 A 级防护等级(防护能量大于等于 160KJ)，经分析车辆碰撞护栏过程中膨胀螺栓容易脱开，无法对护栏提供足够的基础锚固力，因此造成其防护能力不足。

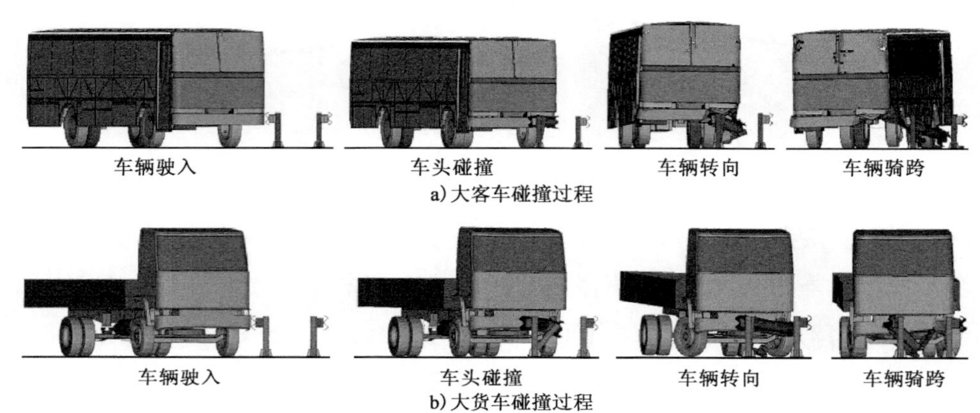

图 4-4-2 车辆碰撞法兰盘形式的波形梁临时护栏仿真过程

可见此类护栏结构同样存在基础锚固力不足的情况，导致波形梁临时护栏安全防护性能不足，因此不宜采用。

(3)水马临时护栏

经过调查分析，水马临时护栏不具有防撞功能，相关事故时有发生(图 4-4-3)，同时，该护栏使用周期较短，耐久性差，且不可再利用，因此不宜采用。

图 4-4-3 车辆碰撞水马临时护栏交通事故

(4)基于再利用功能的路基混凝土护栏

可再利用路基混凝土护栏作为临时护栏设置时，可对小客车、大客车和大货车形成有效防护，防护能量与 A 级相当(防护能量≥160kJ)，可有效保护施工区作业人员、行驶车辆以及公共财产安全。同时在施工完成后，该临时护栏可设置为路基中分带护栏，经实车碰撞试验验证护栏防护等级达 SAm 级，可显著提升高速公路安全运营水平。

该护栏的再利用功能使临时护栏得到重复再利用，极大地减少了扩建工程中的材料废弃，节约了工程造价，满足“安全通行、顺利施工、效益最佳”的施工理念。

综合以上对比分析，结果如表4-4-1所示，常用临时护栏无法满足安全、可再利用的综合功能需求，而具有再利用功能的路基混凝土护栏作为临时护栏使用时，可有效保护施工区作业人员、行驶车辆以及公共财产安全，且在施工完成后，再利用为路基中分带混凝土护栏，其安全性、经济性、环保性均优于常见临时护栏，弥补了行业空白。

可再利用路基混凝土临时护栏与施工区常用临时护栏对比结果　　表4-4-1

临时防护设施形式		安全防护性能	可再利用功能
波形梁临时护栏	套筒形式	安全性能不足	可再利用
	法兰盘形式	安全性能不足	可再利用
水马临时护栏		安全性能不足	不可再利用
基于再利用功能的路基混凝土临时护栏		安全性能良好	可再利用

4.5 效益分析

4.5.1 社会效益分析

可再利用路基混凝土临时护栏可有效保障施工区的安全性，不仅能保护道路行驶的人员车辆安全，同时对施工区作业人员具有安全防护作用，可有效减少恶性事故发生，减少人员伤亡和财产损失，具有良好的社会效益。

4.5.2 经济效益分析

可再利用路基混凝土临时护栏在施工完成后，可作为中分带护栏设置，不存在后期临时护栏的转运及报废处理。相对完好的临时护栏按800元/m，运费按200元/m，折旧按30%计，每延公里可节省工程造价30万元。根据调研，广清高速公路采用路基中分带混凝土护栏的路段总里程约为11公里，考虑分离式混凝土护栏为双排设置，故总里程按22公里计算，因此该路段可节省工程造价约660万元，可见直接经济效益十分显著。

同时可再利用路基混凝土临时护栏不仅能保护道路行驶的人员车辆安全，还对施工区作业人员生命安全，以及施工机械设备等公共财产安全提供有效防护；此外，待施工完成后，将该临时护栏再利用作为中分带混凝土护栏，其防撞等级经实车碰撞试验验证可达到SAm级，可有效提升路基段中分带的安全运营水平，减少交通事故发生率，保障人民的生命财产安全。综上分析，可再利用路基混凝土临时护栏的间接经济效益同样十分显著。

第 5 章　波形梁护栏再利用关键技术

5.1　波形梁护栏安全防护与再利用需求分析

5.1.1　波形梁护栏安全防护需求

常见双波形梁护栏设计防护等级为 A 级，其结构为：二波波形梁板（310mm×85mm×4mm）中心距地面高度为 600mm，立柱（ϕ140mm×4.5mm）间距 4m 或 2m，波形梁板和立柱之间设置六角形防阻块（196mm×178mm×200mm×4.5mm），各结构之间采用螺栓连接，图 5-1-1 为 A 级双波梁护栏构造图。

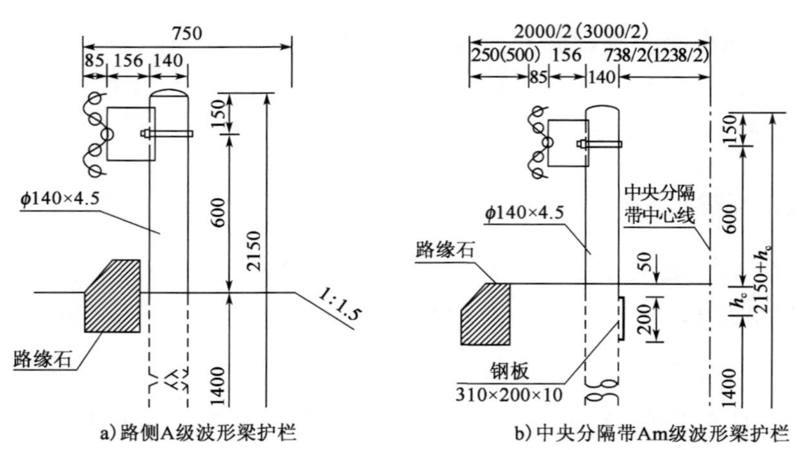

图 5-1-1　A 级双波梁护栏构造图（尺寸单位：mm）

相对于“老标准”，现行《公路护栏安全性能评价标准》（JTG B05-01—2013）对护栏防护性能的需求更为严格。在碰撞车型方面，“老标准”要求采用小型车和大型车两种车型进行碰撞试验，现行标准强调采用小客车、大中型客车和大中型货车三种车型对公路护栏进行碰撞试验；在碰撞参数误差方面，“老标准”规定碰撞参数的误差是正负值，现行标准要求碰撞参数中的速度和质量误差为正值，同时要求试验碰撞能量大于设计防护能量（以 A 级为例，“老标准”要求试验碰撞能量达到 122kJ 以上，现行新标准要求碰撞能量达到 160kJ 以上，表 5-1-1 为新老标准 A 级护栏碰撞参数对比表）。

A 级护栏新老标准碰撞参数对比表　　表 5-1-1

碰撞件及容许误差 / 标准	碰撞车型	车辆质量		碰撞速度		碰撞角度	
		标准值 (t)	容许误差 (kg)	标准值 (km/h)	容许误差 (km/h)	标准值 (°)	容许误差 (°)
“老标准”	小型车	1.5	−75～75	100	−4～4	20	−1.5～1.5
	大型车	10	−300～300	60	−3～3	20	−1.5～1.5
现行标准	小客车	1.5	−75～0	100	0～4	20	−1～1.5
	中客车	10	0～300	60	0～4	20	−1～1.5
	中货车	10	0～300	60	0～4	20	−1～1.5

可见现行标准较“老标准”，碰撞车型更加完善，碰撞参数指标更加严格，对护栏安全性能提出了更高要求。

为更直观地了解 A 级波形梁护栏的安全防护性能，按“老标准”要求对 A 级双波梁护栏组织实车足尺碰撞试验，可知双波梁护栏各项指标均满足评价标准要求，如图 5-1-2所示。

a)大客车碰撞

b)大货车碰撞

图 5-1-2　A 级双波梁护栏安全性评价(“老标准”)

根据现行《公路护栏安全性能评价标准》(JTG B05-01—2013)要求对 A 级双波梁护栏组织实施实车足尺碰撞试验，大客车碰撞后骑跨波形梁护栏，大货车碰撞后出现侧翻现象，如图 5-1-3 所示。

采用逐步逼近的方式探索双波形梁护栏极限防护能力，得到双波形梁护栏对大客车的极限防护能量为 140kJ，对大货车的极限防护能量为 125kJ，如图 5-1-4 和图 5-1-5 所示。

通过以上分析可知，双波梁护栏对大客车的极限防护能力为 140kJ，对大货车的极限防护能力为 125kJ，其安全防护性能满足“老标准”要求，但不满足现行标准要求，应进行加强设计研究。

a）大客车碰撞A级双波梁护栏

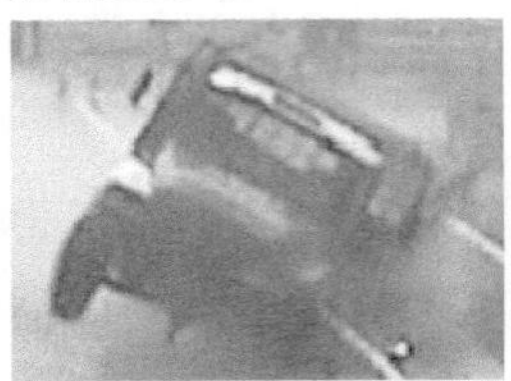

b）大货车碰撞A级双波梁护栏

图 5-1-3　A 级双波梁护栏安全性评价（现行标准）

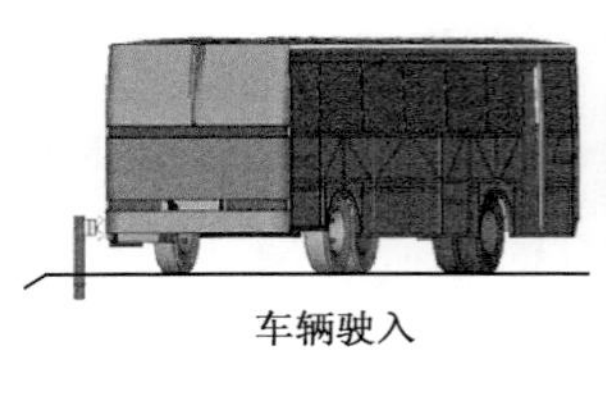
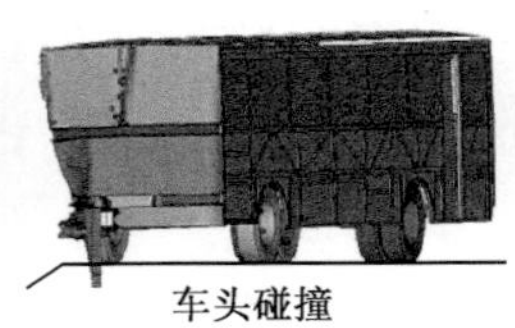
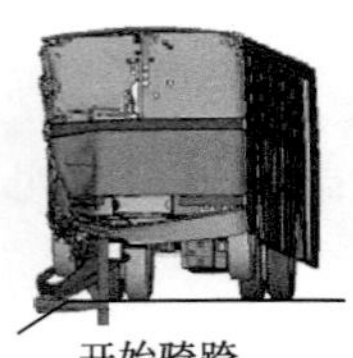
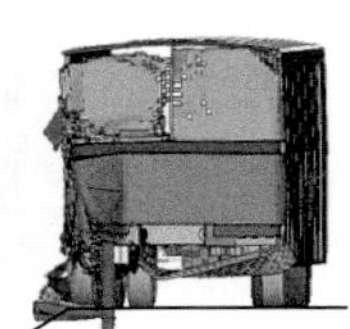

车辆驶入　车头碰撞　开始骑跨　车辆骑跨

a）碰撞能量145kJ大客车碰撞双波梁护栏过程

车辆驶入　车头碰撞　开始骑跨　车辆驶出

b）碰撞能量140kJ大客车碰撞双波梁护栏过程

图 5-1-4　双波梁护栏对大客车极限防护能力

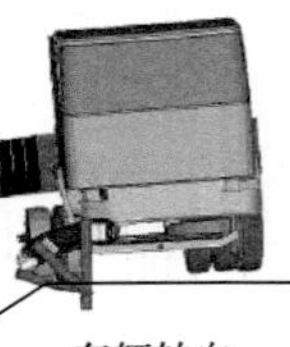
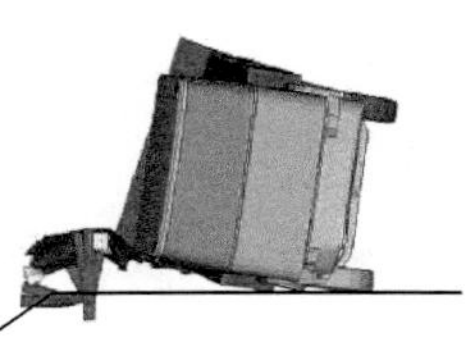

车辆驶入　车头碰撞　车辆转向　车辆侧翻

a）碰撞能量130kJ大货车碰撞双波梁护栏过程

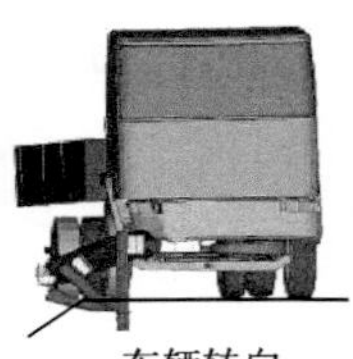
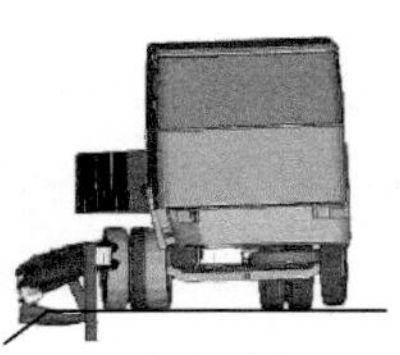

车辆驶入　车头碰撞　车辆转向　车辆驶出

b）碰撞能量125kJ大货车碰撞双波梁护栏过程

图 5-1-5　双波梁护栏对大货车极限防护能力

广东省交通运输厅非常重视交通安全，支持由广东省公路学会牵头开展满足现行《公路护栏安全性能评价标准》(JTG B05-01—2013)的A级波形梁护栏研发项目。通过研究得到双波形梁护栏高度不足是导致防护大型车效果不佳的主要原因，但是若整体提高双波梁高度又会出现小型车下穿的状况。基于以上分析，提出3mm三波护栏结构：3mm厚三波波形梁板中心距地面高度为700mm；ϕ140mm×4.5mm立柱4m间距布置，立柱路面以下打桩深度为1.4m(与双波形梁护栏立柱设计完全相同)；波形梁板和立柱之间设置六角形防阻块，各结构间采用螺栓连接。这种新型结构可以在保持波形梁板底沿高度不变的前提下，有效提高波形梁护栏有效高度，同时波形梁护栏材料量增加不多，且能对既有波形梁护栏立柱进行再利用。通过实车足尺碰撞试验验证新型波形梁护栏各项指标均满足评价标准要求，达到现行《公路护栏安全性能评价标准》(JTG B05-01—2013)A级防护等级水平。

根据研究成果，广东省交通运输厅于2015年3月25日颁布了《广东省公路新型A级波形梁护栏设计通用图》粤交基〔2015〕379号文件，并明确该通用图适用于广东省内新建及改扩建的高速公路。

5.1.2　扩建工程波形梁护栏再利用需求

扩建工程的相关施工图设计于2010年完成，公路护栏设计依据的规范与标准是《公路交通安全设施设计规范》(JTG D81—2006)、《公路交通安全设施设计细则》(JTG/T D81—2006)、《高速公路护栏安全性能评价标准》(JTG/T F83—2004)。路基A级波形梁护栏安全防护性能满足“老标准”要求，而不满足现行标准要求，根据广东省交通运输厅精神，从安全角度出发，应进行合理加强。扩建工程波形梁护栏改造过程中，大量的旧波形梁护栏板将被拆除，若能够得到充分再利用，则可以起到减少废弃的作用，符合“资源节约与环境友好”的建设理念。

为此，广清扩建工程开展波形梁护栏再利用关键技术研究，在充分利用原有结构和旧护栏板基础上，对未通车运营的危险路段进行波形梁护栏有效加强，使其达到相对安全、经济、环保的综合效果。

5.2　波形梁防撞护栏加强路段

通过资料调查和现场调查，根据道路线形、路侧危险程度、公路护栏设计或设置情况，确定波形梁护栏应加强路段，为提出相应加强方案奠定基础。

5.2.1　主线波形梁标准段加强路段

由于扩建工程设计路线基本依托原路线进行，扩建前运营期的安全运营情况对于确定波形梁护栏加强路段具有直接指导意义。

广清扩建项目开展前期进行了运营阶段安全评价，在评价中结合道路线形、事故调查对事故相对多发路段进行了分析，在《广州（庆丰）至清远（北江）高速公路运营阶段交通安全评价报告》4.3.1.2 中指出“广清高速公路上存在一些事故相对集中的路段，这些路段在扩建后仍可能不利于行车安全，在扩建工程中应予以重点考虑。通过对事故相对多发路段进行更深入的分析可知，事故相对多发路段主要集中在直线接半径平曲线的缓和曲线段、连续转弯路段、S 弯线形组合路段、出入口和收费站等路段。”

通过对广清扩建工程全线进行现场调查，得到了与安全评价报告一致的结论。经过分析，对于直线接半径平曲线的缓和曲线段、连续转弯路段、S 弯线形组合路段，可以通过设置标准段护栏设施来提高其安全运营水平，而出入口和收费站路段则重点依靠缓冲设施、过渡设施和诱导设施来消除安全隐患，与波形梁护栏加强关系不大，不再作为重点考虑路段。

直线连接半径平曲线的缓和曲线段主要位于南部路段，该路段中央分隔带采用钢筋混凝土护栏，路侧护栏多采用 SB 级波形护栏和 SA 级混凝土护栏，仅在填方路堤高度小于 1.5m 的路段采用了 2m 间距立柱的双波形梁护栏，如图 5-2-1 所示。由于设置双波梁护栏的路侧危险程度较低，可不考虑其作为波形梁护栏加强路段。

图 5-2-1　南部路段多采用钢筋混凝土护栏

连续转弯路段和 S 弯线形组合路段位于北部路段（K34＋200～K41＋700），图 5-2-2为原连续转弯路段平面图和曲线半径。从图中可以看出，连续转弯路段半径较小，最小的仅为 560m。在《广州（庆丰）至清远（北江）高速公路运营阶段交通安全评价报告》中指出“该路段（连续 S 弯路段）反向曲线拐点与超高过渡段组和设置难以满足车辆运行速度行驶要求，当车辆在反向曲线上行驶时，不满足运行速度要求设置的超高容易形成反超高，车辆侧滑导致事故多发”。

在扩建工程中，通过设计速度行程分析，按照对老路影响较小、节约投资的原则，对连续转弯路段曲线半径进行了调整，如表 5-2-1 所示。

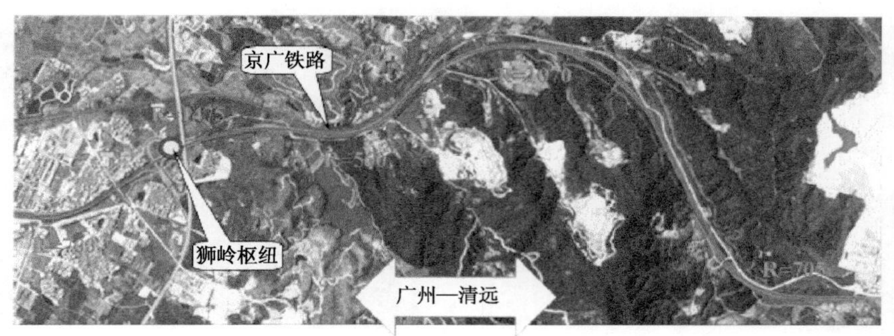

图 5-2-2　连续转弯路段平面图和曲线半径

连续转弯平曲线数据　　表 5-2-1

交点编号	交点桩号	转　角	平曲线半径(m)	交点编号	交点桩号	转　角	平曲线半径(m)
YJD11	YK34＋703	左偏	657	YJD15	YK38＋001	右偏与前弯道相接	999
YJD12	YK35＋754	右偏与前弯道相接	1474.2	YJD16	YK39＋064	右偏与前弯道相接	1064
YJD13	YK36＋220	右偏与前弯道相接	1219	YJD17	YK40＋984	左偏	691
YJD14	YK37＋045	左偏与前弯道相接	683				

虽然扩建工程中对连续转弯路段半径进行了调整，但是曲线半径为临界值，仍属于事故多发路段。设计单位于 2014 年将中央分隔带现浇混凝土护栏变更为 2m 间距立柱的波形梁护栏，目前该路段护栏已经建成：中分带全部采用立柱间距为 2m 的双波梁护栏，路侧多采用立柱间距为 2m 的双波梁护栏，在一些高填方路段和桥梁采用了 SB 级 4mm 厚三波梁护栏，在一些挖方路段采用了立柱间距为 4m 的双波梁护栏，如图 5-2-3 所示。

a)照片1

图　5-2-3

b)照片2

c)照片3

图 5-2-3 连续 S 弯道路段

连续 S 弯道易发生侧滑，若护栏防护性能不足，易导致车辆穿越中分带进入对向车道和穿越路侧冲出路外的事故，因此应加强该路段波形梁护栏的安全防护性能。

5.2.2 主线波形梁过渡段加强路段

主线路侧一些高填方路段上设置了 SB 级波形梁护栏，需要与双波梁护栏之间进行过渡。图 5-2-4 为三波梁护栏与双波梁护栏的过渡方式。从图中可以看出，过渡板由三波板斜削而成，存在较锋利的边沿，车辆碰撞后存在斜削车体的隐患，有条件应替换为冲压成型的结构形式。

图 5-2-4 三波形梁护栏与双波梁护栏连接过渡形式

三波形梁护栏和双波梁护栏的过渡位置多设置在填方和挖方交界处,存在一定事故隐患,这是由于失控车辆若在过渡位置向挖方方向一定距离内碰撞双波梁护栏,穿越波形梁护栏的概率较大,运行一段距离后有可能翻下危险性较大的填方路段。

通过以上分析可知,主线波形梁护栏过渡位置应进行有效加强。

5.2.3 互通匝道波形梁加强路段

广清扩建工程存在10余处互通立交,其中在建段中有7处。互通匝道的设计速度较低,但是匝道平曲线半径相对较小,易导致车辆冲撞匝道护栏的事故,由于互通匝道地势较高,发生车辆穿越护栏事故的后果较为严重,因此建议对未通车或施工的匝道双波梁护栏进行有效加强。

5.3 波形梁防撞护栏加强方案

5.3.1 相关研究成果

1)新型3mm三波A级波形梁防撞护栏

广东省交通运输厅于2014年开展了新型A级波形梁护栏研究开发工作,得到了3mm三波护栏结构:3mm厚三波波形梁板中心距地面高度为700mm,ϕ140mm×4.5mm立柱4m间距布置(立柱结构与双波形梁护栏相同),立柱路面以下打桩深度为1.4m,波形梁板和立柱之间设置六角形防阻块,各结构间采用螺栓连接。

新型3mm三波护栏结构通过实车碰撞试验验证,其安全性能满足现行标准要求,达到A级防护等级。表5-3-1为新型A级波形梁护栏碰撞试验条件。

新型A级波形梁护栏碰撞试验条件 表5-3-1

碰撞车型	碰撞速度(km/h)	碰撞角度(°)	车辆总质量(t)	碰撞能量(kJ)
小客车	100	20	1.5	—
大客车	60	20	10	160
大货车	60	20	10	160

图5-3-1为根据设计图纸按1:1比例建设的试验护栏。

图5-3-2为试验车辆,试验车辆的各项参数满足“新标准”要求。

图5-3-3为小客车碰撞护栏行驶轨迹图,可见小客车碰撞护栏后平稳驶出,并恢复到正常行驶姿态,没有穿越、翻越或骑跨护栏,护栏构件及其脱离碎片没有侵入车辆乘员仓,满足评价标准要求。

a)护栏前部

b)护栏背部

c)护栏板背部连接

d)护栏板前部连接

图 5-3-1　新型 A 级波形梁试验护栏

a)小客车

b)大客车

c)大货车

图 5-3-2　新型 A 级波形梁护栏试验车辆

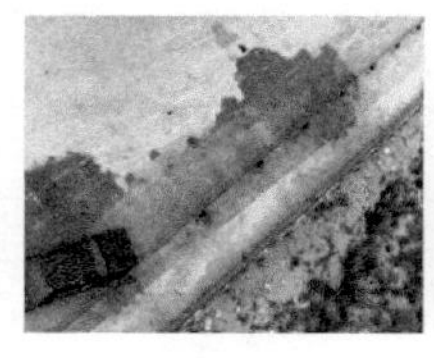

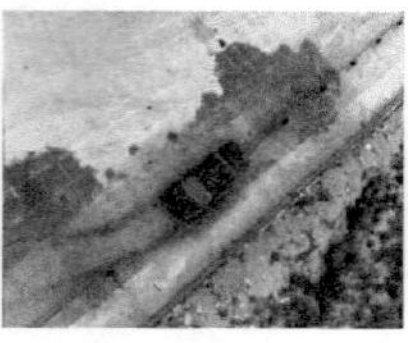

图 5-3-3　小客车碰撞新型 A 级波形梁护栏运行轨迹图

图 5-3-4 为小客车导向驶出框，可见小客车在距驶离点 10m 范围内没有越过导向驶出框边界线 F，导向功能良好，满足评价标准要求。

表 5-3-2 为小客车缓冲性能评价表，可见乘员碰撞速度的纵向和横向分量均不大于 12m/s，乘员碰撞后加速度的纵向和横向分量均不大于 200m/s^2，缓冲功能良好，满足评价标准要求。

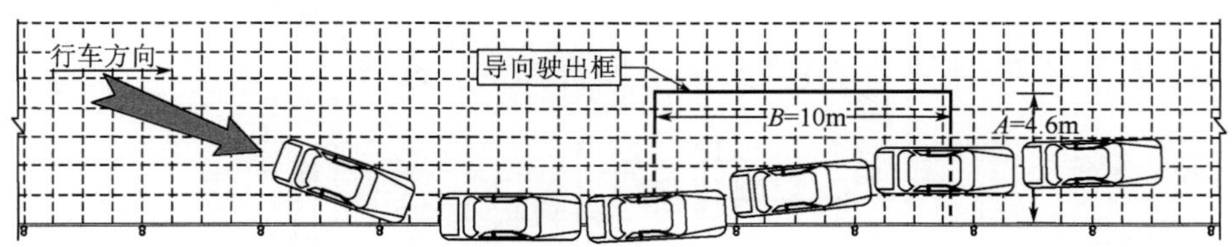

图 5-3-4 小客车碰撞新型 A 级波形梁护栏导向驶出框

新型 A 级波形梁护栏小客车缓冲性能评价表 表 5-3-2

缓冲技术指标	方向	试验结果	是否合格
乘员碰撞速度 OIV(m/s)	横向 X	5.2	合格
	纵向 Y	4.2	合格
乘员碰撞后加速 ORA(m/s^2)	横向 X	117.6	合格
	纵向 Y	86.2	合格

图 5-3-5 为小客车碰撞后护栏和车辆变形图，可以看出碰撞区护栏板变形范围 12m，一根立柱与防阻块脱离；护栏最大横向动态变形量为 1m，护栏最大横向动态位移外延值为 1.1m；小客车碰撞后右前侧车身剐蹭变形，其余门窗无变形，车厢内部空间没有受到严重挤压，可以保护车内乘员的安全。

a)护栏变形图

b)车辆变形图

图 5-3-5 小客车碰撞新型 A 级波形梁护栏后护栏和车辆变形

图 5-3-6 为大客车碰撞护栏行驶轨迹图，可见大客车碰撞护栏后平稳驶出，并恢复到正常行驶姿态，没有穿越、翻越或骑跨护栏，护栏构件及其脱离碎片没有侵入车辆乘员仓，满足评价标准要求。

图 5-3-6 大客车碰撞新型 A 级波形梁护栏运行轨迹图

图 5-3-7 为大客车导向驶出框,可以看出大客车在距驶离点 20m 范围内没有越过导向驶出框边界线 F,导向功能良好,满足评价标准要求。

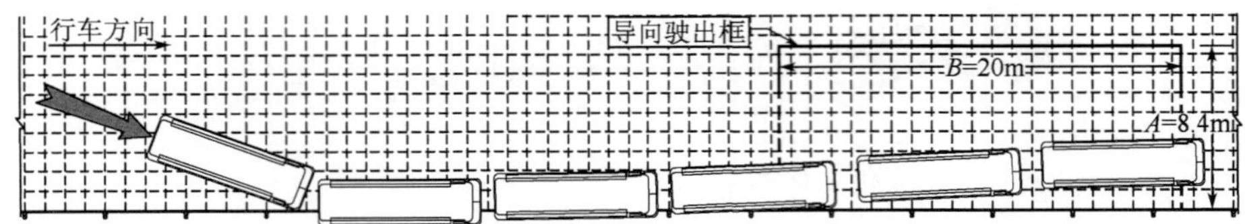

图 5-3-7　大客车碰撞新型 A 级波形梁护栏导向驶出框

图 5-3-8 为大客车碰撞后护栏变形图,可以看出碰撞区护栏板变形范围 32m,四根立柱与防阻块脱离;护栏最大横向动态变形值为 1.05m,护栏最大横向动态位移外延值为 1.15m,车辆碰撞过程中最大动态外倾值为 1.4m,最大动态外倾当量值为 1.55m。

图 5-3-8　大客车碰撞新型 A 级波形梁护栏后护栏变形

图 5-3-9 为大客车碰撞后车辆变形图,大客车碰撞后前风挡破碎、脱离车外,车厢整体主要结构保持完整,且变形较小,仅右前门有部分凹陷。

图 5-3-9　大客车碰撞新型 A 级波形梁护栏后车辆变形

图 5-3-10 为大货车碰撞护栏行驶轨迹图,可见大货车碰撞护栏后平稳驶出,并恢复到正常行驶姿态,没有穿越、翻越或骑跨护栏,护栏构件及其脱离碎片没有侵入车辆乘员舱,满足评价标准要求。

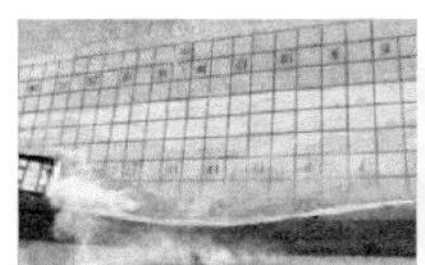

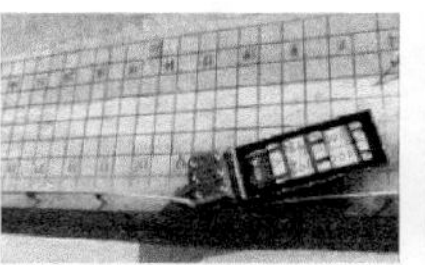
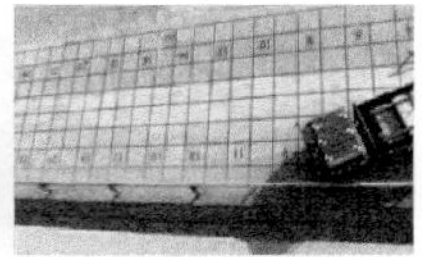

图 5-3-10　大货车碰撞新型 A 级波形梁护栏运行轨迹图

图 5-3-11 为大货车导向驶出框，可以看出大货车在距驶离点 20m 范围内没有越过导向驶出框边界线 F，导向功能良好，满足评价标准要求。

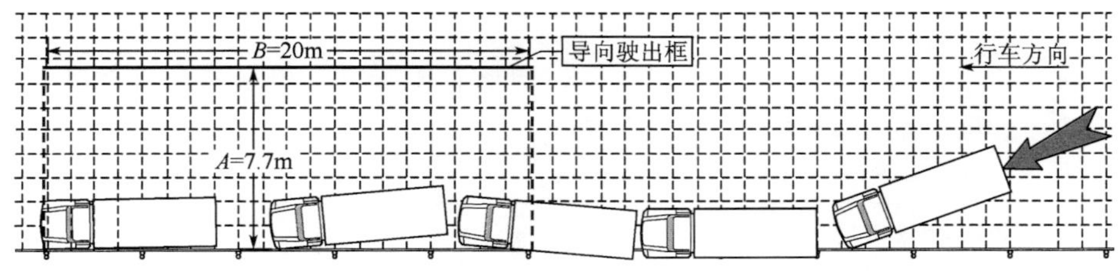

图 5-3-11　大货车碰撞新型 A 级波形梁护栏后导向驶出框

图 5-3-12 为大货车碰撞后护栏变形图，可以看出碰撞区护栏板变形范围 16m，立柱与防阻块均未脱离；护栏最大横向动态变形值为 1.26m，护栏最大横向动态位移外延值为 1.35m，车辆碰撞过程中最大动态外倾值为 1.75m，最大动态外倾当量值为 2.73m。

图 5-3-12　大货车碰撞新型 A 级波形梁护栏后护栏变形

图 5-3-13 为大货车碰撞后车辆变形图，大货车碰撞后车厢整体保持完好，且变形较小，仅驾驶室左前方略有凹陷。

表 5-3-3 为新型 A 级波形梁护栏安全评价报告表，可见三种车型碰撞的各项检测指标均满足评价标准要求，防护等级达到《新标准》规定的 A 级(160kJ)。

图 5-3-13　大货车碰撞新型 A 级波形梁护栏后车辆变形

新型 A 级波形梁护栏安全评价报告表　　表 5-3-3

评价项目			小客车		大客车		大货车	
			测试结果	是否合格	测试结果	是否合格	测试结果	是否合格
阻挡功能	车辆是否穿越、翻越或骑跨试验护栏		否	合格	否	合格	否	合格
	试验护栏构件及其脱离件是否侵入车辆乘员舱		否	合格	否	合格	否	合格
导向功能	车辆碰撞后是否翻车		否	合格	否	合格	否	合格
	车辆碰撞后的轮迹是否满足导向驶出框要求		满足	合格	满足	合格	满足	合格
缓冲功能	乘员碰撞速度(m/s)	纵向	5.2	合格	—	—	—	—
		横向	4.2	合格	—	—	—	—
	乘员碰撞后加速度(m/s^2)	纵向	117.6	合格	—	—	—	—
		横向	86.2	合格	—	—	—	—
护栏最大横向动态变形量 D(m)			1.00		1.05		1.26	
护栏最大横向动态位移外延值 W(m)			1.10		1.15		1.35	
车辆最大动态外倾值 VI(m)			—		1.40		1.75	
车辆最大动态外倾当量值 VI_n(m)			—		1.55		2.73	
评价结论	该护栏安全性能满足 A 级防护等级要求							

2)双层波形梁防撞护栏

近年来,包括山东和山西在内的不少省份开展了基于旧波形梁板再利用的 A 级波形梁护栏研究开发工作,能够通过实车验证的均是双层波形梁护栏结构。山东省的双层波形梁护栏结构对广清扩建工程波形梁护栏加强方案具有直接指导意义,其结构为:波形梁护栏板厚 3mm,下层护栏板中心距地面 60cm 高,上层护栏板中心距地面 93cm 高;采用 ϕ140mm×4.5mm 钢管立柱间距 4m 布置,打桩深度 1.4m;护栏板和立柱之间设置 4.5mm 厚的六角托架;各构件采用螺栓进行有效连接。图 5-3-14 为双层波形梁护栏结构。

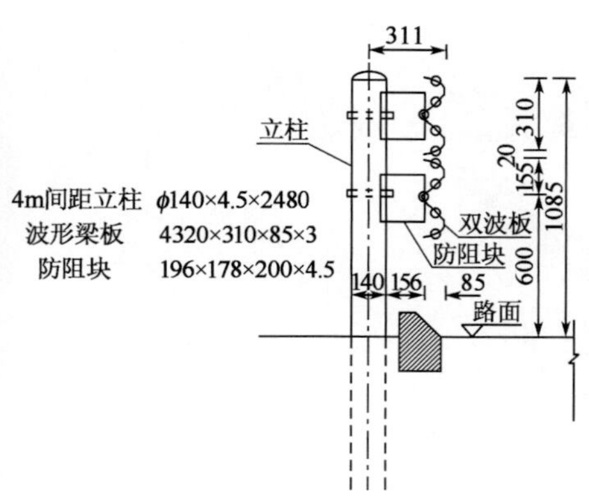

图 5-3-14 双层波形梁护栏结构(尺寸单位:mm)

双层波形梁护栏结构进行了小客车和大客车实车碰撞试验,各项指标均满足评价标准要求。表 5-3-4 为双层波形梁护栏碰撞试验条件。

双层波形梁护栏碰撞试验条件 表 5-3-4

碰撞车型	碰撞速度(km/h)	碰撞角度(°)	车辆总质量(t)	碰撞能量(kJ)
小客车	100	20	1.5	—
大客车	60	20	10	160

小客车碰撞护栏过程的试验结果如图 5-3-15 所示,小客车碰撞护栏过程中,车辆行驶姿态良好,没有发生穿越、翻越、骑跨现象,阻挡功能良好;在驶离点后 10m 范围内车辆没有越过导向驶出框边界线,导向功能良好;乘员碰撞速度纵向为 3.1m/s,横向为 5.4m/s,乘员碰撞后加速度纵向为 10.6g,横向为 12.9g,远离指标限值(乘员碰撞速度限值 12m/s,乘员碰撞后加速度 20g),缓冲功能良好。

大客车碰撞试验结果如图 5-3-16 所示:大客车碰撞过程中,行驶姿态良好,没有发生穿越、翻越、骑跨现象,护栏阻挡功能良好;驶离点后 20m 范围内车辆没有越过导向驶出框边界线,导向功能良好。

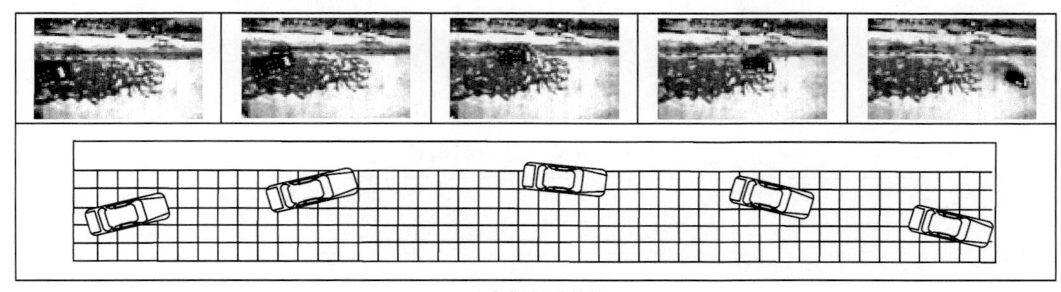

a)车辆行驶轨迹

图 5-3-15

b)护栏变形

c)车辆变形

图 5-3-15　小客车碰撞双层波形梁护栏试验结果

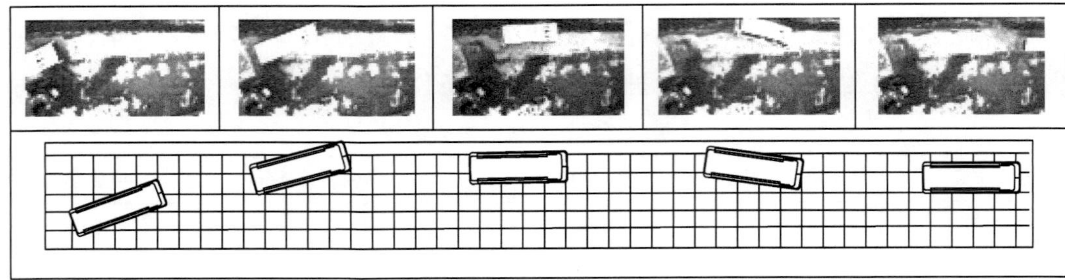

a)车辆行驶轨迹

b)护栏变形

c)车辆变形

图 5-3-16　大客车碰撞试验结果

表 5-3-5 为双层双波形梁护试验结论报告表,可见其各项指标均满足评价标准要求。

双层波形梁护栏检测结果　　表 5-3-5

评价项目		小型客车		大中型客车		大中型货车	
		测试结果	是否合格	测试结果	是否合格	测试结果	是否合格
阻挡功能	车辆是否穿越、翻越或骑跨试验样品	否	合格	否	合格	—	—
	试验样品构件及其脱离碎片是否侵入车辆乘员舱	否	合格	否	合格	—	—

续上表

评价项目			小型客车		大中型客车		大中型货车	
			测试结果	是否合格	测试结果	是否合格	测试结果	是否合格
导向功能	车辆碰撞后是否翻车		否	合格	否	合格	—	—
	车辆碰撞后的轮迹是否满足导向驶出框要求		满足	合格	满足	合格	—	—
缓冲功能	乘员碰撞速度（m/s）	纵向 x	3.1	合格	—	—	—	—
		横向 y	5.4	合格	—	—	—	—
	乘员碰撞后加速度（$\times 9.8\mathrm{m/s^2}$）	纵向 x	10.6	合格	—	—	—	—
		横向 y	12.9	合格	—	—	—	—
护栏最大横向动态变形量 D(mm)			740		1469		—	
检测结论	护栏经小型客车、大型客车实车碰撞试验，所检阻挡功能、导向功能、缓冲功能指标符合《公路护栏安全性能评价标准》(JTG B05-01—2013)中对小型客车、大型客车检测指标要求							

5.3.2　加强结构方案

波形梁护栏加强结构方案设计应遵循以下原则：

(1)由于双波梁护栏加强有可能需要在通车状态下进行，需要施工简洁方便，同时一定要保留原有已打入立柱不动；

(2)从环保角度出发，应尽最大可能进行构件重复再利用；

(3)从安全角度出发，波形梁护栏加强方案须以5.3.1节中相关研究成果为依据，保证其安全防护性能。

鉴于加强路段中既包括间距2m立柱的双波梁，又包括间距4m立柱的双波梁，根据加强路段双波梁护栏结构形式，结合相关研究成果，提出以下四个波形梁护栏结构加强方案。

1)方案一：间距4m立柱、3mm三波护栏

该方案适用于间距4m立柱双波形梁护栏加强，保持立柱不动，将双波梁护栏板和防阻块拆除(移为其他位置波形梁护栏加强)，替换成高型防阻块和3mm三波板，如图5-3-17所示，该方案与通过碰撞试验验证的新型A级波形梁护栏结构完全相同。

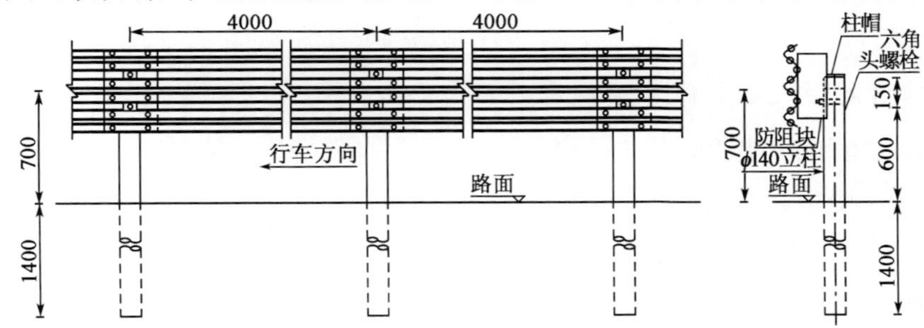

图5-3-17　间距4m立柱3mm三波护栏(尺寸单位：mm)

2)方案二:间距 2m 立柱、3mm 三波护栏

该方案适用于间距 2m 立柱双波形梁护栏加强,保持立柱不动,将双波梁护栏板和防阻块拆除(移为其他位置波形梁护栏加强),替换成高型防阻块和 3mm 三波板,如图 5-3-18 所示。该方案相当于在通过实车碰撞试验的新型 A 级波形梁护栏基础上,加密了立柱。

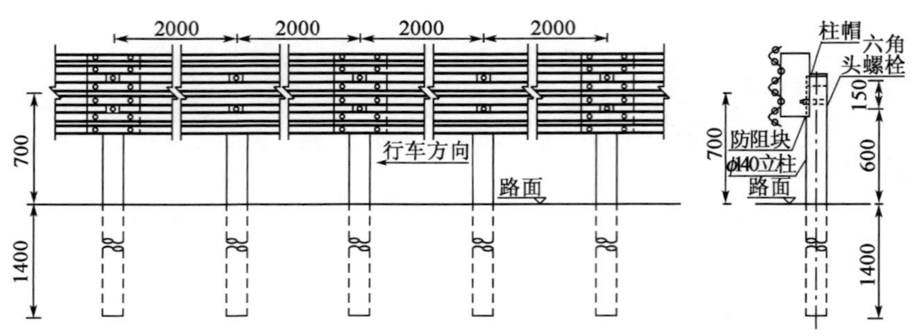

图 5-3-18 间距 2m 立柱 3mm 三波护栏(尺寸单位:mm)

3)方案三:间距 4m 立柱双层双波护栏

该方案适用于间距 4m 立柱双波形梁护栏加强,通过施加内外套管的形式在原 4m 立柱双波形梁护栏上增加一道波形梁护栏板,形成间距 4m 立柱双层双波护栏,如图 5-3-19 所示。该方案与通过碰撞试验验证的双层波形梁护栏的区别在于,经碰撞试验验证的双层波形梁护栏采用的是整体立柱,而该加强方案采用的是内外套管加高立柱。

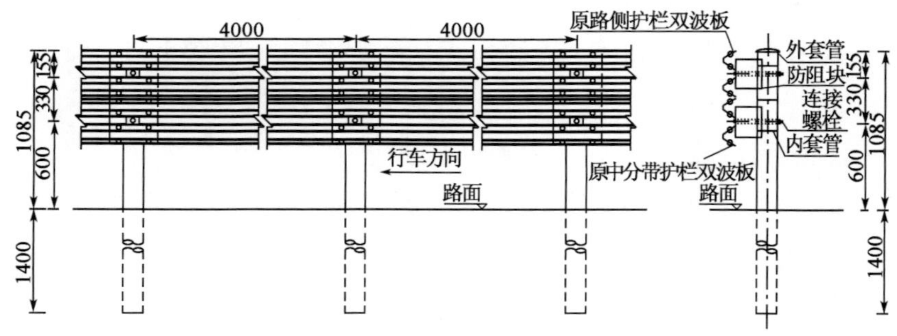

图 5-3-19 间距 4m 立柱双层双波护栏(尺寸单位:mm)

4)方案四:间距 2m 立柱双层双波护栏

该方案适用于间距 2m 立柱双波形梁护栏加强,通过施加内外套管的形式在原 2m 立柱双波形梁护栏上增加一道波形梁护栏板,形成底层间距 2m 立柱的双层双波护栏,如图 5-3-20 所示。该方案相当于在间距 4m 立柱双层双波护栏加强方案基础上,将底层波形梁护栏立柱进行了加密处理。

以上四个双波梁护栏加强方案的强度均大于或等于通过碰撞试验验证的结构,防

护等级应能达到“新标准”规定的 A 级，后续将对四个加强结构方案进行极限防护能力分析，详细评估其安全防护性能。加强结构方案的提出为结合现场条件进行加强结构应用研究奠定了基础。

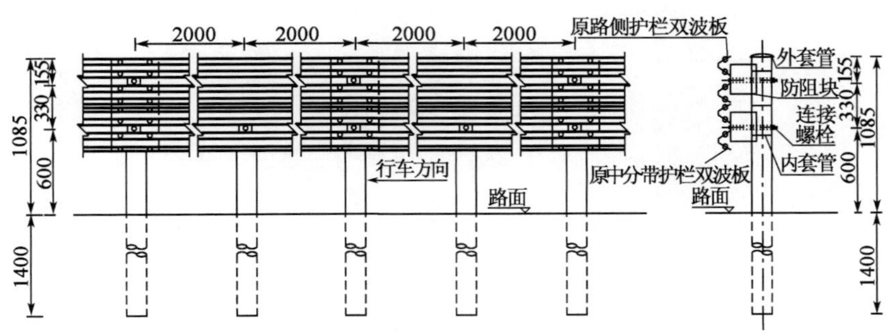

图 5-3-20 间距 2m 立柱双层双波护栏(尺寸单位：mm)

5.3.3 加强结构应用方案

1)主线波形梁标准段加强方案

对于主线波形梁标准段需加强路段，考虑到该路段设置了一些 SB 级 4mm 厚三波形梁护栏结构(桥梁和高路堤)，若在路侧采用新型 A 级 3mm 厚三波形梁护栏结构，不但能提高其安全防护性能，还能与桥上的 4mm 厚三波护栏平顺连接。同时中分带护栏采用双层双波护栏，有效提升了整体道路运营安全水平，基于此提出以下方案：

(1)拆除路侧波形梁护栏的双波板、防阻块及柱帽，保留护栏立柱(新型 A 级波形梁护栏的立柱设计与双波形梁护栏立柱设计完全相同)，安装 3mm 三波护栏板、高型防阻块和橡胶柱帽，这样就将路侧护栏更新为满足“新标准”的 A 级护栏。

(2)保留中央分隔带护栏结构，通过内外套管形式使中分带护栏形成双层波形梁护栏结构，如图 5-3-21 所示。

2)主线波形梁过渡段加强方案

三波形梁护栏和双波梁护栏的过渡位置设置在填方和挖方交界处，从安全角度出发，较高防护等级护栏应从填挖零点向挖方延伸一定距离，结合波形梁护栏最小设置长度的规定，延伸距离取 70m 以上，即三波梁护栏应向双波梁护栏方向延伸至少 70m。图 5-3-22 为波形梁护栏过渡位置处理示意图。

在不变更波形梁护栏立柱的情况下，将不小于 70m 距离的双波形梁板更换为 3mm 三波形梁板，如图 5-3-23 所示，使波形梁护栏过渡段的安全防护能力得到提升。

3)互通匝道波形梁加强方案

广清扩建工程中拆除了大量 3mm 厚波形梁护栏板，同时考虑到部分互通匝道波

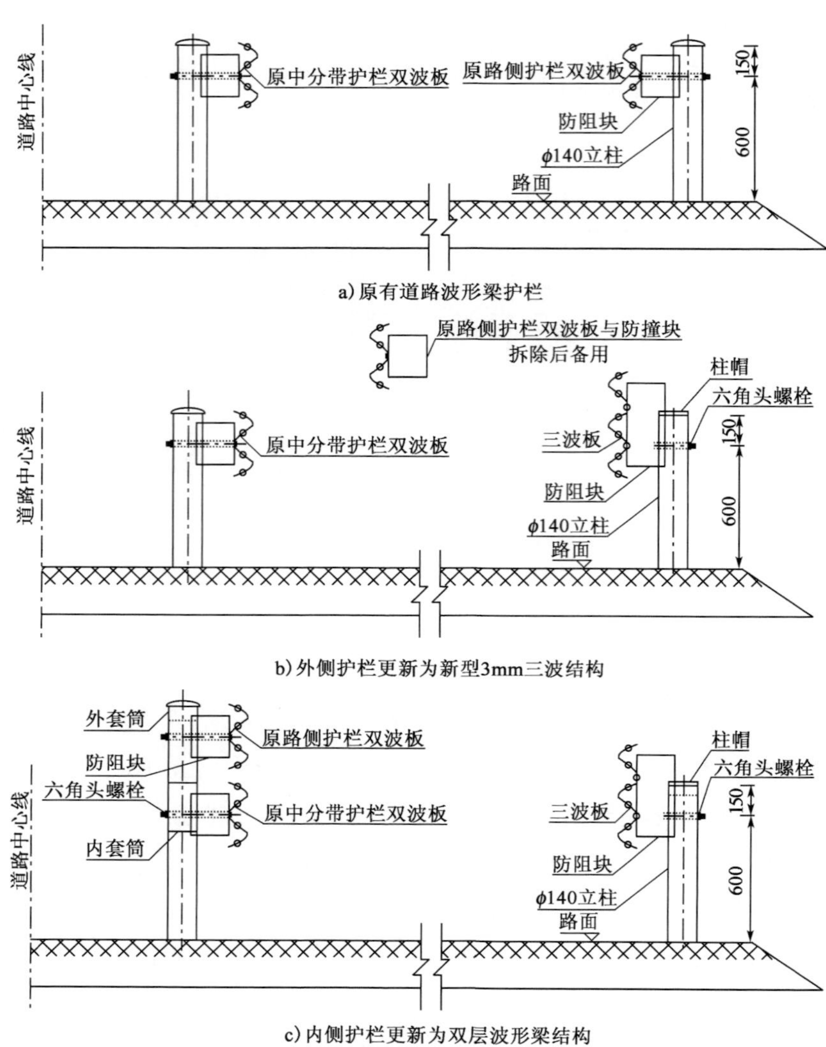

图 5-3-21 双波梁护栏加强方案(尺寸单位:mm)

图 5-3-22 波形梁护栏过渡位置处理示意图

形梁护栏还未进行施工,为提高互通匝道护栏防护能力,通过在互通匝道上采用双层

波形梁护栏的方式，将波形梁护栏板进行充分再利用。对于已经采购立柱的施工路段，互通匝道波形梁护栏加强方式如图 5-3-24 所示；对于尚未采购立柱的路段，则可采用整体式立柱进行施工安装。

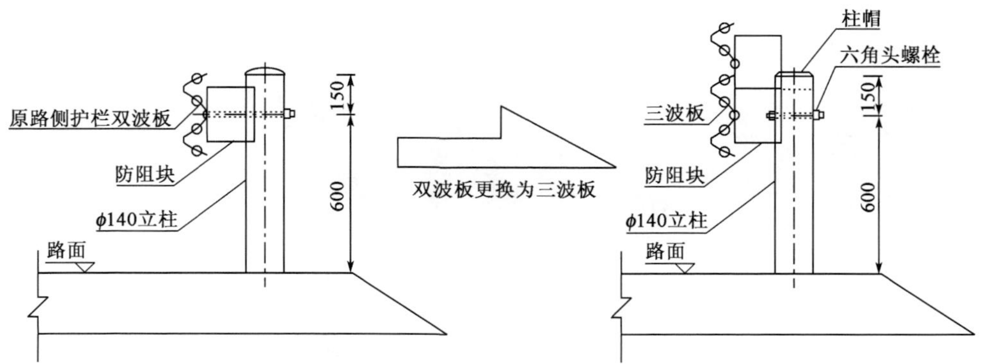

图 5-3-23 主线波形梁过渡段加强方案(尺寸单位:mm)

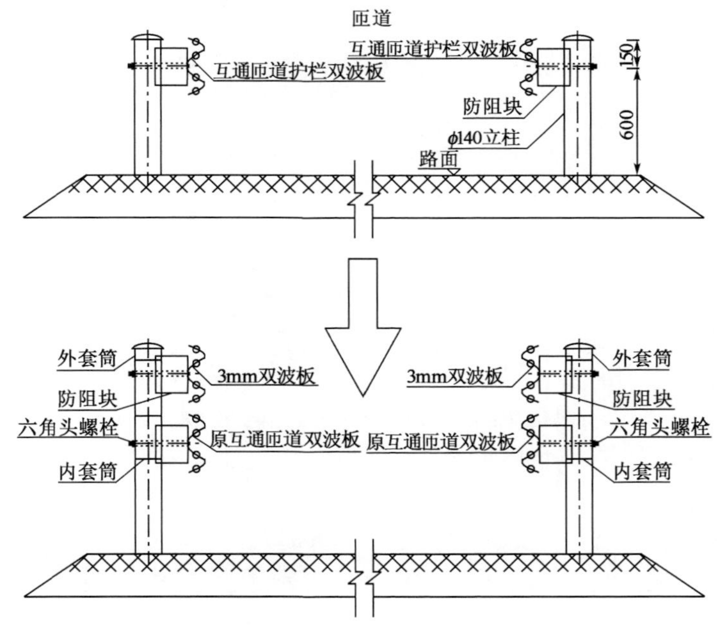

图 5-3-24 互通匝道波形梁护栏加强方案(尺寸单位:mm)

5.4 波形梁防撞护栏加强方案安全性评估

以通过实车足尺碰撞试验的高精度计算机仿真模型为基础，通过改变碰撞能量的方法，采用逐步逼近的方式对波形梁护栏加强方案防护大客车和大货车的极限防护能力进行分析，进而对其安全防护性能进行评估。

5.4.1 间距4m立柱、3mm三波护栏极限防护能力

经过多次迭代计算，得到4m间距立柱3mm三波护栏对大客车的极限防护能量为168kJ，对大货车的极限防护能量为215kJ，如图5-4-1和图5-4-2所示。

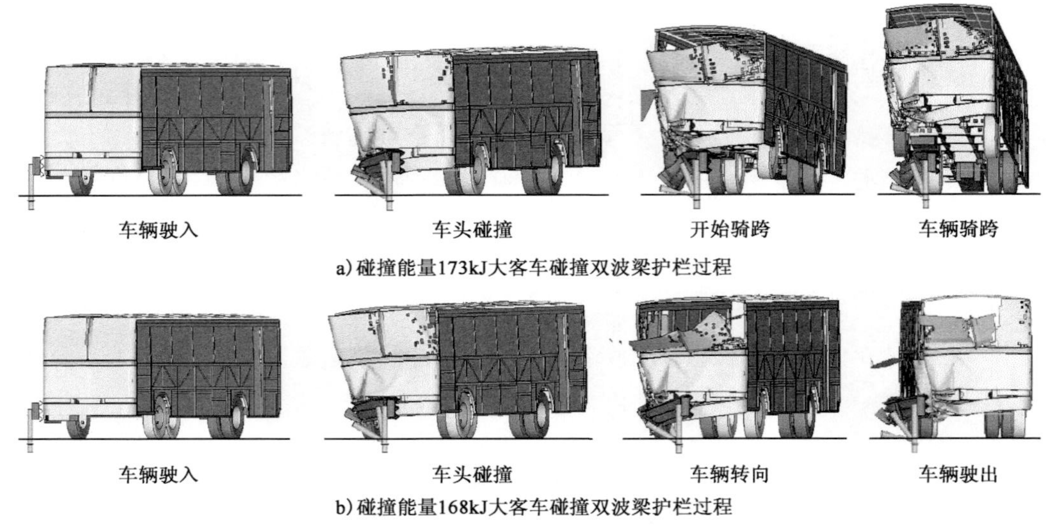

图5-4-1 间距4m立柱3mm三波梁护栏对大客车极限防护能力

图5-4-2 间距4m立柱3mm三波梁护栏对大货车极限防护能力

5.4.2 间距2m立柱、3mm三波护栏极限防护能力

经过多次迭代计算，得到2m间距立柱3mm三波护栏对大客车的极限防护能量为168kJ，对大货车的极限防护能量为220kJ，如图5-4-3和图5-4-4所示。结果表明，

虽然间距2m立柱的3mm三波梁护栏较通过碰撞试验验证的间距4m立柱的3mm三波梁护栏增加了材料量，但是其防护效果并没有明显改善，主要原因是波形梁护栏高度是影响其防护能力的主要因素，而立柱刚度的影响不大。

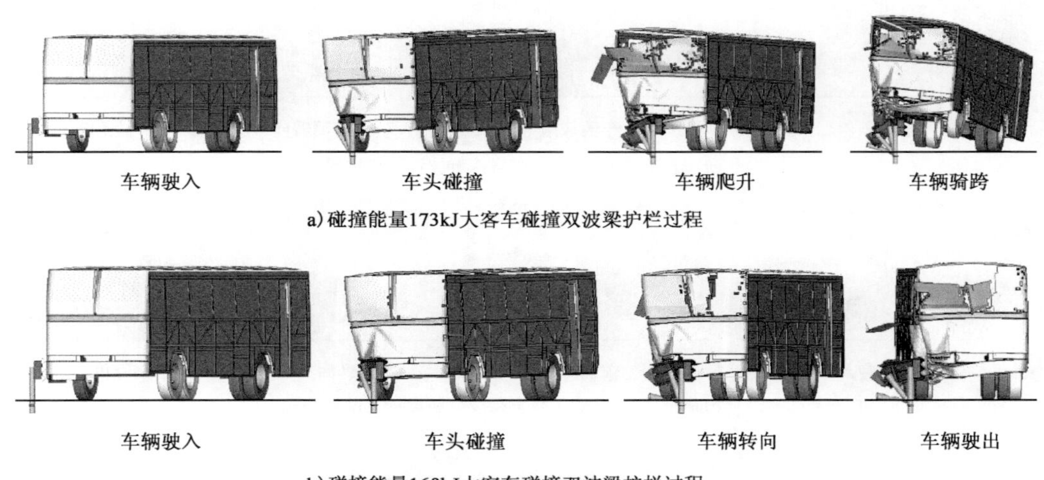

图5-4-3　间距2m立柱3mm三波梁护栏对大客车极限防护能力

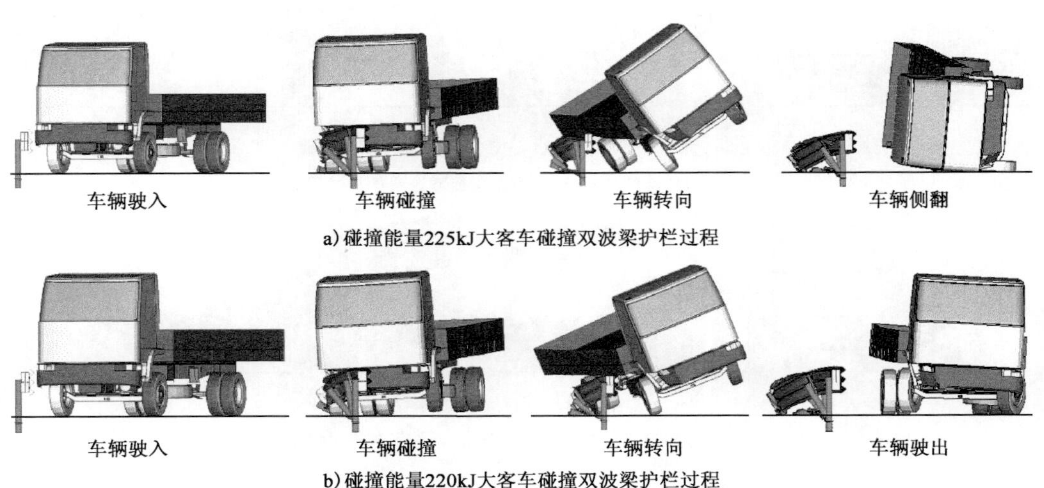

图5-4-4　间距2m立柱3mm三波梁护栏对大货车极限防护能力

5.4.3　间距4m立柱双层双波护栏极限防护能力分析

经过多次迭代计算，得到间距4m立柱双层波形梁护栏对大客车的极限防护能量为230kJ，对大货车的极限防护能量为260kJ，如图5-4-5和图5-4-6所示。结果表明，双层双波护栏防护性能较通过碰撞试验验证的间距4m立柱、3mm三波梁护栏有了大幅提升，其主要原因是双层双波护栏高度较 3mm 三波梁护栏有了提高。

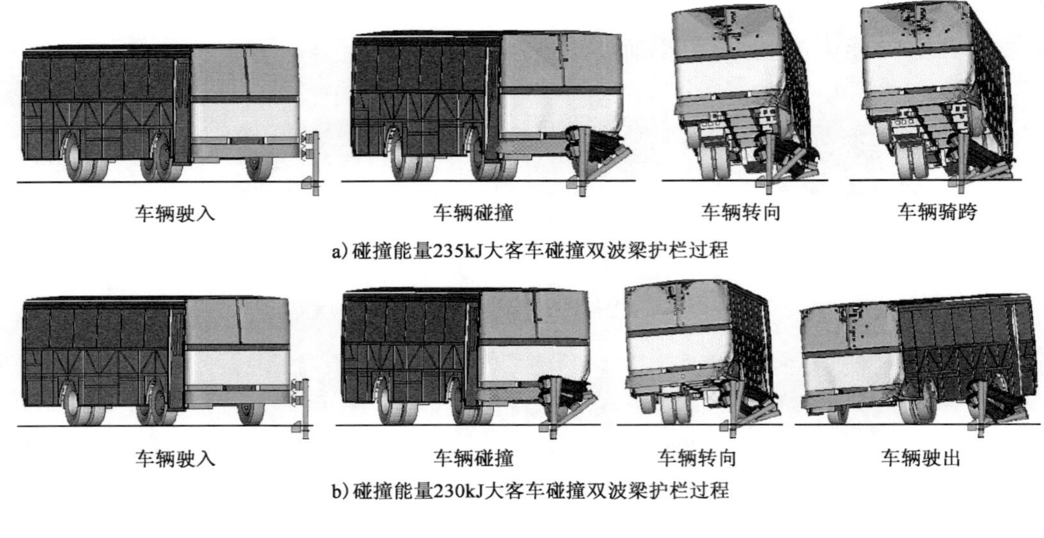

图 5-4-5　间距 4m 立柱双层双波梁护栏对大客车极限防护能力

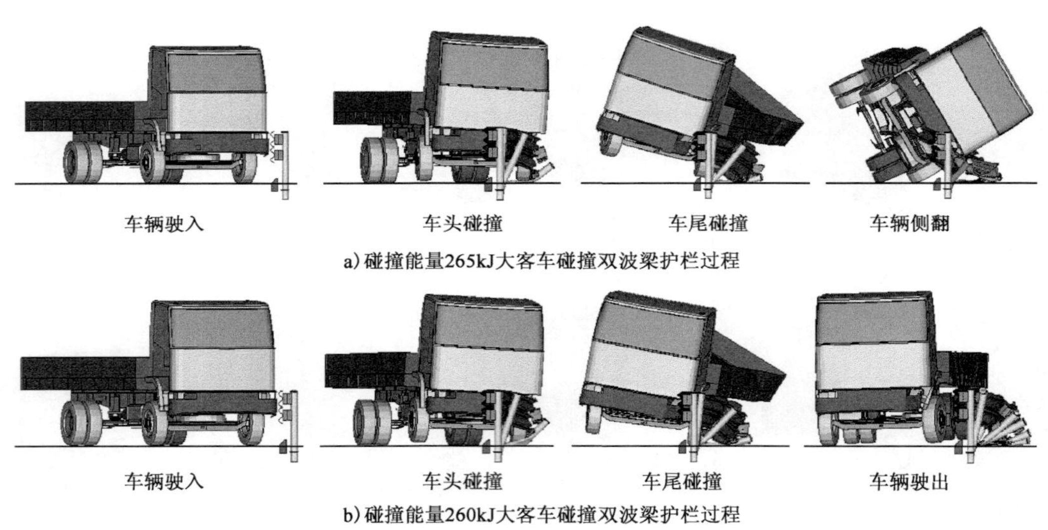

图 5-4-6　间距 4m 立柱双层双波梁护栏对大货车极限防护能力

5.4.4　间距 2m 立柱双层双波护栏极限防护能力分析

经过多次迭代计算，得到间距 2m 立柱双层波形梁护栏对大客车的极限防护能量为 235kJ，对大货车的极限防护能量为 265kJ，如图 5-4-7 和图 5-4-8 所示。经分析，护栏高度相同是间距 2m 立柱与间距 4m 立柱双层双波护栏极限防护能力接近的主要原因。

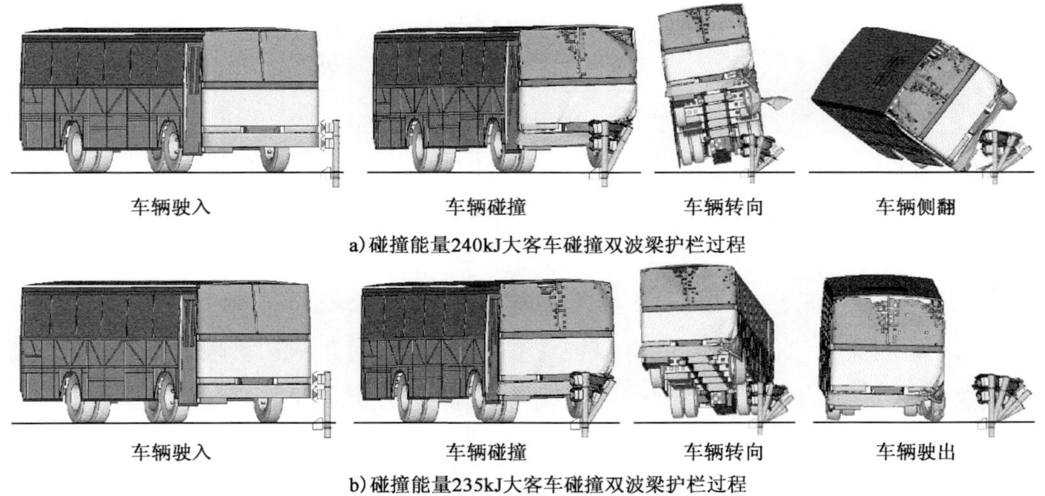

a）碰撞能量240kJ大客车碰撞双波梁护栏过程

b）碰撞能量235kJ大客车碰撞双波梁护栏过程

图 5-4-7 间距 2m 立柱双层双波梁护栏对大客车极限防护能力

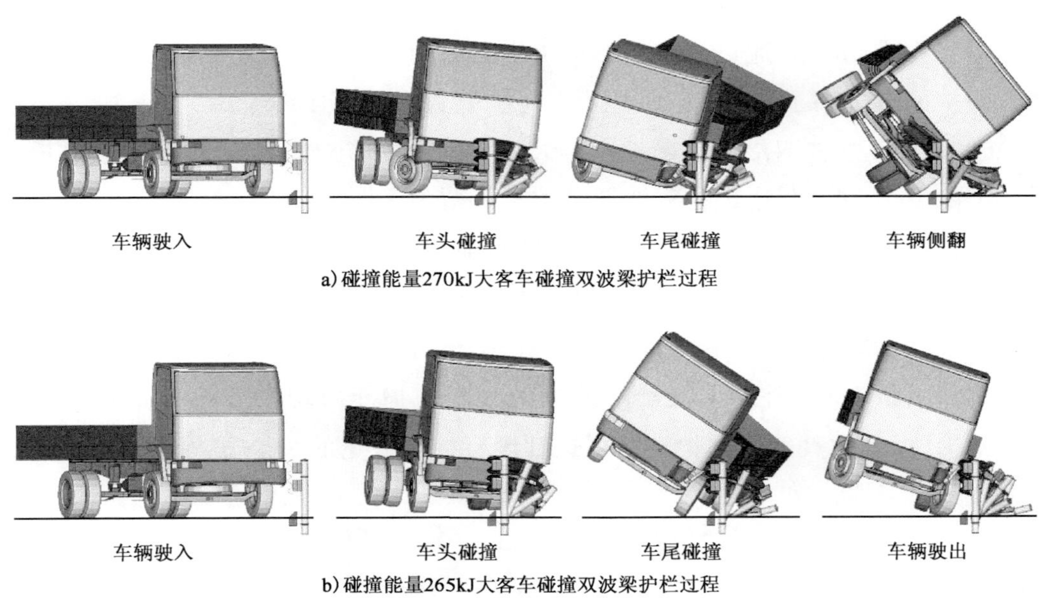

a）碰撞能量270kJ大客车碰撞双波梁护栏过程

b）碰撞能量265kJ大客车碰撞双波梁护栏过程

图 5-4-8 间距 2m 立柱双层双波梁护栏对大货车极限防护能力

5.4.5 安全性能分析结论

表 5-4-1 为根据分析结果得到的波形梁护栏加强方案的极限防护能力以及防护能力提升幅度（与双波梁护栏对大客车的极限防护能力 140kJ 和对大货车的极限防护能力 125kJ 相比较）。

波形梁护栏加强方案极限防护能力与提高防护幅度　　表 5-4-1

车型	间距 4m 立柱 3mm 厚三波护栏		间距 2m 立柱 3mm 厚三波护栏		间距 4m 立柱双层波形梁护栏		间距 2m 立柱双层波形梁护栏	
	能量(kJ)	幅度(%)	能量(kJ)	幅度(%)	能量(kJ)	幅度(%)	能量(kJ)	幅度(%)
大客车	168	20	168	20	230	64.3	235	67.9
大货车	215	72	220	76	260	108	265	112

根据表 5-4-1,得到以下结论:

(1)间距 4m 立柱 3mm 厚三波梁护栏对大客车的极限防护能力为 168kJ,对大货车的极限防护能力为 215kJ,通过将双波梁护栏更新为间距 4m 立柱 3mm 厚三波梁护栏,对大客车防护能力提高了 20%,对大货车防护能力提高了 72%。

(2)间距 2m 立柱 3mm 厚三波梁护栏对大客车的极限防护能力为 168kJ,对大货车的极限防护能力为 220kJ,通过将双波梁护栏更新为间距 2m 立柱 3mm 厚三波梁护栏,对大客车防护能力提高了 20%,对大货车防护能力提高了 76%。

(3)间距 4m 立柱双层波形梁护栏对大客车的极限防护能力为 230kJ,对大货车的极限防护能力为 260kJ,通过将双波形梁护栏更新为间距 4m 立柱双层波形梁护栏,对大客车防护能力提高了 64.3%,对大货车防护能力提高了 108%。

(4)间距 2m 立柱双层波形梁护栏对大客车的极限防护能力为 235kJ,对大货车的极限防护能力为 265kJ,通过将双波形梁护栏更新为间距 2m 立柱双层波形梁护栏,对大客车防护能力提高了 67.9%,对大货车防护能力提高了 112%。

(5)间距 4m 立柱 3mm 厚三波梁护栏通过碰撞试验验证安全防护性能达到了《新标准》规定的 A 级 160kJ 以上,间距 2m 立柱 3mm 厚三波梁护栏、间距 4m 立柱双层波形梁护栏和间距 2m 立柱双层波形梁护栏的极限防护能力均大于间距 4m 立柱 3mm 厚三波梁护栏,因此其安全防护性能可达到现行标准规定的 A 防护等级。

5.5 效益分析

5.5.1 社会效益

实践证明,基于波形梁护栏再利用关键技术的研究,在高速公路上设置满足 A 级防护等级的护栏可有效降低事故死亡率。以双层波形梁护栏为例,在济青高速和石安高速设置该形式的护栏后,事故死亡率均有了大幅度下降,据交警部门得到的数据得知,济青高速公路应用双层波形梁护栏后事故死亡率下降了 30%;同时,在广东省交通厅 2001 年科研计划中研发的波形梁护栏经大客车碰撞试验验证防护能力达到

160kJ，该护栏在广东开阳高速公路上应用十多年来，大大提高了公路运营安全水平，降低了事故死亡率，到目前为止，还未出现过穿越护栏的事故。研究成果将有效减少恶性事故发生率和事故伤亡率，保障人民的生命财产安全，社会效益显著。

5.5.2 经济效益

经统计，广清扩建路段中可重复再利用的旧波形护栏板共约 100 延公里，可修建 50 延公里的双层波形梁护栏，根据惠盐高速旧护栏板再利用技术研究成果，较新建双波梁护栏，旧护栏板再利用技术可节省 6 万元/公里，新建 3mm 三波护栏较新建双波形梁护栏增加 1.6 万/公里，则保守估计旧护栏板再利用技术较新建 3mm 三波护栏可节省 7.5 万元/公里。通过以上分析，在广清扩建工程互通匝道上应用基于旧波形梁护栏再利用技术较新建 3mm 三波护栏在可节省费用 325 万元以上。

对于主线连续 S 弯道，波形梁护栏加强方案单幅需要耗费 27t/km 钢材，按 4000 元/t 材料量计，改造里程 7.9km(双幅)，需要花费 170 万元，若全部采用 3mm 三波新建波形梁护栏计算(31t/km，4 侧共 124t/km，共 7.9km，按 4000 元/t 计)，需要花费 391 万元。通过以上分析，通过再利用改造方案可节省费用 221 万元。

在高速公路上设置满足 A 级防护等级的护栏可有效降低事故财产损失，以双层波形梁护栏为例，通过 1 年多的实践应用，已在济青高速公路中取得良好防护效果。据相关主管部门反映，双层波形梁护栏应用后可有效防护大型车，由于骑跨导致波形梁护栏大范围破坏的事故数量大幅度下降，波形梁护栏维修及事故赔偿费用降低了近 30%，从而增加了公路运营效益，取得了较好的经济效益。

5.5.3 环保效益

3mm 三波梁护栏有效利用了既有双波梁立柱，双层波形梁护栏有效利用了旧波形梁板和立柱，循环利用并减少了废弃，符合“环境友好，资源节约”的建设理念，环保效益良好。

5.6 示范工程应用

针对济青高速公路事故多发段提出的护栏加强设计方案已成功应用于相应工程中，根据施工人员反映，加强方案施工方便，通过对原护栏结构的再利用，节约大量成本，得到一致好评。图 5-6-1 为采用打桩机为原有立柱安装加高内套管，图 5-6-2 为在原波形梁护栏基础上安装上层波形梁板，打磨及喷漆，图 5-6-3 为加强结构应用情况。

图 5-6-1　立柱加高施工

图 5-6-2　安装波形梁板及打磨喷漆

图 5-6-3　波形梁护栏改造示范工程

通过一年多的应用，取得了良好防护效果。据相关主管部门反映，双层波形梁护栏应用后可有效防护大型车，由于骑跨导致波形梁护栏大范围破坏的事故数量大幅度下降，波形梁护栏维修及事故赔偿费用降低了近30%，道路安全运营水平得到明显提高。

第6章　中分带开口处活动护栏再利用关键技术

6.1　国内中分带开口处活动护栏应用现状

活动护栏是设置在中央分隔带开口处，为方便特种车辆（如交通事故处理车辆、急救车辆）在紧急情况下通行和一侧道路施工封闭时临时开启放行的活动设施。《高速公路交通工程及沿线设施设计通用规范》（JTG D80—2006）里规定“中央分隔带开口活动护栏在正常情况下要求具有一定的隔离、防撞性能，在临时开放时应能快速、灵活的移动。”

国内目前主要采用的活动护栏形式分为两类：插拔式活动护栏和伸缩式活动护栏。

1）插拔式活动护栏

插拔式活动护栏是《公路交通安全设施设计细则》（JTG/T D81—2006）的推荐形式，其结构为：在地面预埋固定套筒，地面以上结构分段并设置立柱，安装时将立柱下端插入预埋固定套筒内，开启时可将立柱整体拔出。常见插拔式护栏见图 6-1-1 和图 6-1-2所示。

图 6-1-1　插拔式活动护栏照片(1)

图 6-1-2　插拔式活动护栏照片(2)

插拔式活动护栏安装与开启方便，但其仅能起到警示诱导作用，不具备安全防护能力，导致中分带护栏防护性能不连续，与该种形式活动护栏相关的事故屡见不鲜。

【事故案例6-1-1】 2012年10月7日中午，一辆核载53人的大客车自东向西沿青银高速行驶，至银川方向K228＋530处时，与一辆轿车发生刮擦后，从银川方向穿越中央活动护栏，驶入对向车道，与济南旅顺旅游汽车有限公司的鲁A18526号大客车发生碰撞，致使后者翻入高速公路边沟。事故造成6人当场死亡，7人抢救无效死亡，9人重伤。图6-1-3为青银高速事故现场照片，图6-1-4为车辆碰撞后某插拔式护栏破坏形态。

图6-1-3　青银高速事故照片

图6-1-4　插拔式活动护栏事故照片

2)伸缩式活动护栏

伸缩式活动护栏是目前常用活动护栏的另一种形式，其以单节“塔”形活动框架为基准，采用平行四边形原理铰接，组合成多节活动框架体，能随时适应长度变化要求，活动护栏的下部设有脚轮，操作灵活，可迅速拉开聚合。常见伸缩式活动护栏如图6-1-5和图6-1-6所示。

图6-1-5　伸缩式活动护栏照片(1)

图6-1-6　伸缩式活动护栏照片(2)

伸缩式活动护栏较插拔式活动护栏更易安装和开启，但其同样没有防撞能力，失控车辆撞坏活动护栏闯入对向车道的事故时有发生，且护栏在车辆碰撞过程中极易破碎，产生大量飞溅的破片，对驾乘人员十分不利，容易引发二次事故。

【事故案例 6-1-2】 2009 年 3 月 27 日，沪昆高速江西段发生车辆穿越中分带活动护栏事故，导致 20 人死亡。图 6-1-7 为事故照片，图 6-1-8 为某伸缩式活动护栏碰撞后照片。

图 6-1-7 沪昆事故照片

图 6-1-8 伸缩式活动护栏事故照片

同时，该形式活动护栏防盗防开启能力差，在某些路段经常被司机擅自打开，违章变向行驶，这不仅容易引发交通事故，而且还导致收费上的损失。也有的活动护栏部件被偷窃，而没有及时维护或开启使用后没及时关闭，使活动护栏长时间处于开启状态，留下事故隐患。

【事故案例 6-1-3】 2004 年 2 月 15 日，楚大路上一辆"捷达"轿车行至祥云收费站附近时，对面一辆微型客车突然从没有关闭的活动护栏开口处掉头，两车猛地撞在一起，造成 4 死 8 伤的特大交通事故。作为高速公路的管养单位，昆瑞公司在此次事故中未能尽到安全保障义务，具有过错，赔偿当事人 17 万余元。图 6-1-9 和图 6-1-10 为某路段活动护栏被任意开启后的照片。

图 6-1-9 活动护栏被任意开启照片(1)

图 6-1-10 活动护栏被任意开启照片(2)

综上所述，中央分隔带开口活动护栏除了应具有开启方便、灵活移动的功能外，更应具备与中分带护栏相当的防撞性能，才能对失控车辆形成有效防护，避免发生车辆穿越中分带碰撞对向车道正常行驶车辆的二次事故。

6.2 广清高速公路中分带开口防撞活动护栏

为解决中分带开口处活动护栏防撞性能不足的问题，广清高速公路中分带开口处采用两种防撞活动护栏结构——钢管预应力索活动护栏与梁柱式波形梁活动护栏。

6.2.1 钢管预应力索活动护栏

钢管预应力索活动护栏是国内首个经小客车和大客车实车碰撞试验验证防撞能力达到 Am 级的活动护栏，获得了中国公路学会科学技术二等奖。

(1)钢管预应力索活动护栏的研发

钢管预应力索活动护栏由钢索和钢管构成的桁架结构组成。钢索为柔性材料，具有较好的缓冲性能，对失控车辆的防护效果好，但其最大动态变形量大，且导向性能差，易对相邻车道正常行驶车辆造成影响，同时其强大的反弹力也容易引发二次事故；由钢管组成的桁架结构属于半刚性结构，具有一定的刚度和柔度，通过钢管的变形来吸收碰撞能量，并迫使失控车辆改变方向，有良好的导向功能，但能达到 160kJ 防护能量的钢管桁架结构耗材巨大，且开启移动困难，不适合用作活动护栏。因此，综合柔性和半刚性材料的优点，将钢索与钢管桁架两种结构进行合理设计组合，提出钢管预应力索活动护栏，并采用单元试验、计算机仿真分析技术以及实车足尺碰撞试验对其进行研发设计。

图 6-2-1 为钢索单元试验，通过试验获取钢索力学性能，为钢管预应力索活动护栏的结构设计以及计算机仿真分析提供有力的数据支持。

图 6-2-1 钢索单元试验

图 6-2-2 与图 6-2-3 是采用实车碰撞试验对钢管预应力索活动护栏防撞性能进行验证，并将车辆行驶姿态的计算机仿真与实车碰撞试验结果进行了对比，可见碰撞过程车辆行驶姿态、护栏动态变形情况等指标基本一致，由此验证了计算机仿真分析技术的可靠性；同时对碰撞后钢管预应力索活动护栏的残余变形情况及车辆损坏情况进

行了观测记录。经过系统地评价验证，钢管预应力索活动护栏各项指标均满足《公路护栏安全性能评价标准》（JTG B05-01—2013）要求，护栏防护等级达到了 Am 级 160kJ。

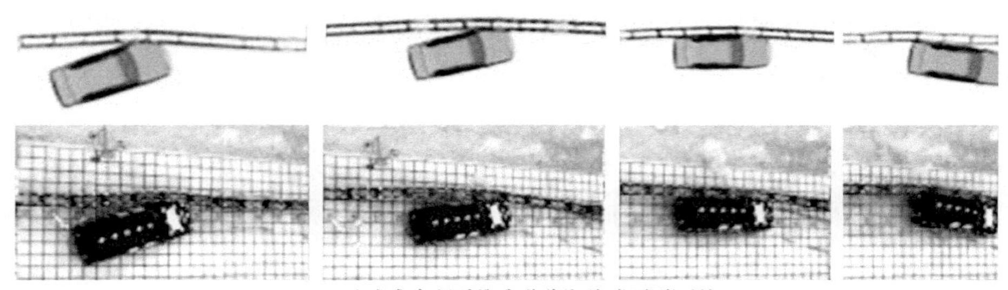

a）小客车行驶姿态仿真与实车试验对比

b）护栏变形情况

c）小车损坏情况

图 6-2-2　小客车碰撞钢管预应力索活动护栏试验

a）大客车行驶姿态仿真与实车试验对比

b）护栏变形情况

c）大客车损坏情况

图 6-2-3　大客车碰撞钢管预应力索活动护栏试验

(2)钢管预应力索活动护栏的应用

钢管预应力索活动护栏已成功应用于广清高速公路部分路段中分带开口处,且运营效果良好,为该路段的安全运营提供了保障。

图 6-2-4 为发生在京台高速公路的一起车辆碰撞钢管预应力索活动护栏的事故,碰撞点位于活动护栏端部附近,碰撞过程中护栏对失控车辆形成有效防护,没有出现结构性整体破坏,仅碰撞点附近的单元框架和导向板发生变形,可见这种护栏的安全性能可靠;同时钢管预应力索活动护栏具有安装方便、开启快捷等优点,如图 6-2-5 所示。

图 6-2-4 钢管预应力索活动护栏事故照片

图 6-2-5 钢管预应力索活动护栏安装现场

6.2.2 梁柱式波形梁活动护栏

广东省高速公路采用的梁柱式波形梁活动护栏方案包含中间连续和中间分节两类结构形式。

(1)中间连续结构形式

中间连续结构形式分为一柱双板和双柱双排两类,这两类端部均没有进行锚固:

①一柱双板波形梁活动护栏:护栏整体结构连续,波形梁护栏板厚 4mm,中心距

地面高度为 600mm;波形梁立柱型号为 ϕ140mm×4.5mm,间距为 2m 和 1m 交替布置;立柱安装在路面以下 500mm 深的套筒(ϕ245mm×7mm×500mm)内;波形梁板和立柱之间设置六角形防阻块(196mm×178mm×200mm×4.5mm),各结构间采用螺栓连接,如图 6-2-6 所示。

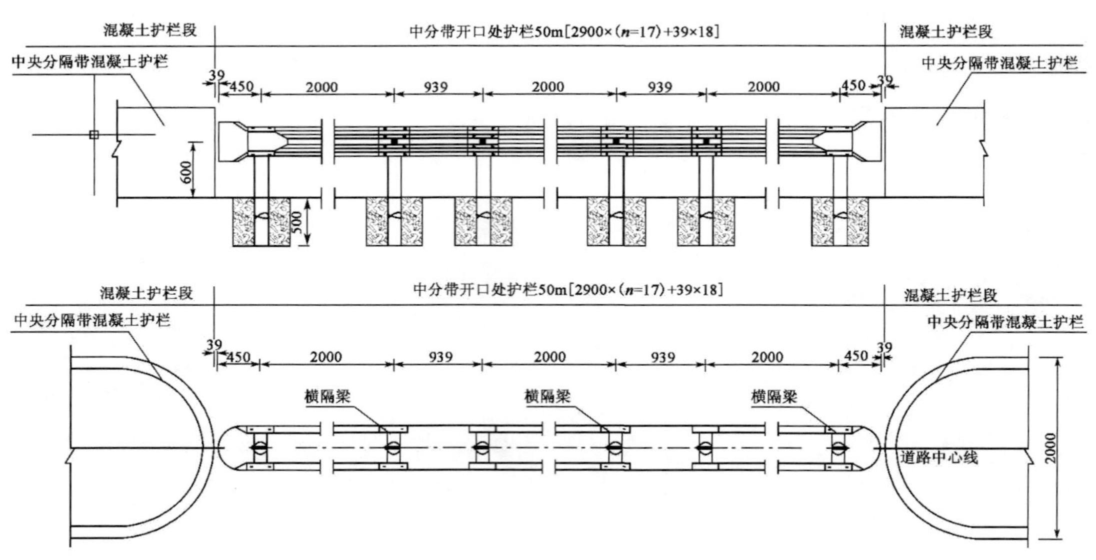

图 6-2-6　一柱双板波形梁活动护栏(尺寸单位:mm)

②双柱双排波形梁活动护栏:由于中央分隔带设置路缘石,护栏地面以上有效高度提高了 160mm,波形梁板中心距地面高度为 760mm,护栏整体结构连续;立柱近地端焊有肋板(30mm×70mm×150mm×10mm),并与预埋法兰盘(300mm×300mm×10mm)进行焊接,法兰盘通过预埋螺栓(4M22 ×650mm)进行锚固;其他结构参数与一柱双板波形梁活动护栏一致,如图 6-2-7 所示。

(2)中间分节结构形式

中间分节波形梁活动护栏结构:以中间连续结构形式的一柱双板结构为基础,将波形梁活动护栏分节,节段长度为 2.9m,每节端部安装圆形围板,节段之间没有连接,如图 6-2-8 所示。

以上梁柱式波形梁活动护栏的安全性、开启方便性等功能均未经过系统评估,因此需要进行研究确定,并针对原活动护栏结构存在的不足进行优化改造,考虑到在扩建改造工程中,若旧的梁柱式波形梁活动护栏结构得不到充分再利用,则会造成巨大浪费,不符合“资源节约与环境保护”的工程建设理念,因此对中分带开口处活动护栏进行优化设计研究的同时注重再利用关键技术研究。

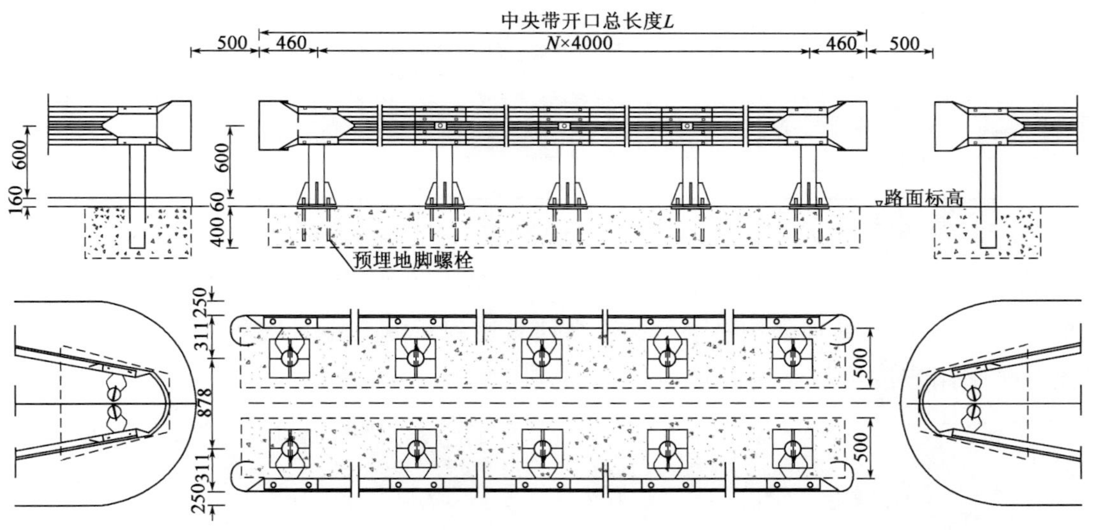

图 6-2-7 双柱双排波形梁护栏(尺寸单位:mm)

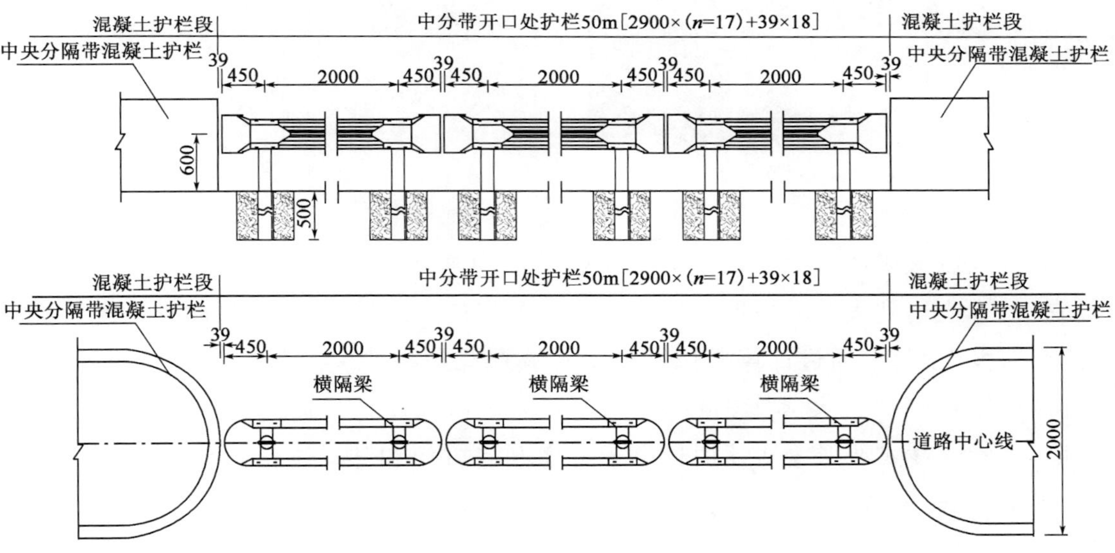

图 6-2-8 一柱双板波形梁活动护栏(中间不连续)(尺寸单位:mm)

6.3 防护目标的确定

确定护栏的防护目标(碰撞条件与评价标准)是研究和开发护栏的基础,综合梁柱式波形梁活动护栏结构特点、相关规范规定,以及前期科研成果,研究确定其防护目标。

在广东省开展的"A级波形梁护栏防护性能分析和新产品研发"项目中对波形梁护栏安全防护性能进行了系统研究,得到其安全性能满足"老标准"(碰撞条件如

表 6-3-1所示)，但不满足新标准的结论。

A 级波形梁护栏满足的碰撞条件　　表 6-3-1

车　　型	车辆质量(t)	碰撞速度(km/h)	碰撞角度(°)	碰撞能量(kJ)
小型车	≤1.575	≥96	≥19.5	—
大型车	≥9.7	≥57	≥19.5	≥122

在广东省开展的“A 级波形梁护栏防护性能分析和新产品研发”项目中指出波形梁护栏高度是影响其安全防护性能的最主要参数，但单纯提高波形梁护栏板会造成小型车下穿事故，而单纯加强护栏刚度亦不会使其达到新标准的 A 级防护目标(图 6-3-1)，因此对于采用双波梁板结构的护栏较难达到新标准 A 级防护目标。

a)板提高小型车下穿

b)板加强大型车骑跨

图 6-3-1　波形梁护栏高度参数变化结果

梁柱式波形梁活动护栏以波形梁护栏结构为基础进行设计，通过以上分析，其基本防护目标应达到表 6-3-2 的要求；在广东省开展的“A 级波形梁护栏防护性能分析和新产品研发”项目中通过计算机仿真技术对波形梁护栏的极限防护能力进行了分析，得到波形梁护栏对于大客车的极限防护能力为 140kJ，对大货车的极限防护能力为 125kJ，虽然梁柱式波形梁活动护栏由于考虑开启方便和移动灵活的使用功能会使其防护性能下降，但从安全角度出发，将该活动护栏的较高防护目标确定为与波形梁护栏防护能力等同。

梁柱式波形梁活动护栏防护目标　　表 6-3-2

防 护 目 标	车　　型	碰撞能量(kJ)
基本防护目标	小客车	—
	大客车	≥122
	大货车	≥122
较高防护目标	小客车	—
	大客车	140
	大货车	125

6.4　梁柱式波形梁活动护栏防护性能分析

以通过实车足尺碰撞试验验证的高精度计算机仿真模型为基础，分别对中间连续结构形式与中间分节结构形式的梁柱式波形梁活动护栏进行仿真分析，判断其安全防护性能是否达到基本防护目标（碰撞能量≥122kJ），并找出影响活动护栏安全防护性能的因素。

6.4.1　中间连续梁柱式波形梁活动护栏防护性能分析

以第2章建模方法为基础，建立中间连续梁柱式波形梁活动护栏仿真模型，并分别进行小客车、大客车和大货车碰撞仿真分析。

1）小客车碰撞

建立小客车碰撞中间连续梁柱式波形梁活动护栏仿真模型（碰撞条件为车质量1.5t、碰撞速度100km/h、碰撞角度20°），如图6-4-1所示。

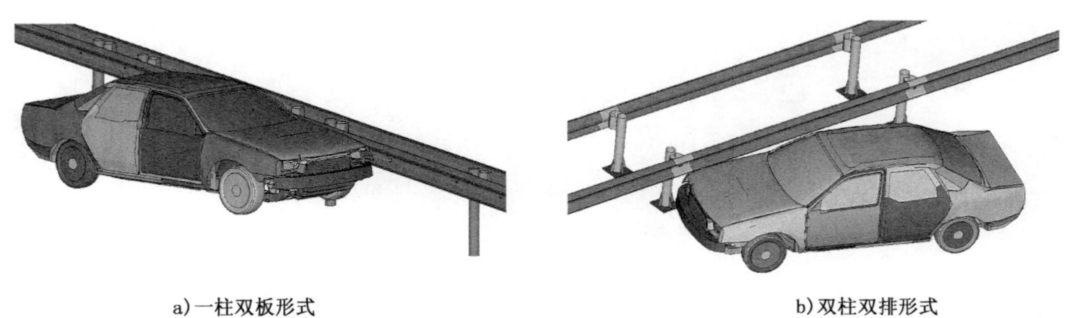

a）一柱双板形式　　b）双柱双排形式

图6-4-1　小客车碰撞中间连续梁柱式波形梁活动护栏仿真模型

小客车碰撞中间连续梁柱式波形梁活动护栏仿真计算结果如图6-4-2所示，可见小客车碰撞一柱双板波形梁活动护栏后发生侧翻，碰撞双柱双排波形梁活动护栏后护栏发生大变形，导致小客车不能顺利驶出。

2）大客车碰撞

建立大客车碰撞中间连续梁柱式波形梁活动护栏仿真模型（碰撞条件为10t大客车、碰撞速度52km/h、碰撞角度20°，碰撞能量122kJ），如图6-4-3所示。

大客车碰撞中间连续梁柱式波形梁活动护栏仿真计算结果如图6-4-4所示，可见大客车碰撞一柱双板梁柱式波形梁活动护栏发生前轮骑跨护栏，碰撞双柱双排梁柱式波形梁活动护栏发生后轮骑跨护栏现象。

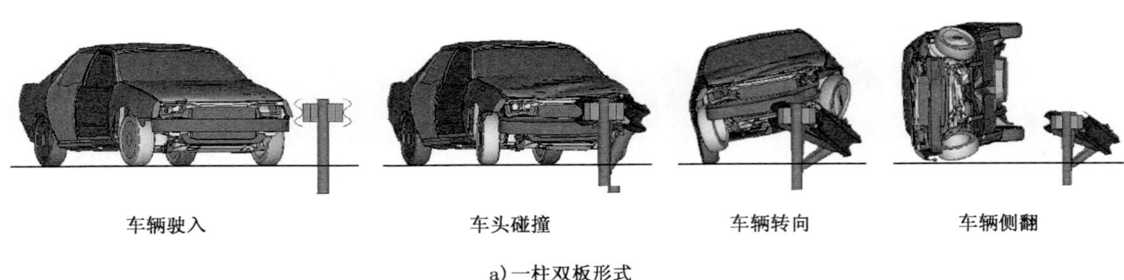

车辆驶入　车头碰撞　车辆转向　车辆侧翻

a）一柱双板形式

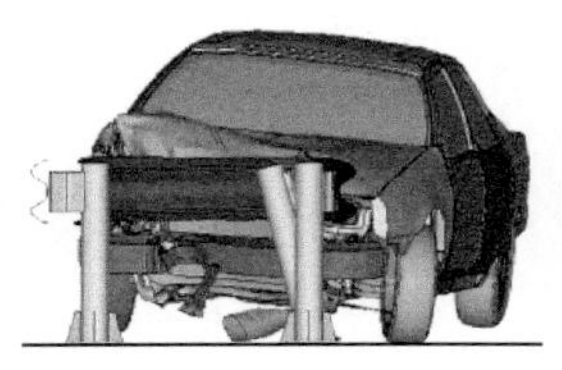

车辆驶入　车头碰撞　车辆未驶出

b）双柱双排形式

图 6-4-2　小客车碰撞中间连续梁柱式波形梁活动护栏仿真过程

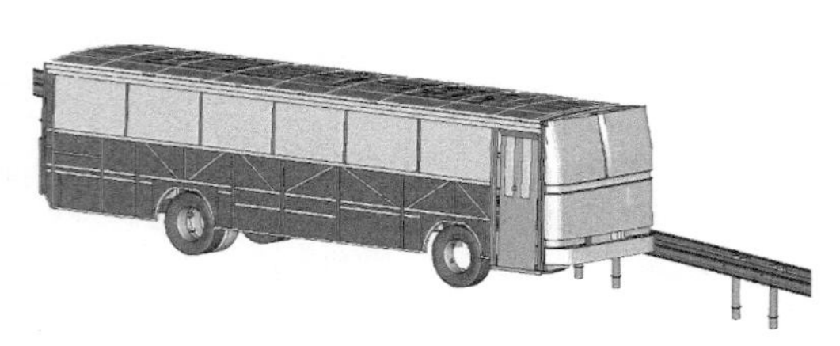

a）一柱双板形式

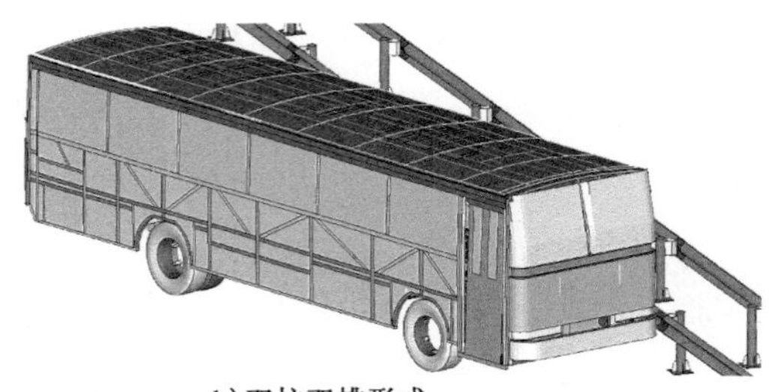

b）双柱双排形式

图 6-4-3　大客车碰撞中间连续梁柱式波形梁活动护栏仿真模型

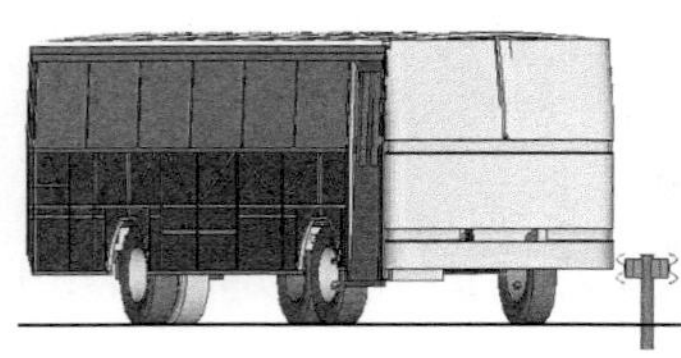

车辆驶入

车头碰撞

开始骑跨

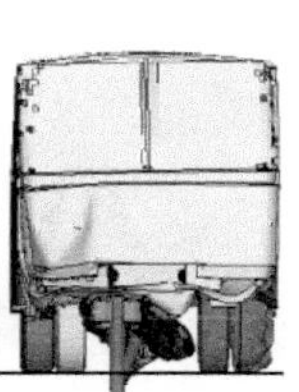

车辆骑跨

a）一柱双板形式

车辆驶入

车头碰撞

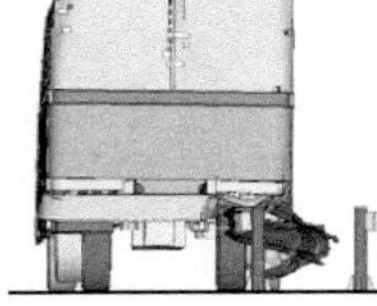

车辆转向

后轮骑跨

b）双柱双排形式

图 6-4-4　大客车碰撞中间连续梁柱式波形梁活动护栏仿真过程

3)大货车碰撞

建立大货车碰撞中间连续梁柱式波形梁活动护栏仿真模型(碰撞条件为 10t 大货车、碰撞速度 52km/h、碰撞角度 20°,碰撞能量 122kJ),如图 6-4-5 所示。

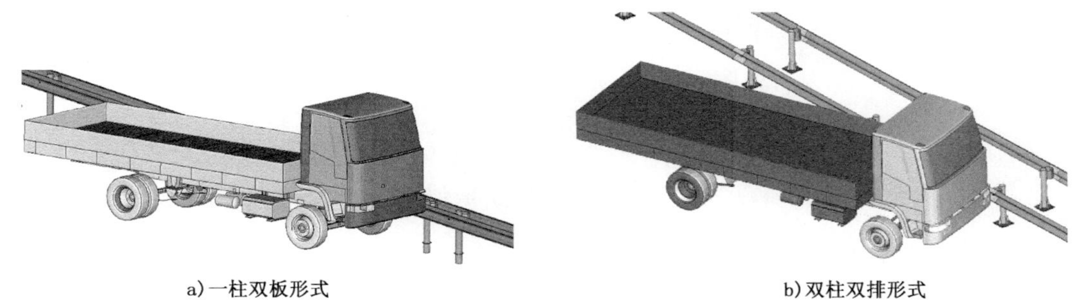

a)一柱双板形式　　b)双柱双排形式

图 6-4-5 大货车碰撞中间连续梁柱式波形梁活动护栏仿真模型

大货车碰撞中间连续梁柱式波形梁护栏仿真计算结果如图 6-4-6 所示,可见大货车碰撞一柱双板形式和双柱双排形式梁柱式波形梁活动护栏均发生骑跨。

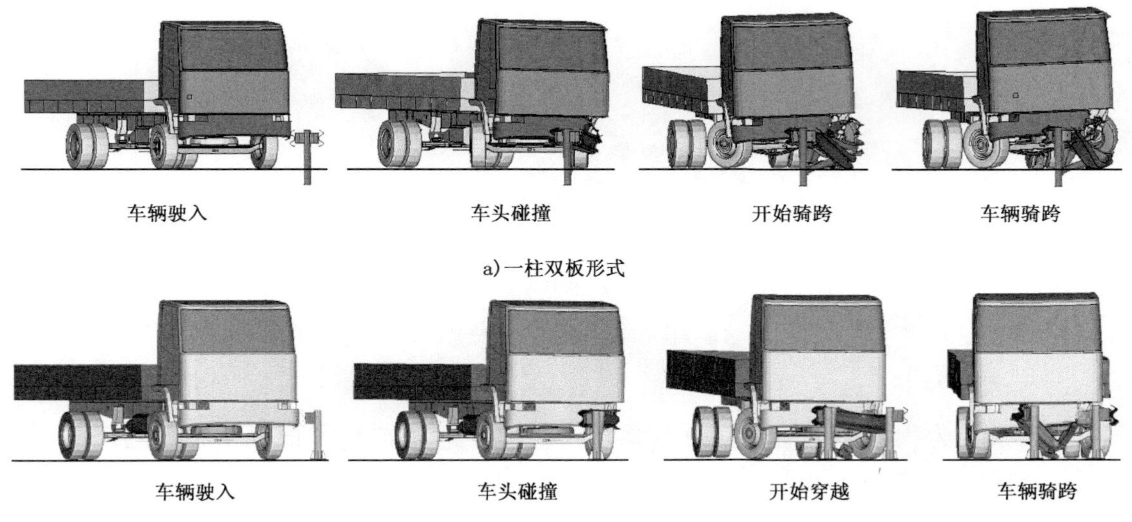

车辆驶入　车头碰撞　开始骑跨　车辆骑跨

a)一柱双板形式

车辆驶入　车头碰撞　开始穿越　车辆骑跨

b)双柱双排形式

图 6-4-6 大货车碰撞中间连续梁柱式波形梁活动护栏仿真过程

由以上仿真结果可知,中间连续梁柱式波形梁活动护栏对小客车、大客车和大货车防护效果不佳,防护能力达不到基本防护目标(碰撞能量≥122kJ),初步分析活动护栏端部未锚固是其防护能力不足的主要原因。

6.4.2 中间分节梁柱式波形梁活动护栏防护性能分析

建立中间分节梁柱式波形梁活动护栏仿真模型,并分别进行小客车、大客车以及大货车的仿真碰撞分析。

1)小客车碰撞

图 6-4-7　小客车碰撞中间分节梁柱式波形梁活动护栏仿真模型

图 6-4-7 为小客车碰撞中间分节梁柱式波形梁活动护栏的仿真模型(碰撞条件为车质量 1.5t、碰撞速度 100km/h、碰撞角度 20°)。

小客车碰撞中间段分节梁柱式波形梁活动护栏的仿真结果如图 6-4-8 所示,小客车在碰撞护栏后穿越护栏并侧翻。

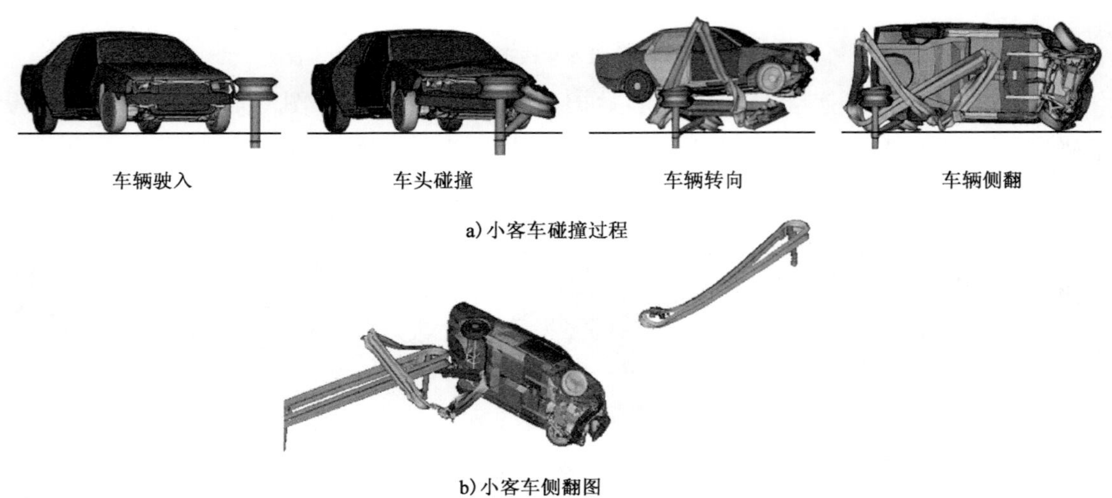

a)小客车碰撞过程

b)小客车侧翻图

图 6-4-8　小客车碰撞中间分节梁柱式波形梁活动护栏仿真结果

2)大客车碰撞

图 6-4-9 为大客车碰撞中间分节梁柱式波形梁活动护栏的仿真模型(碰撞条件为 10t 大客车、碰撞速度 52km/h、碰撞角度 20°,碰撞能量 122kJ)。

大客车碰撞中间分节梁柱式波形梁活动护栏的仿真结果如图 6-4-10 所示,大客车碰撞护栏后发生穿越,可见该结构形式的波形梁活动护栏无法对上述碰撞条件的大客车形成有效防护。

图 6-4-9　大客车碰撞中间分节梁柱式波形梁活动护栏仿真模型

3)大货车碰撞

图 6-4-11 为大货车碰撞中间分节梁柱式波形梁活动护栏的仿真模型(碰撞条件为

10t 大货车、碰撞速度 52km/h、碰撞角度 20°，碰撞能量 122kJ）。

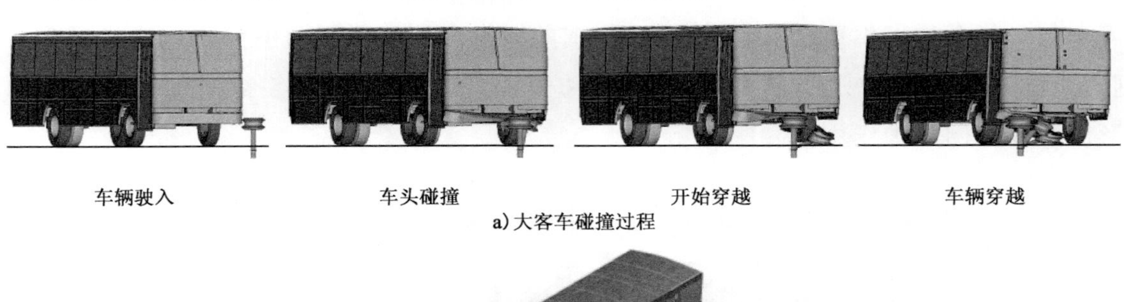

a）大客车碰撞过程

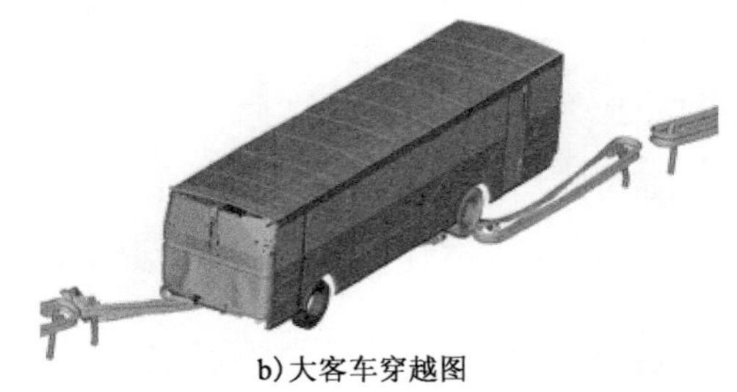

b）大客车穿越图

图 6-4-10　大客车碰撞中间分节梁柱式波形梁活动护栏仿真结果

图 6-4-11　大货车碰撞中间分节梁柱式波形梁活动护栏仿真模型

大货车碰撞中间段分节梁柱式波形梁活动护栏仿真结果如图 6-4-12 所示，大货车碰撞护栏后发生穿越，可见该结构形式的波形梁活动护栏无法对上述碰撞条件的大货车形成有效防护。

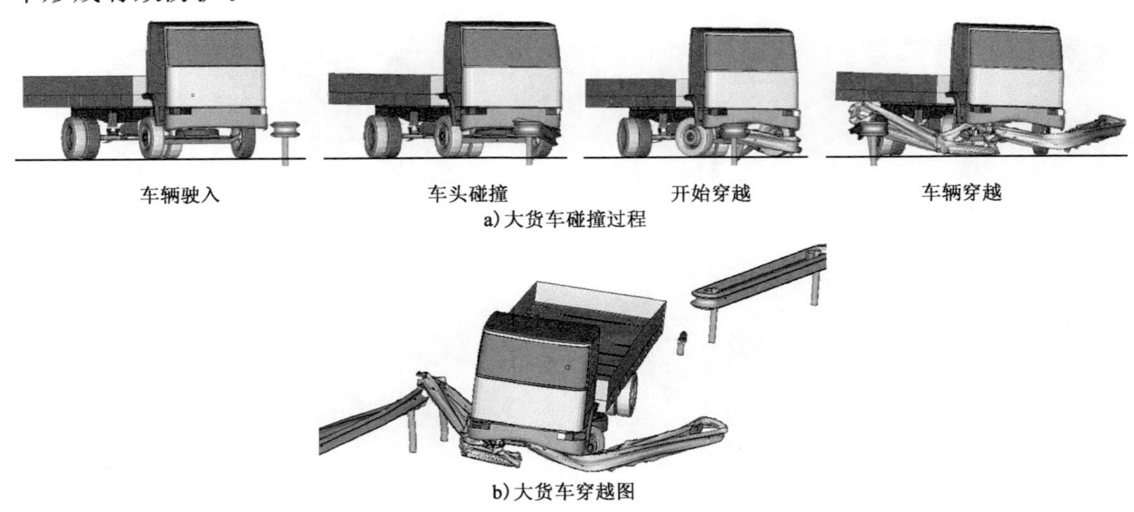

a）大货车碰撞过程

b）大货车穿越图

图 6-4-12　大货车碰撞中间分节梁柱式波形梁活动护栏仿真结果

综上所述，车辆碰撞中间段不连续波形梁活动护栏后，小客车发生穿越并侧翻，大客车与大货车均发生穿越，说明该结构形式的梁柱式波形梁活动护栏防护能力距基本防护目标(≥122kJ)较大，其主要原因在于护栏各节单元之间无连接，护栏无法对车辆形成整体协同防护作用。

6.5 梁柱式波形梁活动护栏端部优化

初步分析梁柱式波形梁活动护栏端部未锚固是导致活动护栏防撞能力不足的重要原因之一，以中间连续梁柱式波形梁活动护栏为基础，从再利用角度出发，对活动护栏端部锚固及过渡形式进行研究分析，并提出梁柱式波形梁活动护栏端部优化设计方案。

6.5.1 梁柱式波形梁活动护栏端部锚固必要性分析

为考察端部锚固对梁柱式波形梁活动护栏安全防护性能的影响，将中间连续梁柱式波形梁活动护栏的两种结构形式端部进行锚固，按较高防护目标对其进行碰撞分析。

按较高防护目标建立车辆碰撞锚固后一柱双板梁柱式波形梁活动护栏仿真模型，碰撞过程如图 6-5-1 所示。根据仿真结果可知车辆碰撞护栏的过程中行驶姿态良好，均顺利导出。

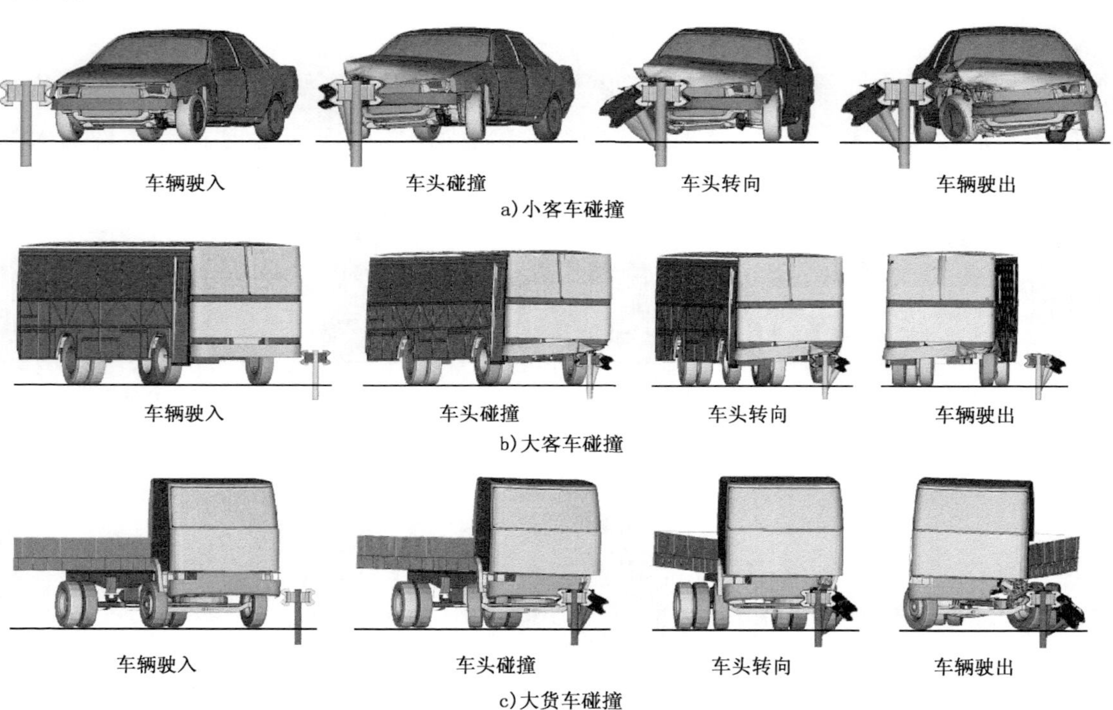

图 6-5-1 车辆碰撞锚固后一柱双板梁柱式波形梁活动护栏中间段过程

按较高防护目标建立车辆碰撞锚固后双柱双排梁柱式波形梁活动护栏仿真模型，碰撞过程如图 6-5-2 所示。根据仿真结果可知，小客车、大客车、大货车碰撞护栏的过程中行驶姿态良好，并顺利导出。

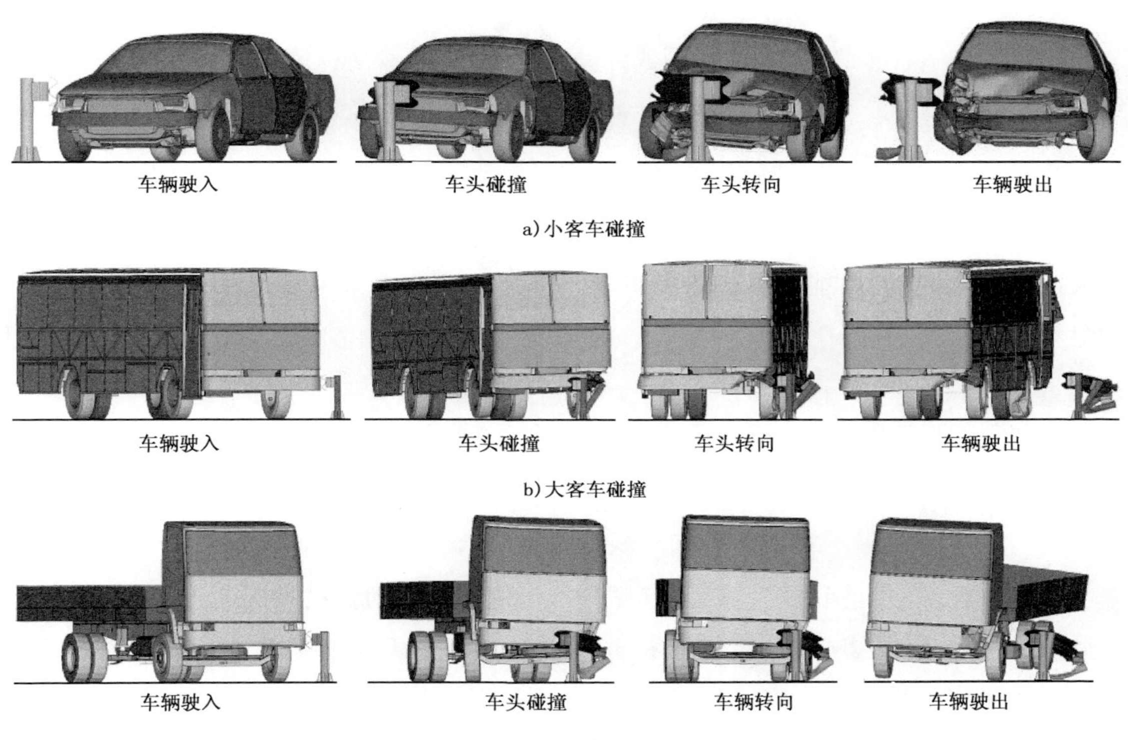

图 6-5-2　车辆碰撞锚固后双柱双排梁柱式波形梁活动护栏中间段过程

通过以上仿真结果可知，锚固后中间连续结构梁柱式波形梁活动护栏防护性能得到明显提高，可达到较高防护目标（最大碰撞能量 140kJ），由此可见梁柱式波形梁活动护栏端部锚固是必要的。

6.5.2　梁柱式波形梁活动护栏端部过渡设计必要性分析

对于中分带采用波形梁护栏的路段，梁柱式波形梁活动护栏端部可与中分带波形梁护栏进行连接，达到结构平顺和刚度过渡的效果，但是对于中分带采用钢筋混凝土护栏的路段，护栏刚度、宽度等均存在较大差别，是否需要进行过渡设计应进行研究确定。以中间连续一柱双板梁柱式波形梁活动护栏为基础，对其端部过渡设计进行必要性分析。

以图 6-5-3 所示的一柱双板简易锚固方式为基础进行车辆碰撞分析，探讨梁柱式波形梁活动护栏端部过渡设计必要性。

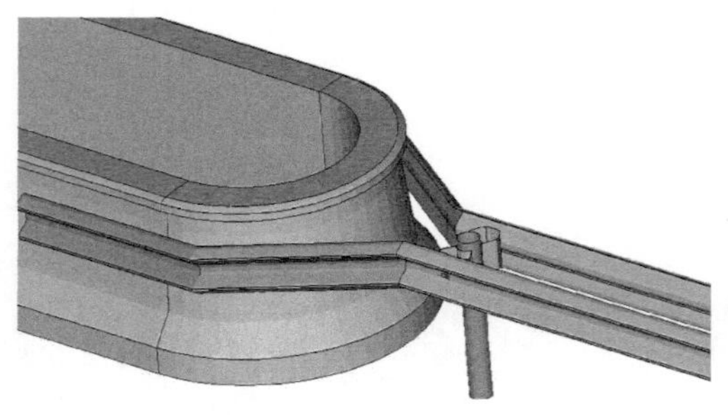

图 6-5-3 一柱双板简易锚固形式

图 6-5-4 为按基本防护目标进行的仿真计算结果，可见车辆均在两种护栏衔接位置发生严重绊阻，有可能对乘员造成伤害。

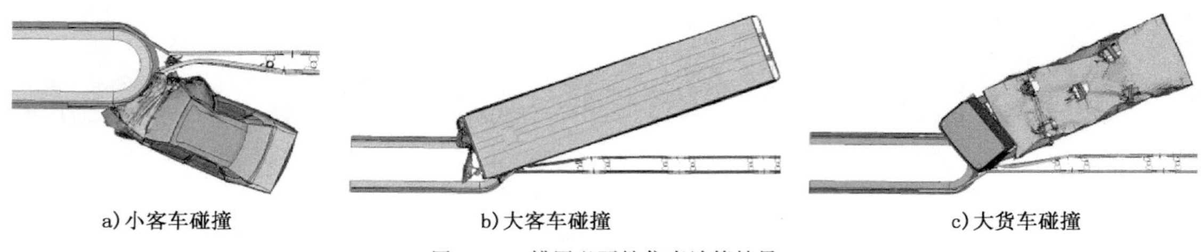

a)小客车碰撞　　b)大客车碰撞　　c)大货车碰撞

图 6-5-4 锚固必要性仿真计算结果

据调查显示，目前我国高速公路事故中，车辆碰撞活动护栏端部的事故时有发生，且后果极为严重，如事故案例 6-5-1 和事故案例 6-5-2。事故案例 6-5-1 中活动护栏端部简单地采用钢板锚固于中分带护栏上，端部过渡长度较短且刚度不连续，车辆撞击后发生严重绊阻，车头直接撞击到中分带混凝土护栏端部，造成乘员严重伤亡。

【事故案例 6-5-1】 2011 年 6 月 22 日下午，舟山跨海大桥上发生一起重大交通事故，一辆轿车在行驶过程中与中分带活动护栏发生碰撞，事故车辆严重损毁变形。车上共 6 人，其中 4 名人员(其中一名为儿童)因伤势严重，经医院抢救无效死亡，其余 2 人不同程度受伤。图 6-5-5 为舟山跨海大桥事故现场照片。

a)舟山跨海大桥活动护栏

b)活动护栏端部发生事故

图 6-5-5 舟山跨海大桥事故

【事故案例 6-5-2】 2012 年 2 月 5 日下午，泉州—南安高速发生特大交通事故，一辆尼桑轿车猛烈撞击中央分隔带护栏后，车内一家六口五人死亡。图 6-5-6 为泉州高速事故现场照片。

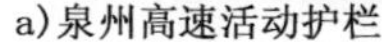
a)泉州高速活动护栏

b)活动护栏端部发生事故

图 6-5-6　泉州高速事故

综上所述，活动护栏端部与中分带护栏之间不仅需要有效锚固，而且应进行合理的过渡设计才能对失控车辆形成连续有效的安全防护。因此，有必要对梁柱式波形梁活动护栏端部进行优化研究，并提出合理的设计方案。

6.5.3　梁柱式波形梁活动护栏端部优化设计

考虑到中间连续一柱双板波形梁活动护栏与总宽度 2m 的分离式中分带混凝土护栏的刚度、结构、断面、位置相差较大，过渡设计较为困难，从较不利出发，对一柱双板梁柱式波形梁活动护栏与总宽度 2m 的分离式中分带混凝土护栏进行端部过渡优化设计。

1)端部过渡长度设计

活动护栏端部长度是影响护栏端部防撞性能的主要因素，护栏端部越短，车辆碰撞护栏角度越大，在相同碰撞条件下，护栏所需防撞能量越高。因此，有必要对一柱双板结构形式的波形梁活动护栏端部过渡长度进行研究。

图 6-5-7 为波形梁活动护栏与混凝土护栏过渡段长度设计，改变过渡段长度，采用小客车、大客车、大货车三种车型进行多次迭代碰撞仿真计算，确定活动护栏与中分带混凝土护栏过渡长度。

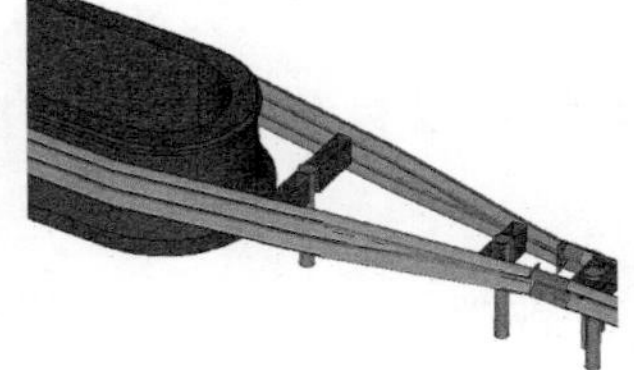

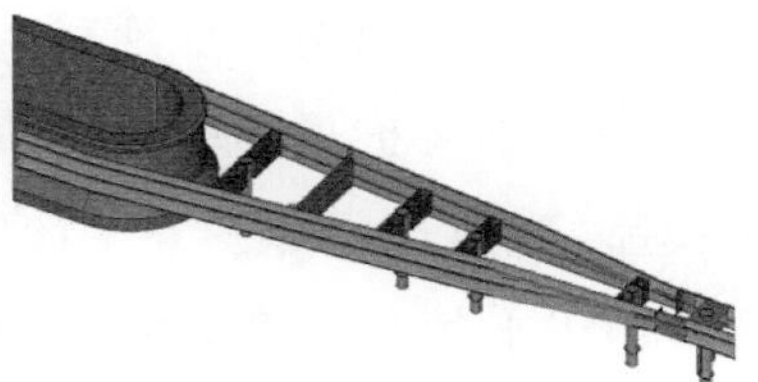

图 6-5-7　活动护栏与混凝土护栏过渡段长度

图 6-5-8 为端部过渡长度设计迭代计算过程，按逐步逼近的方法得到当过渡段长度达到 5m 时，车辆能够顺利导出。

通过以上分析，确定一柱双板波形梁活动护栏端部的过渡长度为 5m。

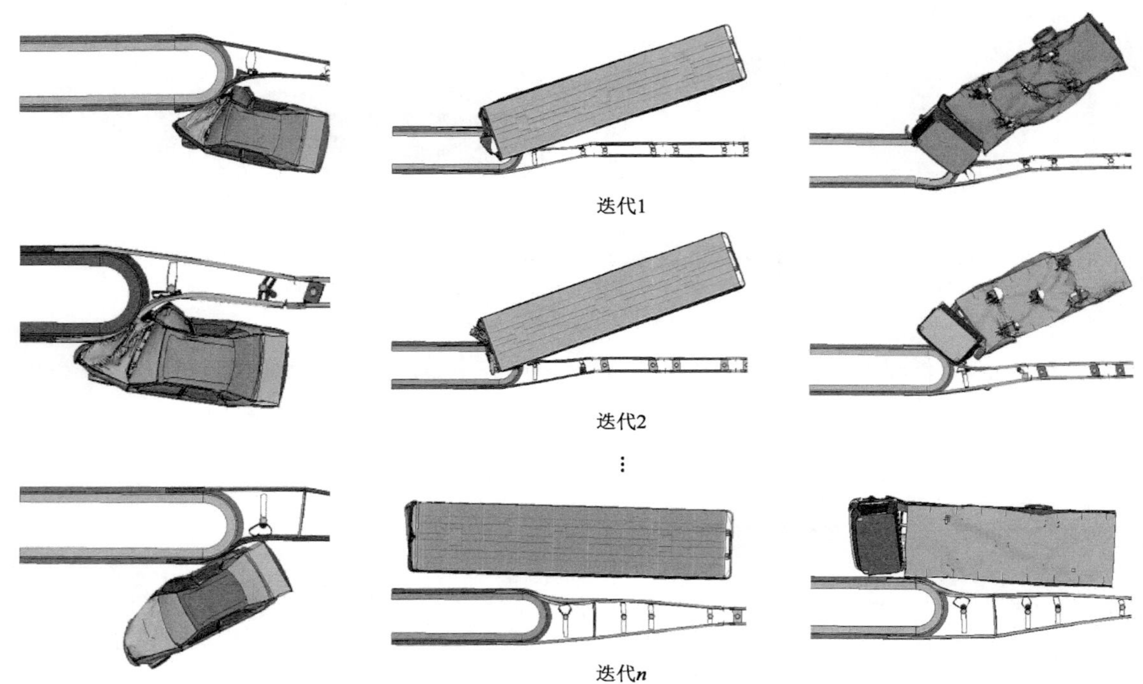

图 6-5-8 端部过渡长度设计迭代计算过程

2)端部过渡设计方案

(1)方案一

考虑到广东省高速公路部分路段已按一柱双板波形梁活动护栏(中间段不连续)进行施工，在既有梁柱式波形梁活动护栏结构上进行升级改造时，为尽可能充分再利用原梁柱式波形梁活动护栏端部结构，提出以下设计方案:保留既有梁柱式波形梁活动护栏端部结构，采用渐变三波梁活动护栏与中分带混凝土护栏连接，并将三波梁板锚固在混凝土护栏上，渐变三波梁与既有梁柱式双波形梁之间采用矩形防阻块连接，各个结构之间采用螺栓连接，活动护栏过渡段长度为 5m，如图 6-5-9 所示。

①基本防护目标验证。按基本防护目标建立车辆碰撞方案一活动护栏端部的仿真模型，碰撞过程如图 6-5-10 所示。

由以上仿真结果可知，小客车在碰撞方案一活动护栏端部的过程中未发生明显绊阻，并顺利导出;大客车和大货车在碰撞过程中均未发生绊阻，顺利驶出，且行驶姿态良好。

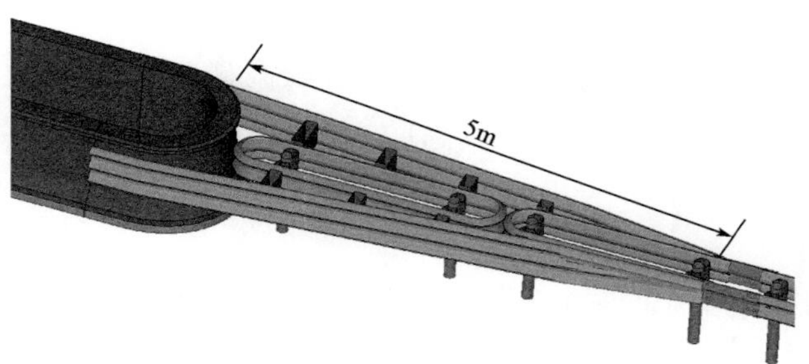

图 6-5-9 活动护栏端部过渡段(方案一)

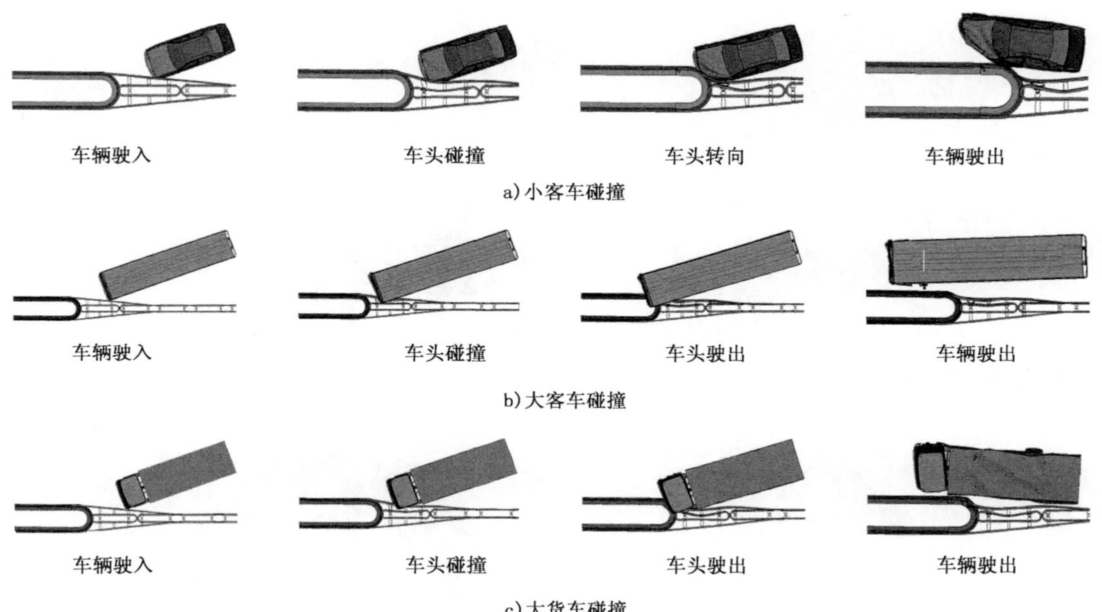

图 6-5-10 车辆碰撞方案一活动护栏端部过程

图 6-5-11 为小客车、大客车和大货车碰撞后中分带混凝土护栏端部圆头的变形情况,从图中可以看出小客车碰撞对中分带混凝土圆形端头无明显破坏;大客车与大货车碰撞对中分带混凝土圆形端头造成一定程度破坏。

综合以上分析可知,方案一活动护栏端部满足基本防护目标。

②较高防护目标验证。为检验方案一活动护栏端部能否达到与原 A 级波形梁护栏等同的防护能力,按较高防护目标建立大客车和大货车碰撞方案一活动护栏端部的仿真模型,碰撞过程如图 6-5-12 所示。

由以上仿真结果可知,大客车与大货车碰撞护栏后,均未发生绊阻,且行驶姿态良好。

图 6-5-13 为大客车与大货车碰撞后中分带混凝土护栏端部圆头的变形情况,如图

所示，中分带混凝土圆形端头受到一定破坏。

综合以上分析可知，方案一活动护栏端部对较高碰撞能量的大客车与大货车均形成了有效防护，达到了较高防护目标（最高防撞能量 140kJ）。

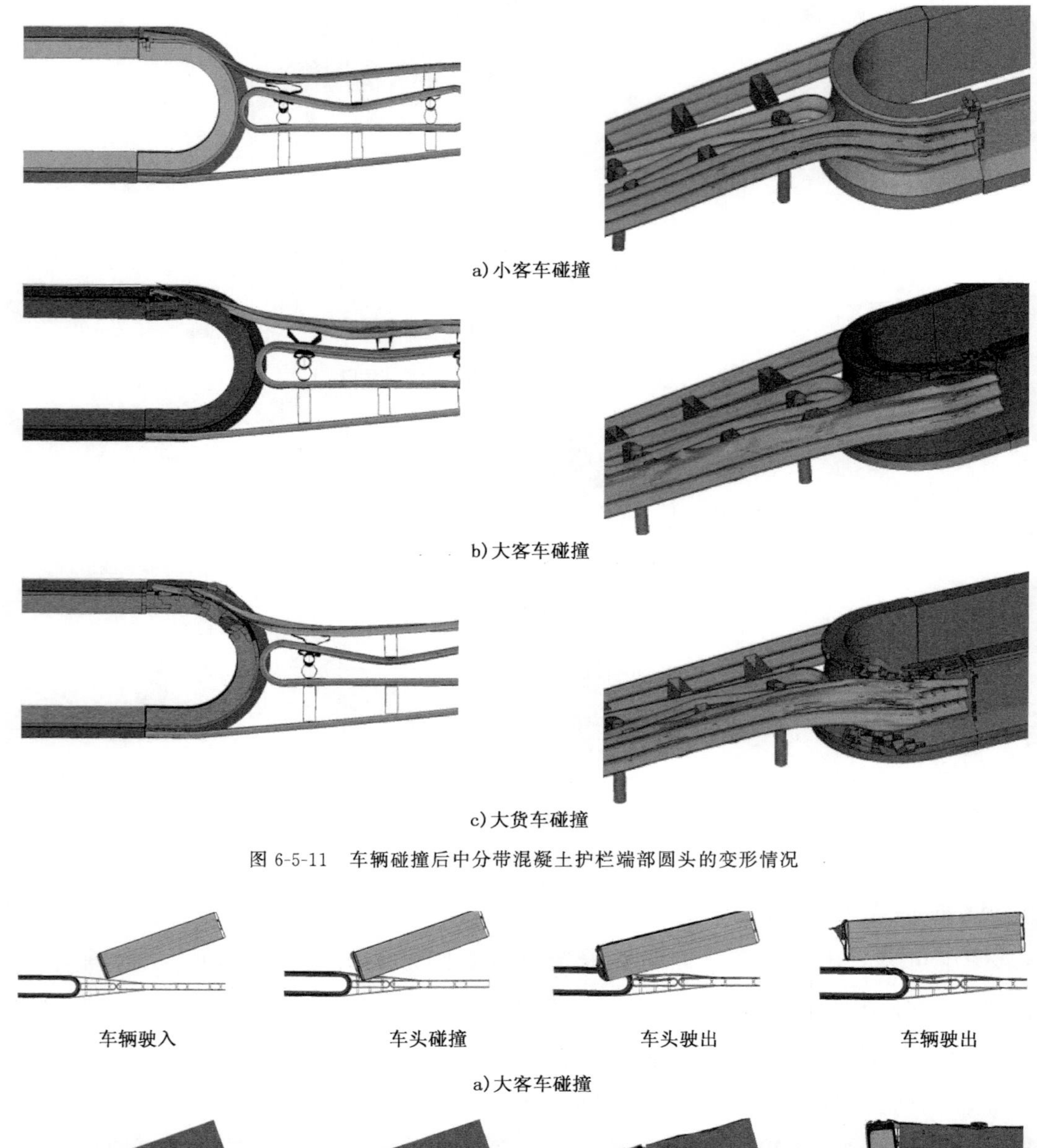

a）小客车碰撞

b）大客车碰撞

c）大货车碰撞

图 6-5-11　车辆碰撞后中分带混凝土护栏端部圆头的变形情况

车辆驶入　车头碰撞　车头驶出　车辆驶出

a）大客车碰撞

车辆驶入　车头碰撞　车头驶出　车辆驶出

b）大货车碰撞

图 6-5-12　车辆碰撞方案一活动护栏端部过程

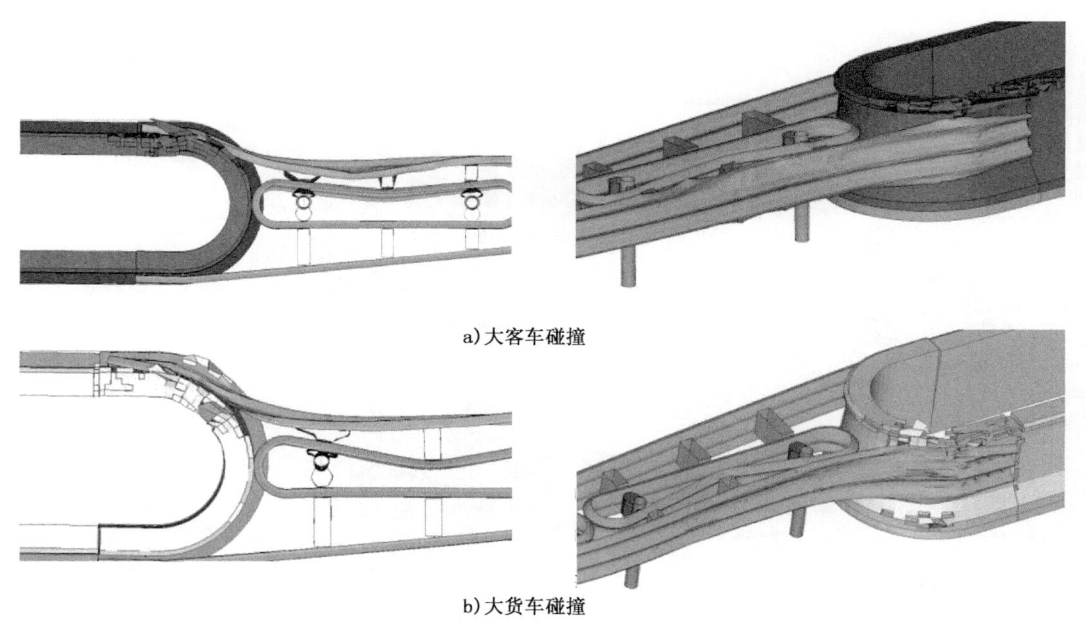

a)大客车碰撞

b)大货车碰撞

图 6-5-13 车辆碰撞后中分带混凝土护栏端部圆头的变形情况

(2)方案二

拆除既有一柱双板波形梁活动护栏端部结构,按图 6-5-14 所示设置立柱,并采用渐变三波梁活动护栏与中分带混凝土护栏连接,将三波梁板锚固在混凝土护栏上,渐变三波梁与立柱之间采用六角形防阻块连接,各个结构之间采用螺栓连接,活动护栏过渡段长度为 5m。

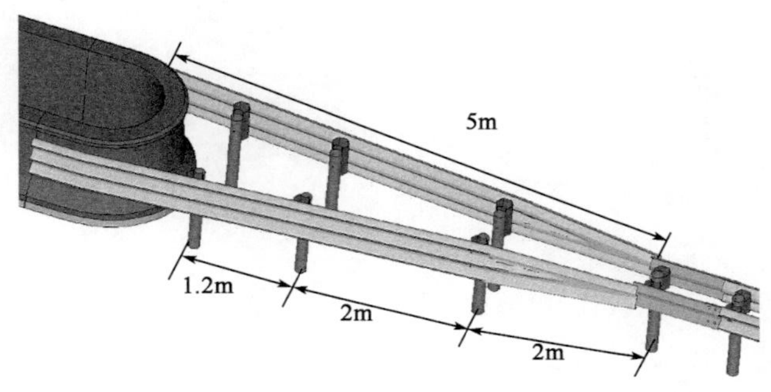

图 6-5-14 方案二活动护栏端部过渡段

①基本防护目标验证。按基本防护目标建立车辆碰撞方案二活动护栏端部的仿真模型,碰撞过程如图 6-5-15 所示。

由以上仿真结果可知,小客车在碰撞方案二活动护栏端部的过程中未发生明显绊阻,顺利导出;大客车和大货车在碰撞过程中均未发生绊阻,顺利驶出,且行驶姿态良好。

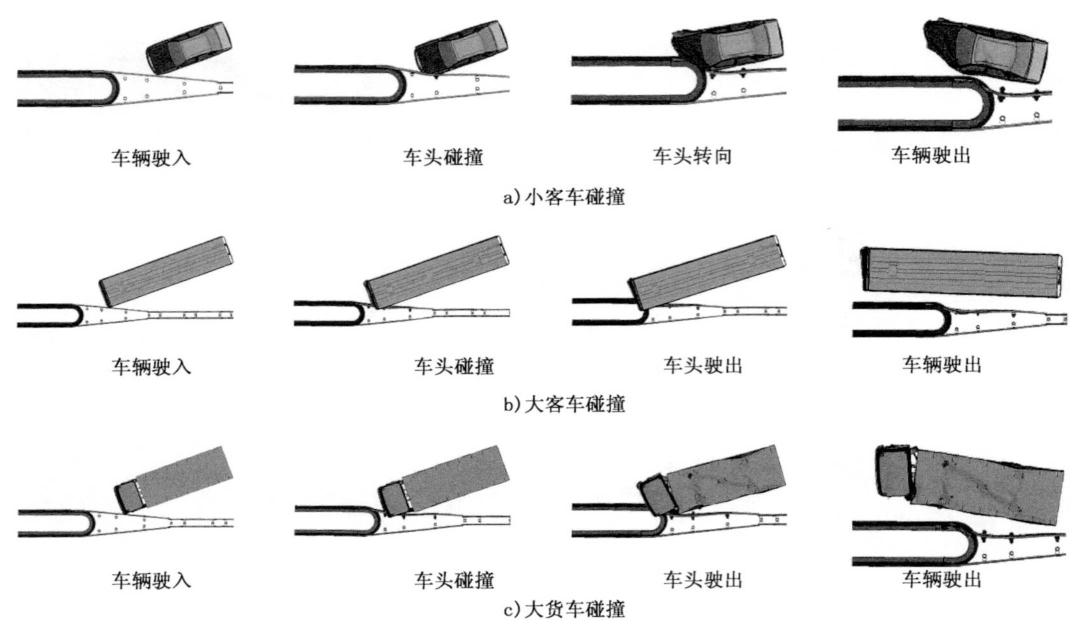

图 6-5-15　车辆碰撞方案二活动护栏端部过程

图 6-5-16 为小客车、大客车和大货车碰撞后中分带混凝土护栏端部圆头的变形情况，从图中可以看出小客车碰撞对中分带混凝土圆形端头无明显破坏；大客车与大货车碰撞对中分带混凝土圆形端头造成一定程度破坏。

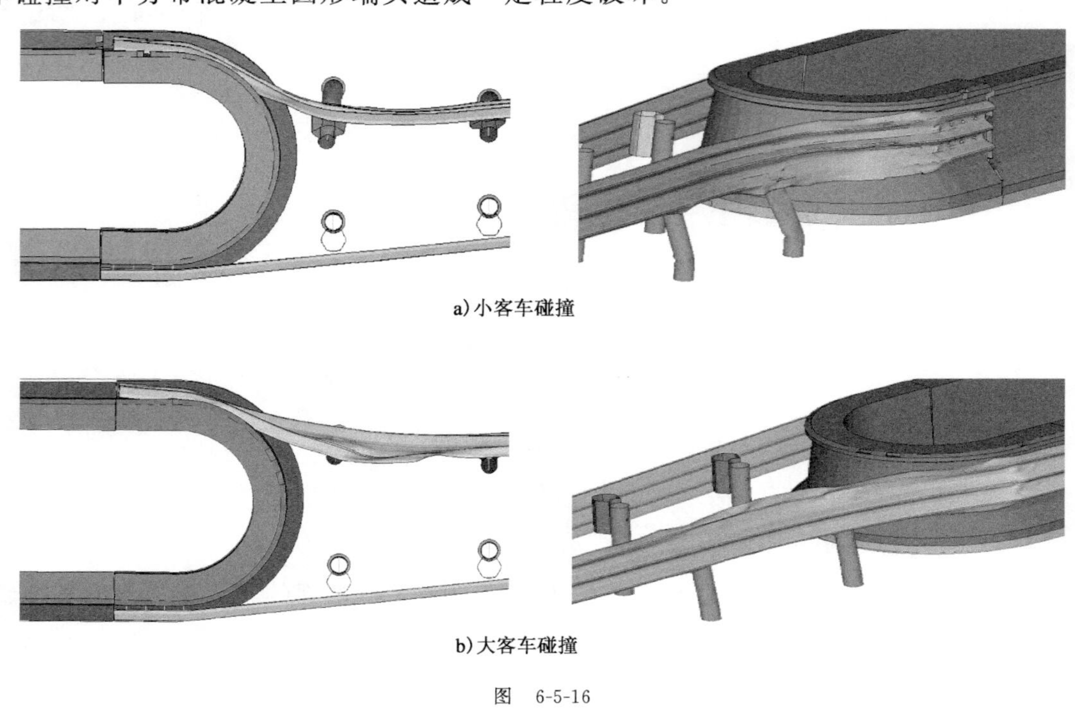

图　6-5-16

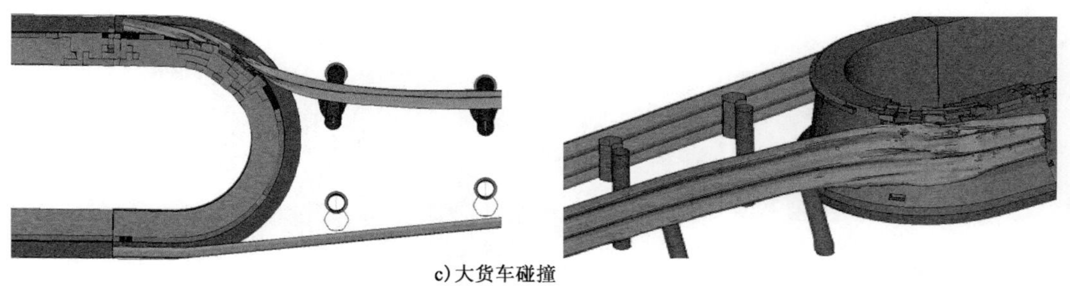

c)大货车碰撞

图 6-5-16　车辆碰撞后中分带混凝土护栏端部圆头的变形情况

综合以上分析可知，方案二活动护栏端部满足基本防护目标。

②较高防护目标验证。为检验方案二活动护栏端部能否达到与原 A 级波形梁护栏等同的防护能力，按较高防护目标建立大客车和大货车碰撞方案二活动护栏端部的仿真模型，碰撞过程如图 6-5-17 所示。

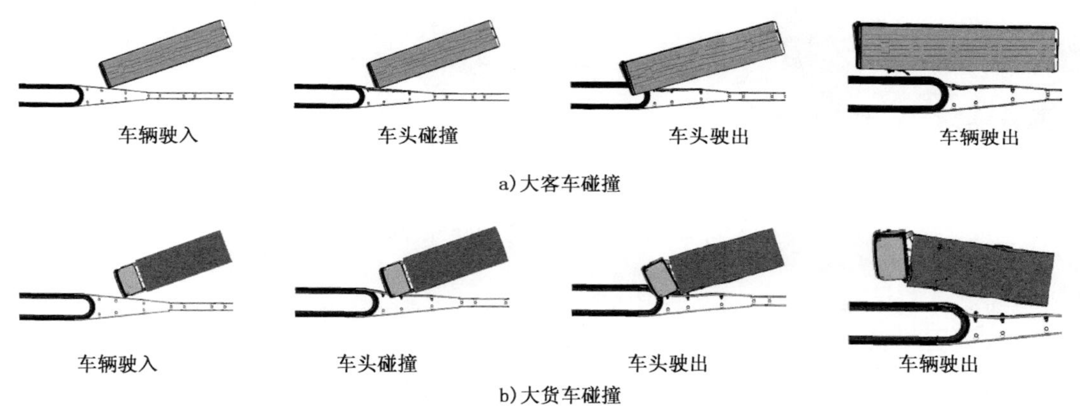

a)大客车碰撞

b)大货车碰撞

图 6-5-17　车辆碰撞方案二活动护栏端部过程

由以上仿真结果可知，大客车与大货车碰撞护栏后，均未发生绊阻，且行驶姿态良好。

图 6-5-18 为大客车与大货车碰撞后中分带混凝土护栏端部圆头的变形情况，如图所示，中分带混凝土圆形端头受到一定破坏。

综合以上分析可知，方案二活动护栏端部对较高碰撞能量的大客车与大货车均形成了有效防护，达到了较高防护目标（最高防撞能量 140kJ）。

3）活动护栏端部锚固力分析

通过提取三种车型（包括碰撞能量 140kJ 的大客车和碰撞能量 125kJ 的大货车）碰撞一柱双板波形梁活动护栏端部的锚固螺栓力可知，设计方案二中大客车碰撞（碰撞能量 140kJ）活动护栏端部时锚固螺栓的轴力与剪力最大，图 6-5-19 与图 6-5-20 分别为大客车碰撞活动护栏端部时锚固螺栓的轴力与剪力时程曲线，由图可知锚固螺栓的最大轴力为 46.4kN，最大剪切力为 39.2kN。

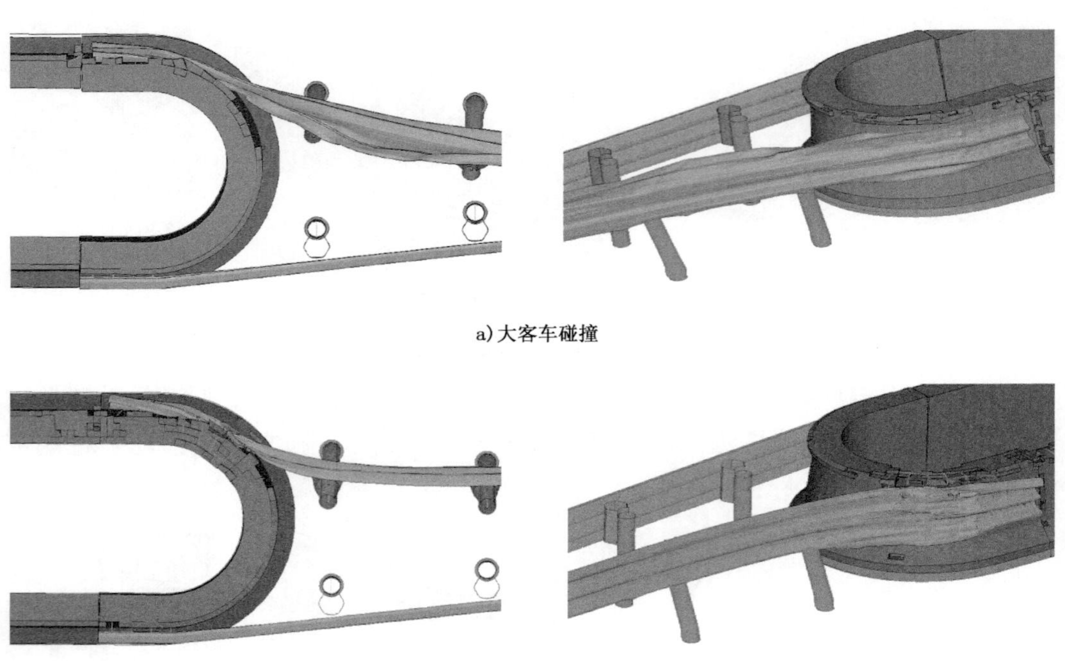

a)大客车碰撞

b)大货车碰撞

图 6-5-18　车辆碰撞后中分带混凝土护栏端部圆头的变形情况

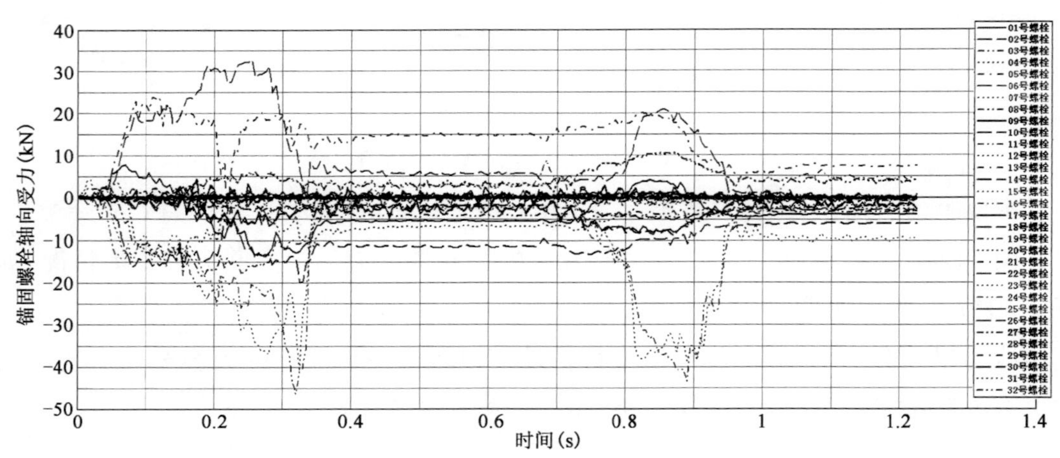

图 6-5-19　大客车碰撞(140kJ)活动护栏端部锚固螺栓所受轴力

通过对设计方案中间段进行仿真碰撞分析(包括碰撞能量 140kJ 的大客车和碰撞能量 125kJ 的大货车),并提取活动护栏端部锚固螺栓的受力可知,大货车(碰撞能量 125kJ)碰撞设计方案一过程中的螺栓力最大,其轴力与剪力时程曲线分别如图 6-5-21 与图 6-5-22 所示,最大轴力为 30.2kN,最大剪力为 89.9kN。

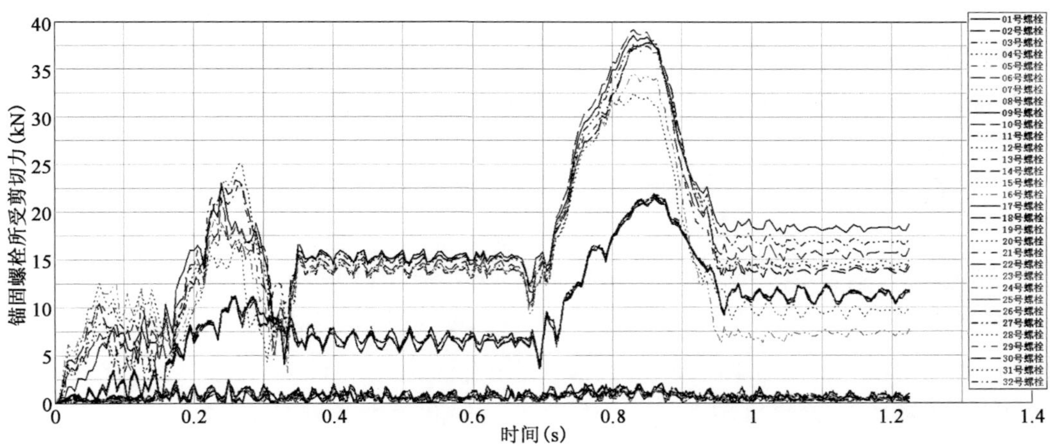

图 6-5-20　大客车碰撞(140kJ)活动护栏端部锚固螺栓所受剪切力

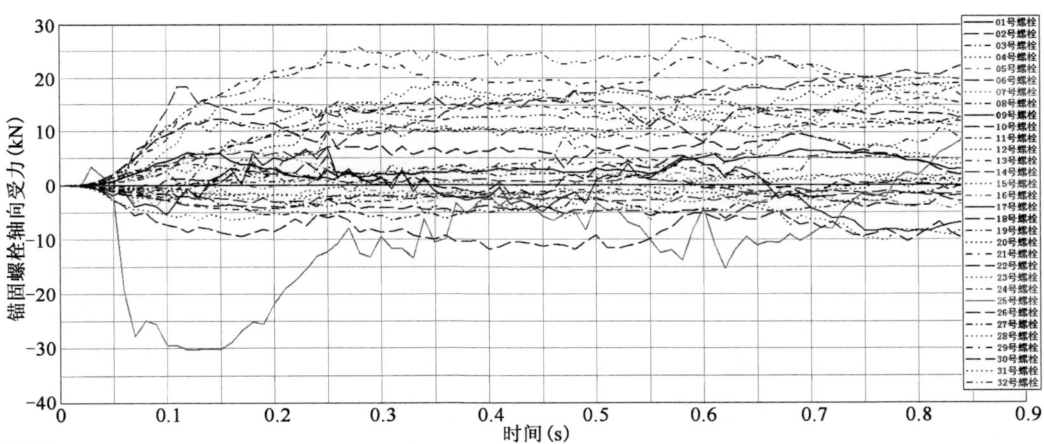

图 6-5-21　大货车碰撞(125kJ)活动护栏中间段锚固螺栓所受轴力

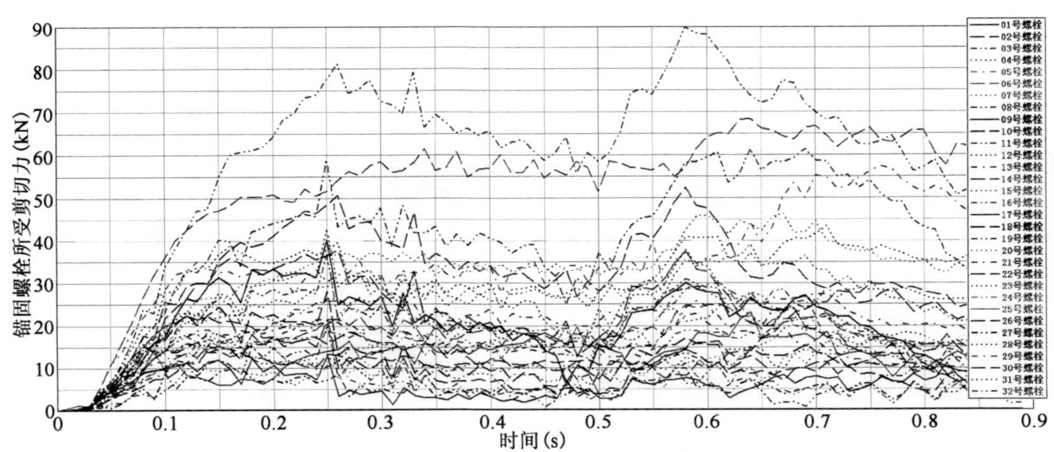

图 6-5-22　大货车碰撞(125kJ)活动护栏中间段锚固螺栓所受剪切力

综合以上分析可知，设计方案端部锚固螺栓最大轴力为 46.4kN，最大剪切力为 89.9kN，因此设计采用 8.8 级 M20 高强螺栓，活动护栏端部一端螺栓总数为 16 根，每根最大抗拉力为 188.4kN，最大抗剪力为 101.7kN，满足强度要求。

6.6 梁柱式波形梁活动护栏中间段优化

梁柱式波形梁活动护栏结构不连续是导致护栏中间段防护能力不足的主要原因之一，根据本章的研究成果，以中间分节梁柱式波形梁活动护栏为基础，将其端部锚固，从再利用角度出发，对其中间段连接结构进行优化设计研究，并提出四种连接方式，分别对四种连接方式进行小客车、大客车及大货车碰撞仿真分析。

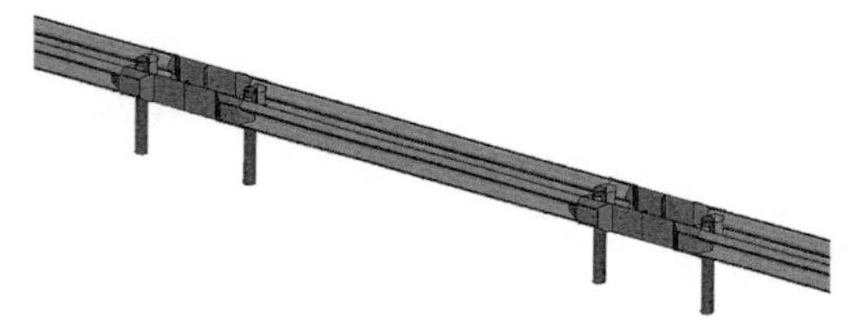

图 6-6-1 平板连接仿真模型

6.6.1 平板连接

从充分再利用原有波形梁活动护栏结构的角度出发，提出平板连接形式：将原有波形梁各节段的圆形端头结构从中间切开，并折弯成"L"形，然后采用螺栓进行连接，使所有中间段波形梁板形成整体，如图 6-6-1 所示。

按基本防护目标建立车辆碰撞平板连接活动护栏仿真模型，碰撞过程如图 6-6-2 所示。

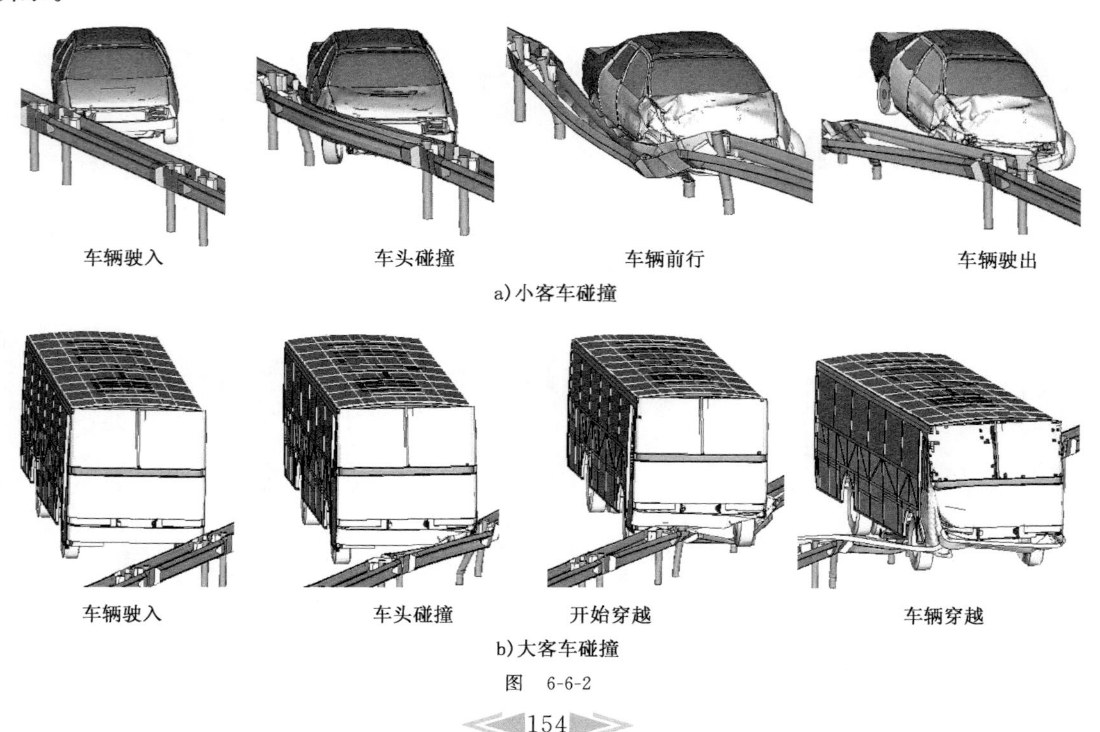

车辆驶入　车头碰撞　车辆前行　车辆驶出

a) 小客车碰撞

车辆驶入　车头碰撞　开始穿越　车辆穿越

b) 大客车碰撞

图 6-6-2

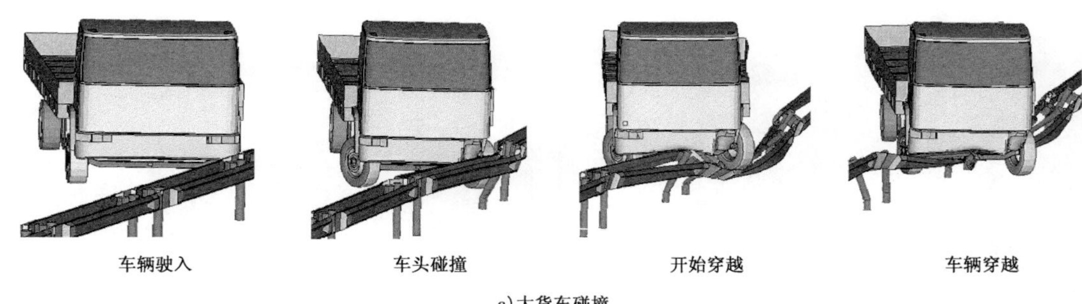

c)大货车碰撞

图 6-6-2 车辆碰撞平板连接活动护栏过程

由以上仿真结果可知,平板连接形式的活动护栏仅对小客车有一定的防护能力,大客车与大货车碰撞护栏后均出现穿越护栏的情况,究其原因是平板连接处刚度较弱,在碰撞过程中护栏变形较大,导致护栏高度降低,无法对大型车辆形成有效防护。

6.6.2 销式连接

考虑平板连接形式刚度不足,将平板结构更新为波形板结构,同时,为方便开启,在波形梁活动护栏各节段之间采用销式连接,如图 6-6-3 所示。

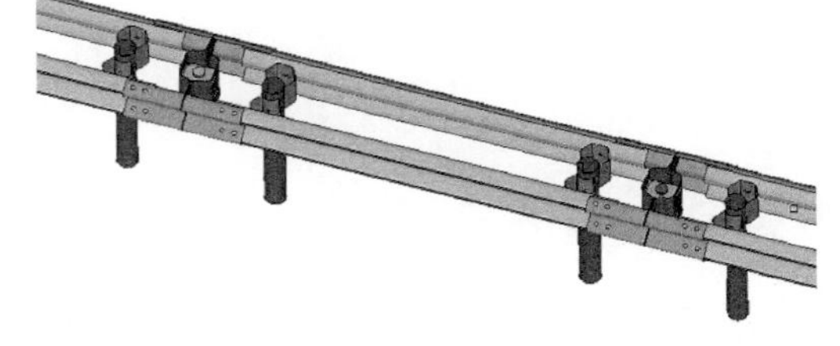

图 6-6-3 销式连接仿真模型

按基本防护目标建立车辆碰撞销式连接活动护栏仿真模型,碰撞过程如图 6-6-4 所示。

由以上仿真结果可知,车辆碰撞销式连接的活动护栏中间段后,小客车发生横转,大客车和大货车均发生穿越护栏的情况。可见,销式连接的活动护栏中间段无法达到基本防护目标,究其原因是碰撞过程中销子发生旋转,导致车辆在碰撞过程中极易穿越护栏。

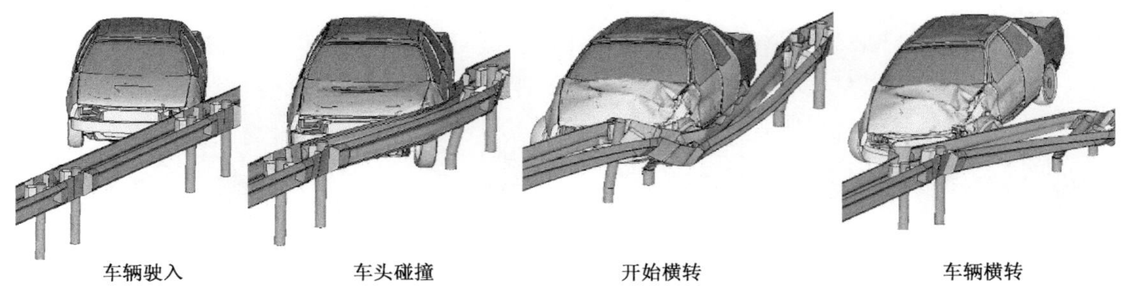

a)小客车碰撞

图 6-6-4

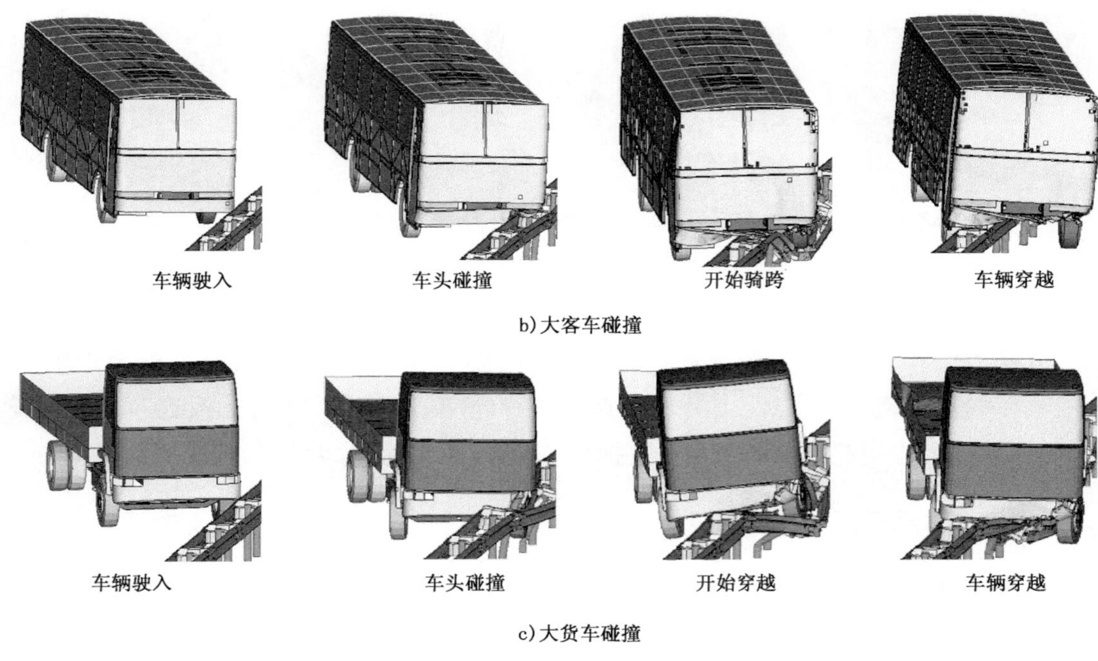

b)大客车碰撞

c)大货车碰撞

图 6-6-4　车辆碰撞销式连接活动护栏过程

6.6.3　螺栓拼接

考虑车辆碰撞销式连接的活动护栏时，销子会发生旋转，影响护栏防护性能，因此将销式连接更新为螺栓拼接，如图 6-6-5 所示。

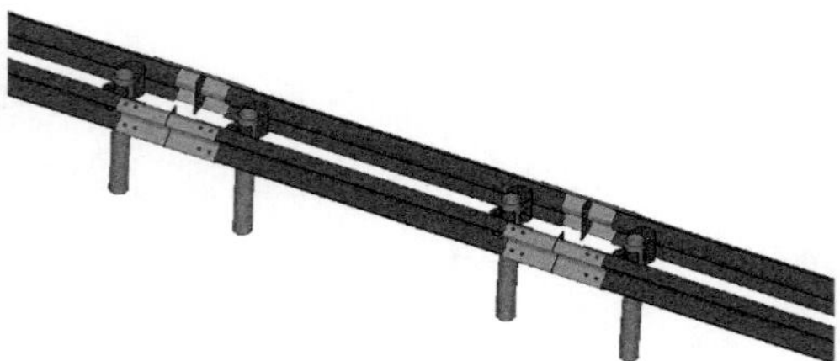
图 6-6-5　螺栓拼接仿真模型

(1)基本防护目标验证

按基本防护目标建立车辆碰撞螺栓拼接形式的活动护栏仿真模型，碰撞过程如图 6-6-6 所示。

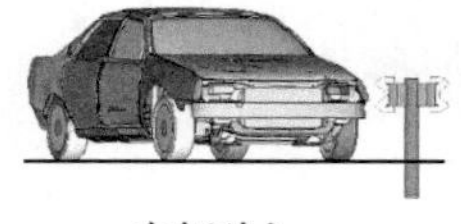
车辆驶入

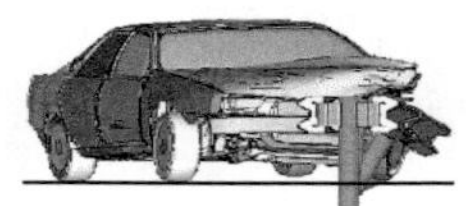
车头碰撞

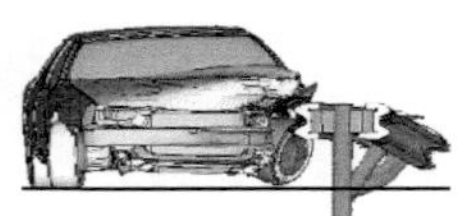
车辆转向

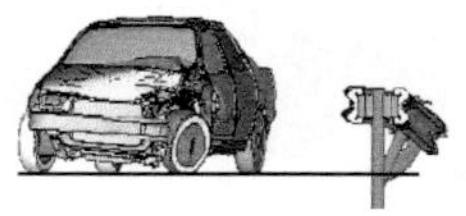
车辆驶出

a)小客车碰撞

图　6-6-6

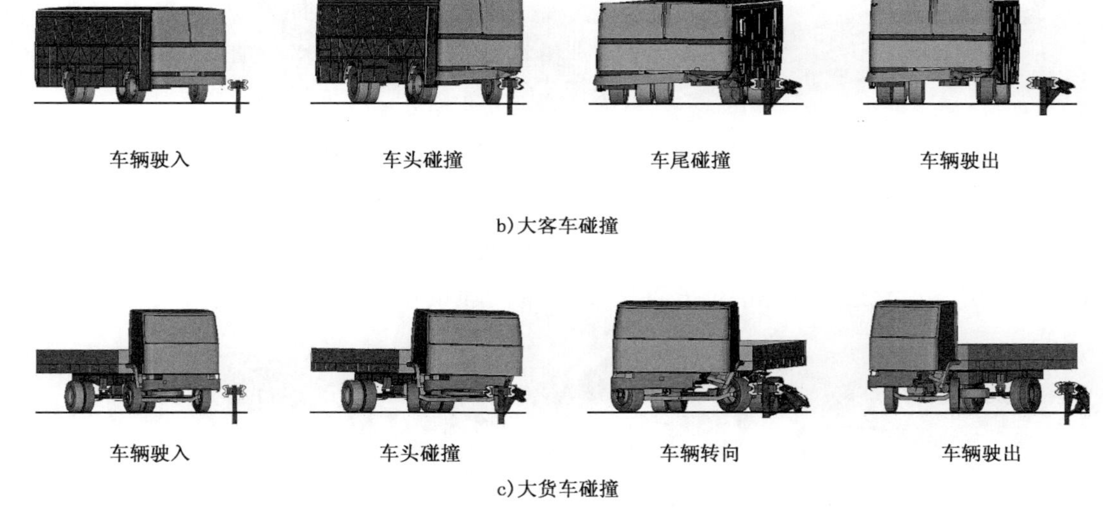

b)大客车碰撞

c)大货车碰撞

图 6-6-6 车辆碰撞螺栓拼接形式的活动护栏过程

由以上仿真分析可知，螺栓拼接形式的活动护栏中间段对小客车、大客车、大货车均形成有效防护，满足基本防护目标。

(2)较高防护目标验证

为检验螺栓拼接形式的活动护栏中间段能否达到与原A级波形梁护栏等同的防护能力，根据碰撞条件(表 6-3-1)中的较高防护目标，建立大客车碰撞螺栓拼接的活动护栏仿真模型，其碰撞条件为 10t 大客车、碰撞速度 56km/h、碰撞角度 20°，碰撞能量为 140kJ，仿真结果如图 6-6-7 所示，大客车在碰撞护栏的过程中穿越护栏，这说明螺栓拼接形式的活动护栏仍然无法达到较高防护目标(防撞能量 140kJ)。

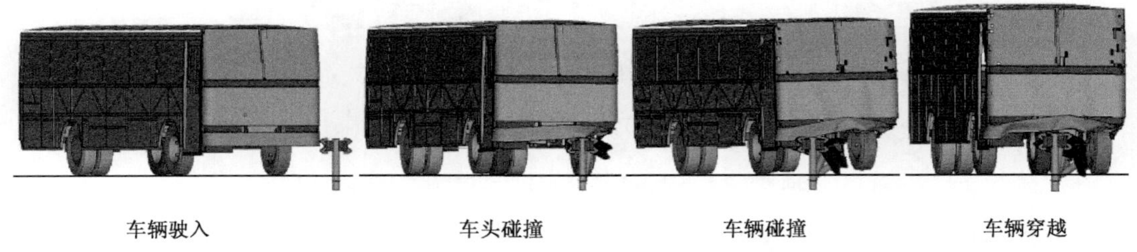

图 6-6-7 大客车碰撞(140kJ)螺栓拼接形式的活动护栏过程

6.6.4 波形板拼接

端部锚固的一柱双板波形梁活动护栏满足较高防护目标(最大碰撞能量 140kJ)，综合该研究成果，提出波形板拼接方案，如图 6-6-8 所示。

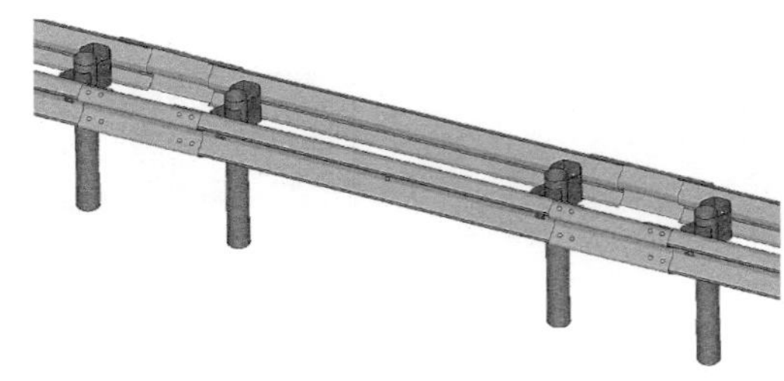

图 6-6-8 波形板拼接仿真模型

(1)基本防护目标验证

按基本防护目标建立车辆碰撞波形板拼接形式的活动护栏仿真模型,碰撞过程如图 6-6-9 所示。

综合以上仿真分析结果可知,小客车、大客车、大货车碰撞波形板拼接形式活动护栏中间段的过程中,车辆行驶姿态良好,且均平稳驶出,可见波形板拼接形式活动护栏中间段的防护能量满足基本防护目标。

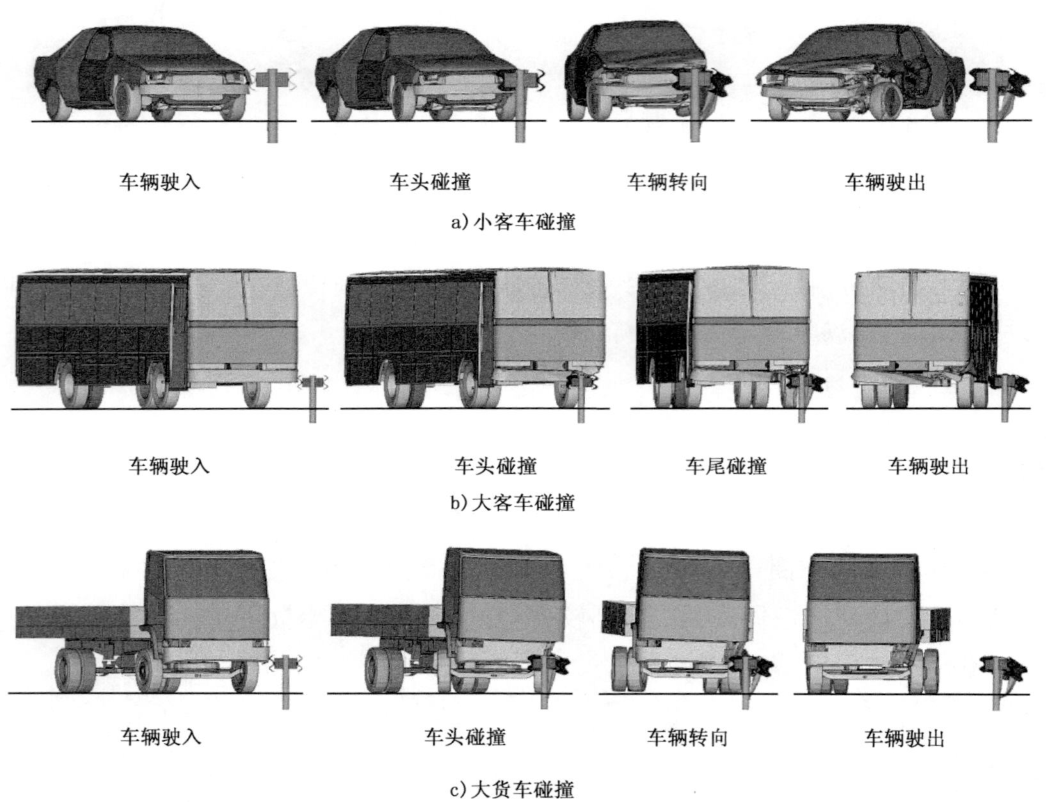

图 6-6-9 车辆碰撞波形板拼接形式的活动护栏过程

(2)较高防护目标验证

为检验波形板拼接的活动护栏中间段能否达到与原 A 级波形梁护栏等同的防护能力,根据碰撞条件(表 6-3-1)中的较高防护目标,建立大客车与大货车碰撞波形板拼接的活动护栏仿真模型,碰撞过程如图 6-6-10 所示。

由以上仿真分析可知,大客车(140kJ)与大货车(125kJ)碰撞波形板拼接形式活动护栏中间段的过程中行驶姿态良好,且均平稳驶出,可见波形板拼接方案活动护栏中

间段防护性能可达到较高防护目标。

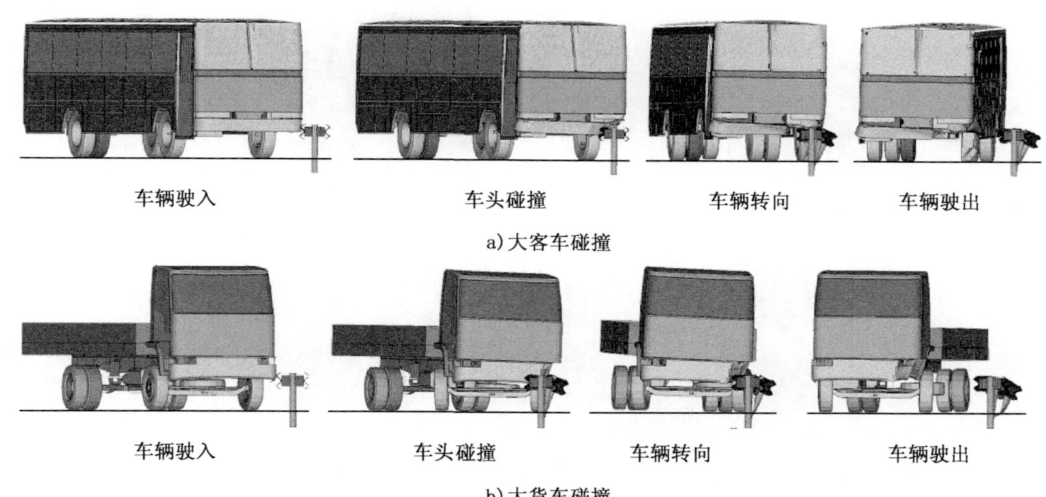

图 6-6-10　车辆碰撞波形板拼接形式的活动护栏过程

6.7　梁柱式波形梁活动护栏开启功能优化

中分带开口活动护栏不仅要求具有一定的防撞功能，还应具有开启方便、移动灵活的使用功能。基于前面防撞功能优化研究成果，综合多年公路运营经验和标准要求，提出中分带开口活动护栏开启功能设计新理念，并在此基础上，对梁柱式波形梁活动护栏进行开启功能优化研究。

6.7.1　中分带开口活动护栏开启功能设计新理念

高速公路中分带开口处活动护栏主要在两种情况下需要开启：

(1)非紧急开启

主要是满足交通组织需要(如路面大修时)，在这种情况下，只要是活动护栏可以开启即可，对于开启时间没有严格要求，但是该情况大多需要活动护栏全部或大部分开启以满足需求。

(2)紧急开启

主要为方便发生事故时特种车辆(交通事故处理车辆、急救车辆)通行，在这种情况下要求活动护栏快速开启，但是对于开启长度没有特殊要求，只要满足特种车辆通过即可。

目前，具有防撞能力的高速公路中分带临时开口处活动护栏如图 6-7-1、图 6-7-2 所示，这些护栏均具有开启功能，可满足非紧急情况下的开启需求，但不具备紧急开启功能，因此存在不足。

图 6-7-1　某钢管预应力索活动护栏

图 6-7-2　某梁柱式波形梁活动护栏

基于以上分析，提出中分带开口活动护栏开启功能设计新理念，保证护栏防护性能的同时，在其中间段设置灵活开启结构，使其兼具非紧急情况下的全面开启功能和紧急情况的下的快速开启、灵活移动功能，图 6-7-3 为中分带开口活动护栏开启功能设计新理念示意图，可见中间局部结构快速开启后可灵活移动，并满足车辆通行。

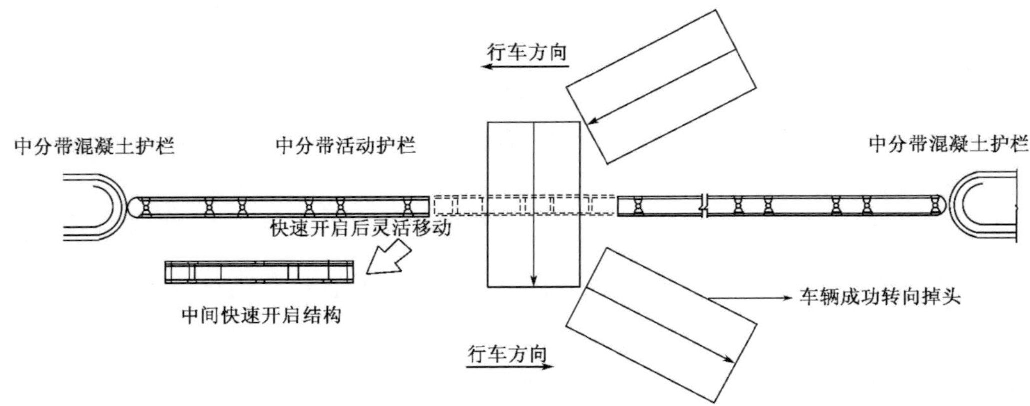

图 6-7-3　中分带开口活动护栏紧急开启后车辆通行示意图

6.7.2 快速开启结构长度及位置设计

通过对消防车、救护车等车辆结构的调查发现，一般消防车外轮廓尺寸最大，宽度接近2.5m，因此，依据消防车等大型车辆的外轮廓尺寸，同时结合《建筑设计防火规范》(GB 50016—2014)规定的穿过建筑物的消防车道净宽不应小于4m。因此，保守地将快速开启结构长度设计为5m，以确保消防、救护等特种车辆紧急通行。

考虑梁柱式波形梁活动护栏端部与中央分隔带混凝土护栏在结构、位置、宽度等诸多方面均存在差异的实际情况；同时根据梁柱式波形梁活动护栏端部优化研究成果，活动护栏端部需进行过渡设计，如图6-7-4所示，可见活动护栏端部结构较宽，若设置快速开启结构，大型特种车辆转向掉头的操作空间较小；相反，如果快速开启结构设置在活动护栏中间位置(图6-7-3)，则车辆相对容易通过。综上以上分析，确定快速开启功能应设置在梁柱式波形梁活动护栏中间位置。

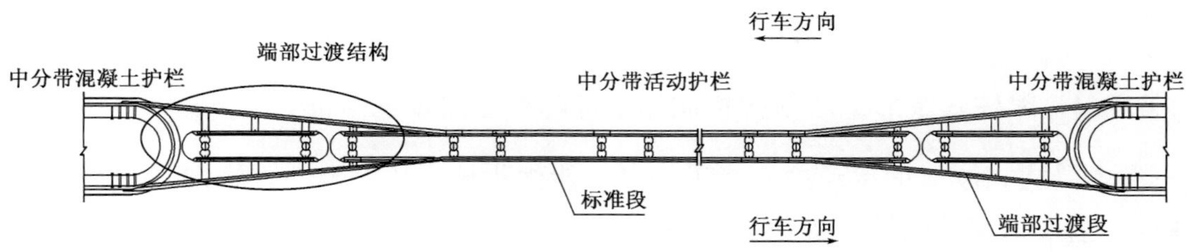

图6-7-4 梁柱式波形梁活动护栏端部优化结构图

6.7.3 梁柱式波形梁活动护栏开启功能结构优化

结合前面梁柱式波形梁活动护栏中间段优化及再利用研究成果，综合销式连接的易开启功能与波形板拼接方式的安全性能，以经过较高防护目标验证的波形板拼接形式为基础，对其中心5m结构进行优化设计，并提出两种结构形式，如图6-7-5所示。考虑活动护栏的开启功能，其中间5m结构两端采用销式连接；同时，考虑活动护栏的移动方便性，将其中间5m结构原有4根立柱移除，通过安装带有万向轮的支撑结构增加其强度与灵活性。

当活动护栏需要紧急开启时，采用扳手拆除连接销螺母，拔出两端连接销，通过支撑板下部万向轮推走中间部分，即可实现快速开启；安装时，将中间部分推回，插入连接销，拧紧螺栓即可，安装快捷。可见，两种梁柱式波形梁活动护栏特殊设计结构均具有紧急开启功能。

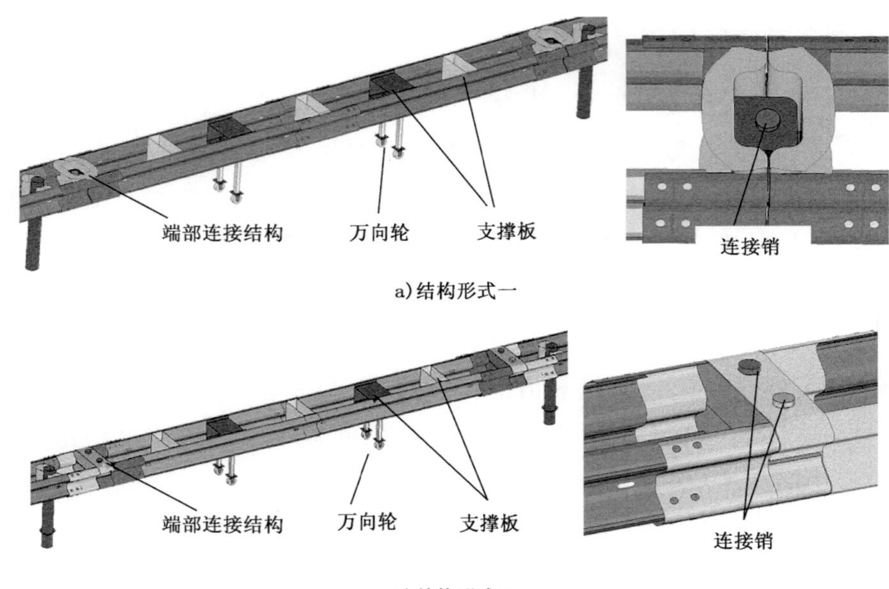

a)结构形式一

b)结构形式二

图 6-7-5　梁柱式波形梁活动护栏快速开启功能特殊结构设计

6.7.4　梁柱式波形梁活动护栏优化结构防护能力系统验证

考虑梁柱式波形梁活动护栏基于开启功能优化结构的安全性，需对其防护能力进行验证，拟采用高精度计算机仿真方法对优化结构不同位置(图 6-7-6)进行系统的仿真碰撞分析。

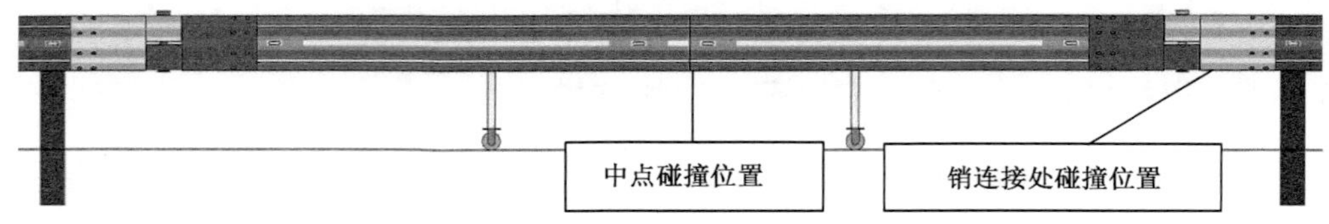

图 6-7-6　梁柱式波形梁活动护栏快速开启结构不同碰撞位置

1)结构形式一

为检验梁柱式波形梁活动护栏基于快速开启功能优化设计结构形式一能否达到与原 A 级波形梁护栏等同的防护能力，根据碰撞条件(表 6-3-1)中的较高防护目标，建立车辆碰撞结构形式一中点位置的仿真模型，碰撞过程如图 6-7-7 所示。

由以上仿真分析可知，梁柱式波形梁活动护栏基于快速开启功能优化设计结构形式一中间段对小客车、大客车、大货车均未形成有效防护，不满足较高防护目标。

2)结构形式二

为检验梁柱式波形梁活动护栏基于快速开启功能优化设计结构形式二能否达到

与原 A 级波形梁护栏等同的防护能力，根据碰撞条件（表 6-3-1）中的较高防护目标，建立车辆碰撞结构形式二不同位置的仿真模型，碰撞过程汇总如下（表 6-7-1）。

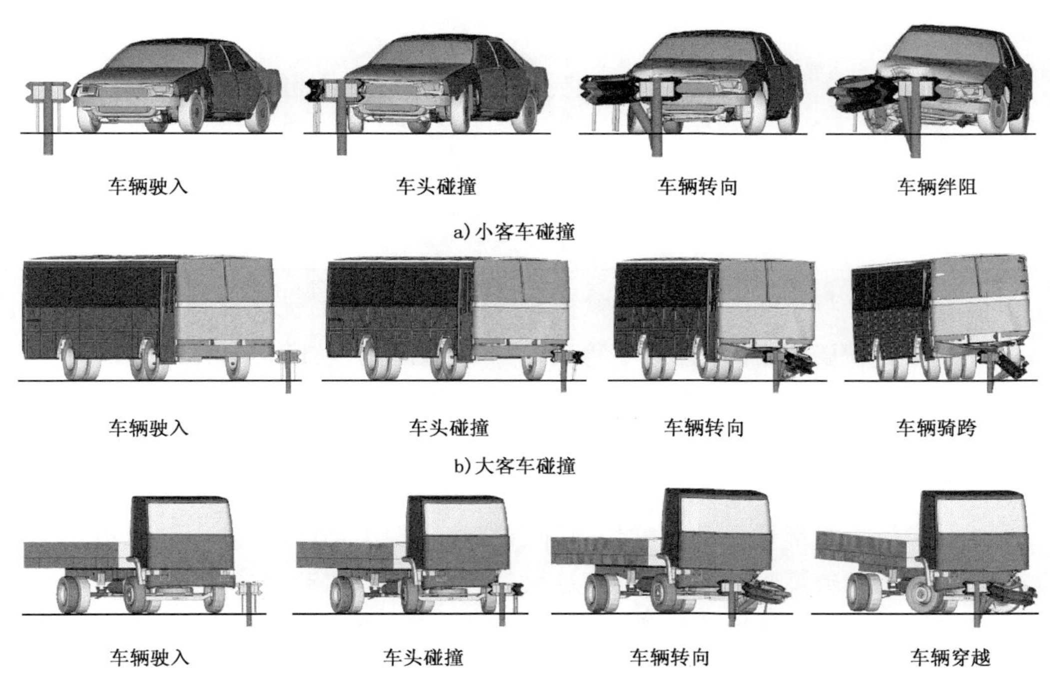

图 6-7-7　车辆碰撞梁柱式波形梁活动护栏优化结构形式一中间位置过程

车辆碰撞梁柱式波形梁活动护栏优化结构形式二不同位置过程　　表 6-7-1

车型/碰撞位置		碰撞过程
小客车	中点	
	销连接处	
大客车	中点	
	销连接处	

续上表

车型/碰撞位置		碰撞过程
大货车	中点	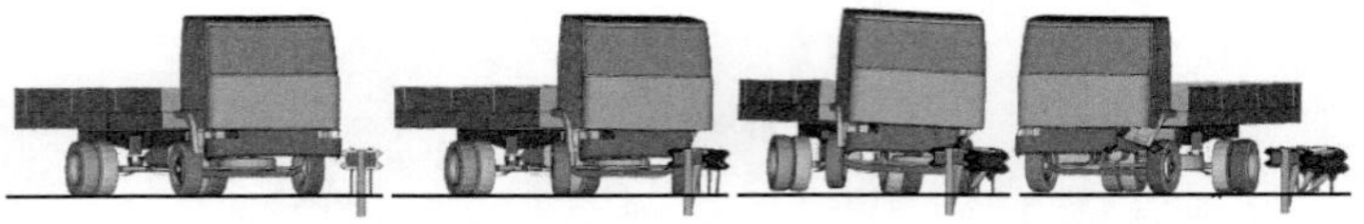
	销连接处	

由以上仿真分析可知，车辆碰撞梁柱式波形梁活动护栏优化设计结构形式二不同位置的过程中行驶姿态良好，且均平稳驶出，可见活动护栏优化设计结构形式二的防护性能可达到较高防护目标，推荐采用该方案。

6.7.5　小结

通过对梁柱式波形梁活动护栏快速开启功能进行优化设计，其中结构形式二的安全防护性能可达到较高防护目标，且满足快速开启、灵活移动的功能要求，利用这种特殊设计可有效提升高速公路中分带开口处的安全运营水平。

参 考 文 献

[1] 谢玉洪,雷正保,李海侠,等.高速公路防撞护栏的研究现状与发展趋势[J].工程建设与设计,2003(12):40-43.

[2] 廖小波.中国高速公路的发展[J].土木工程学报,2006(3):75-78.

[3] 蒋新花.高速公路路段运行状态评价[J].公路交通科技,2013(10):320-323.

[4] American Association of State Highway and Transportation Offices. Manual for Accessing Safety Hardware[S].

[5] 中华人民共和国行业标准. JTG B05-01—2013 公路护栏安全性能评价标准[S].北京:人民交通出版社,2013.

[6] Ted Belytschko, Wing Kam Liu, Brian Moran.连续体和结构的非线性有限元[M].北京:清华大学出版社,2002.

[7] 闫书明,惠斌,李巍,等.基于碰撞分析的特高防撞等级桥梁护栏安全评价[J].特种结构,2010,27(1):66-70.

[8] 金国平.浅谈道路交通护栏的分类及设置原则[J].中国科技博览,2014(3):241.

[9] 赵鸣,张誉.汽车冲撞钢筋混凝土护栏系统的力学模型及仿真计算[J].土木工程学报,1994,27(6):56-61.

[10] 谢庆喜,张维刚,钟志华.波形梁半刚性护栏与汽车碰撞的仿真分析及其结构优化[J].客车技术与研究,2006,28(1):10-12.

[11] 闫书明,马亮,贾宁.常用波形梁护栏端头碰撞分析[J].交通标准化,2012,(2):117-121.

[12] 黄红武.轿车与高速公路护栏碰撞事故分析及仿真研究[D].长沙:湖南大学,2003.

[13] 刘旭红.金属材料强冲击载荷下的本构模型研究[D].北京:北京大学,2005.

[14] 林峰,顾祥林,匡昕昕,等.高应变率下建筑钢筋的本构模型[J].建筑材料学报,2008,12(11):14-20.

[15] 朱玉琴,段志.高速公路钢护栏镀锌防腐层检测探究[J].公路交通科技(应用技术版),2013(5).

[16] 王明佳.高速公路钢护栏镀铝防护和存在的问题[J].北方交通,2004(05):72-74.

[17] 梁书亭,孟少平.混凝土结构设计原理[M].南京:东南大学出版社,2008.

[18] 闫书明.单坡面混凝土护栏碰撞分析[J].北京工业大学学报,2012(4):586-589.

[19] 庞红.高速公路桥梁外侧防撞护栏创新设计[J].现代交通技术,2008,5(2):78-80.

[20] 赵建,雷正保,王素娟.高速公路跨线桥SS级防撞护栏优化设计[J].公路交通科技,2011,28(9):142-146.

[21] 雷正保,彭作,刘兰,等.弯道混凝土护栏碰撞特性的优化设计[J].振动与冲击,2009,28(5):6-9.

[22] 张鹏,周德源,冯英攀.新型刚性护栏防撞性能的数值模拟[J].中国公路学报,2009,22(2):31-36.

[23] 闫书明.城市桥梁新型桥侧混凝土护栏的碰撞分析[J].武汉科技大学学报,2014,6(3):223-227.

[24] 石红星,吕伟民.车辆碰撞混凝土护栏的数值模拟与应用[J].同济大学学报(自然科学版),2002,30(9):1061-1063.

[25] 石红星,白书锋.桥梁混凝土护栏设计的研究[J].公路交通科技,2002,19(6):92-95.

[26] 姚启明.汽车碰撞防撞护栏碰撞力计算方法的研究[J].上海公路,2003(S1).

[27] Jiang T, Grzebieta R H, Zhao X L. Predicting impact loads of a car crashing into a concrete roadside safety barrier[J]. International Journal of Crashworthiness, 2004, 9(1): 45-63.

[28] Atahan A O. Finite-element crash test simulation of New York Portable Concrete Barrier with I-shaped connector[J]. Journal of Structural Engineering, 2006, 132(3): 430-440.

[29] Heng Luo. Numerical simulation analysis on new type of concrete safety barrier in Changde-Jishou expressway [J]. Highway Engineering, 2008, 4:8.

[30] Borkowski W, Hryciów Z, Rybak P, et al. Numerical simulation of the standard TB11 and TB32 tests for a concrete safety barrier[J]. Journal of Kones, 2010, 17: 63-71.

[31] Lei Z, Hou S, Zhou Z, et al. Optimal structure parameters of interrupted type straight-road concrete barrier with given length concrete frusta[J]. Journal of Traffic and Transportation Engineering, 2008, 4.

[32] Yan S M, Jia N, Wang X, et al. Research on high crashworthiness level bridge barrier with limited working width[C]. Applied Mechanics and Materials. 2013, 405: 1521-1526.

[33] 中华人民共和国国家标准. GB 50204—2011 混凝土结构工程施工质量验收规范[S]. 北京:中国建筑工业出版社,2011.

[34] 中华人民共和国国家标准. GB 50010—2010 混凝土结构设计规范[S]. 北京:中国建筑工业出版社,2010.

[35] 闫书明. 可模拟桥梁翼缘板的试验护栏基础设计[J]. 城市道桥与防洪,2010(10):89-92.

[36] 贾翠平. 汽车与高速公路混凝土护栏碰撞事故分析及仿真研究[D]. 武汉:武汉理工大学,2007.

[37] 雷正保,颜海棋,周屏艳,等. 山区公路混凝土护栏碰撞特性仿真分析[J]. 交通运输工程学报,2007,7(1):85-92.

[38] 黄开宇,白书锋. 耒宜高速公路混凝土护栏设计[J]. 中南公路工程,2003,28(1):102-104.

[39] 侯德藻,袁玉波,杨曼娟,等. 在用桥梁护栏安全性能改进方法研究[J]. 公路交通科技,2010,27(5):110-116.

[40] 中华人民共和国行业标准. JTG D81—2006 公路交通安全设施设计规范[S]. 北京:人民交通出版社,2006.

[41] 中华人民共和国行业标准. JTG/T D81—2006 公路交通安全设施设计细则[S]. 北京:人民交通出版社,2006.

[42] 马香娟. 高速公路路侧护栏设计优化研究[D]. 西安:长安大学,2006.

[43] 宋慧,王丰元. 高速公路护栏端部设计及其碰撞仿真分析[J]. 青岛理工大学学报,2010,31(1):81.

[44] 周炜,张天侠,崔海涛,等. 轿车与公路护栏碰撞的有限元仿真[J]. 北京工业大学学报,2008,34(3):298-303.

[45] 李青川,彭举,彭展生. 高速公路新型中央分隔带护栏方案研究[J]. 公路交通技术,2013(3):143-145.

[46] 雷正保,杨兆. 三波护栏的耐撞性研究[J]. 公路交通科技,2006,23(7):130-136.

[47] 黄小清,舒翔. 半刚性护栏的静载实验及能量吸收特性[J]. 华南理工大学学报(自然科学版),2002,30(5):78-81.

[48] 沈伟明,王国平.型钢立柱波形梁护栏撞击试验研究[J].结构工程师,2000(4):33-37.

[49] 徐红明.高速公路路侧安全防护优化研究[D].石家庄:石家庄铁道大学,2014.

[50] 何勇.我国的护栏设计条件及波形梁护栏结构机理[J].公路交通科技,1994,11(2):30-35.

[51] 江德增,黄小清.冲击荷载下半刚性护栏的非线性有限元分析[J].华南理工大学学报(自然科学版),2003,31(3):64-68.

[52] 张胜平.高速公路中央分隔带护栏碰撞仿真实验的研究与应用[D].西安:长安大学,2004.

[53] 毛雯丽.桥梁梁柱式钢护栏防撞性能仿真计算研究[D].杭州:浙江工业大学,2012.

[54] 闫书明.有限元仿真方法评价护栏安全性能的可行性[J].振动与冲击,2011,30(1):152-156.

[55] 闫书明,敬敏,马亮,等.综合功能城市桥侧护栏开发[J].特种结构,2012,29(2):86-90.

[56] 闫书明,贾宁,方磊,等.港珠澳大桥护栏安全性能评价标准[J].交通标准化,2011(16):115-119.

[57] 雷正保,杨兆.汽车撞击护栏时乘员的安全性研究[J].振动与冲击,2006,25(2):5-11.

[58] 申杰,金先龙,陈建国.汽车碰撞护栏事故再现方法[J].振动与冲击,2007,5.

[59] 卫军,金秀娜,董荣珍,等.波形梁护栏结构参数对防撞性能的影响[J].武汉理工大学学报,2013,35(4):90-95.

[60] 崔洪军,崔姗,邢小高,等.护栏高度变化对防撞能力影响研究[J].重庆交通大学学报(自然科学版),2015,34(1):84-86.

[61] 李华.高速公路组合型护栏物特性及其变形计算[J].公路交通科技,1997,14(4):29-32.

[62] 黄红武,莫劲翔,杨济匡,等.影响护栏防护性能的相关因素研究[J].湖南大学学报(自然科学版)2004,31(2):45-47.

[63] 唐琤琤,贡锁白.路侧护栏设计[J].公路交通科技,2001,06(3):75-78.

[64] 李志锋,邰永刚,张颖,等.高速公路波形梁护栏改造方案研究[J].汽车技术,2006(z1):89-91.

[65] Schmidt E J, Nagy A. Movable barrier: U. S. Patent 5,033,905[P]. 1991-7-23.

[66] 黄红武,刘正恒,杨济匡.基于计算机仿真的汽车与高速公路护栏碰撞事故的分析与研究[J].湖南大学学报(自然科学版),2002,29(6).

[67] 郃永刚,张绍理,高水德.高防护等级钢护栏改造方案研究[J].公路工程,2009,34(2):140-143.

[68] 舒翔,张晓晴,黄小清,等.高速公路护栏系统的有限元优化分析[J].公路交通科技,2006,23(5):121-125.

[69] Polivka K A, Faller R K, Sicking D L, et al. Development of the Midwest guardrail system (MGS) for standard and reduced post spacing and in combination with curbs[R]. 2004.

[70] Ray M, Engstrand K, Plaxico C, et al. Improvements to the weak-post W-beam guardrail[J]. Transportation Research Record: Journal of the Transportation Research Board, 2001 (1743): 88-96.

[71] Ibitoye A B, Hamouda A M S, Wong S V, et al. Simulation of motorcyclist's kinematics during impact with W-Beam guardrail[J]. Advances in Engineering Software, 2006, 37(1): 56-61.

[72] Fang L, Zhang L, Yan S M, et al. Design optimization and safety evaluation of cross-sea bridge barrier[C]. Applied Mechanics and Materials, 2011, 97: 100-107.

[73] 王剑文.高速公路安全设施——护栏设计要点[J].交通标准化,2010(18):29-33.

[74] 王宏伟,贾日学,王彦卿,等.沪宁高速公路安全体系和中分带开口护栏研究[J].现代交通技术,2006,3(5):95-98.

[75] 闫书明,白书锋,于海霞.中央分隔带护栏开口处事故分析与解决方案[J].公路,2010,1:196-201.

[76] 闫书明,白书锋.钢管预应力索防撞活动护栏开发[J].交通运输工程学报,2010,10(2):41-45.

[77] 闫书明,贾宁,白书锋.钢管预应力索活动护栏碰撞仿真分析[J].公路交通科技(应用技术版),2009,5:073.

[78] 罗建设,李彦,谭诗樵.公路安全钢索护栏的研究[J].公路,2006(2):168-171.

[79] 王忠仁.高速公路中央分隔带护栏形式选择[J].公路交通科技,1999,16(A01):48-53.

[80] 杨宏志,张胜平,杨少伟.高速公路中间带护栏碰撞仿真实验[J].长安大学学报(自然科学版),2008,28(2):44-48.

[81] 周炜,张天侠,乔希永,等.汽车与不同形式高速公路护栏碰撞的试验研究[J].公路交通科技,2006,23(7):137-141.

[82] 张鹏,周德源,冯英攀.基于数值模拟的半刚性护栏性能优化[J].同济大学学报(自然科学版),2008,36(11):1531-1536.

[83] 闫书明,白书锋.护栏端头事故分析与解决方案[J].公路工程,2010,35(3):19-23.

[84] 庞静,李斌.新型活动护栏在高速公路的应用[J].公路交通与建设论坛(2011),2003.

[85] 骆晓铸.浅议高速公路建设项目资金管理与监督[J].公路交通科技,2011(1):206-207.

[86] 闫书明,包琦玮,惠斌,等.整体货车和拖头货车碰撞护栏分析[J].特种结构,2011,28(1):82-85.

[87] 闫书明,郑斌,李黎龙,等.梁柱式型钢护栏设计优化及安全性能评价[J].公路交通科技,2012,29(1):139-144.

[88] 闫书明.防撞活动护栏碰撞分析[J].武汉理工大学学报(交通科学与工程版),2013,37(5):1046-1050.